国家出版基金项目
NATIONAL PUBLICATION FOUNDATION

再读马克思：
文本研究与哲学创新系列 | 郭 湛 主编

哲学创新视野中的应用哲学研究

李萍 等 著

中国人民大学出版社
· 北京 ·

总　序

郭　湛

在以往的二百年间，给予世界特别是中国影响最大的思想家，非马克思莫属。用马克思的话说：“哲学家们只是用不同的方式**解释**世界，而问题在于**改变**世界。”不同于以往的哲学家，马克思不仅以创新的理论方式解释世界，而且以现实的实践方式改变世界。诉诸实践的马克思主义哲学，以马克思列宁主义等为行动指南的中国共产党及其领导的人民群众的革命、建设、改革的实践，从根本上改变了中国。人们对于这种实践改变的解释可以多种多样，但这种翻天覆地的改变却是不容否认的事实。

哲学是被把握在思想中的它的时代。四十年前，“实践是检验真理的唯一标准”的大讨论，解放思想，实事求是，开启了中国改革开放和现代化建设的新时期。不断发展的马克思主义哲学，深刻影响着人们的精神面貌，不愧为时代精神的精华。在新时代中国的发展中，面对复杂多变的内外部环境，马克思主义哲学的世界观和方法论意义不仅不减，反而日益凸显。哲学是文化的活的灵魂。展望未来，在我们奋力实现中华民族伟大复兴和构建人类命运共同体的实践中，更需要发挥马克思主义哲学这种基本的文化程序和取向的引领作用。

面对新时代的新境遇和新问题，我们在立足实践、关注现实的基础上，必须深入思考、分析、概括、把握国内外发展的方向和道路，审时度势，探索创新，坚定前行。以往中国特色社会主义事业的成功，与马克思主义哲学的指导息息相关；未来中华民族共同体和人类命运共同体的发展，同样离不开马克思主义哲学的世界观和方法论。一个世纪以来的中国历史证明，要能够从思想上引领我们实践的发展，没有任何一种理论学说能够取代马克思主义哲学的核心地位。能够发挥实践引领作用的绝不是凝固僵化的教条，而只能是充满活力的、发展着的马克思主义理论。一部马克思主义哲学发展的历史，始终是在实践中研究和回答时代的迫切问题，同时也不断实现自身创新发展的过程。

"问渠那得清如许，为有源头活水来。"马克思主义哲学理论发展的源头活水，就是马克思主义的经典著作，更是透过这些著作能够感受到的产生这些思想的历史时代。在哲学发展的历史长河中，继承始终是创新的前提，没有充分的理论继承，不可能有真正的理论创新；而不包含理论创新的理论继承，也不可能是真正的理论继承。继承与创新的辩证统一，是文化存在和发展的内在要求。马克思主义哲学的存在和发展也是这样。割裂继承与创新的关系，必然危及哲学的存在和发展。对于马克思主义哲学研究来说，首要的是继承马克思的哲学思想，结合历史时代研究经典文本，解读马克思哲学产生和发展的历史形态；进而要结合当今时代的实践与问题，推进理论和方法的发展，创新马克思主义哲学的当代形态。

马克思逝世之后的一百多年间，中国乃至世界发生了巨大变化，既证明了马克思主义哲学世界观和方法论的真理性，也涌现了马克思当年未曾遇到的许多新的迫切问题，需要从马克思哲学世界观和方法论的高度加以解决。时代的发展呼唤全面而又深入的马克思哲学文本研究，以及在此基础上得以实现的马克思主义哲学理论创新。为此，我们以部分在京高校和科研院所学者为主体，策划和编写了"再读马克思：文本研究与哲学创新系列"丛书。

这套丛书的策划缘于两年前的 2016 年 5 月，习近平总书记主持召开哲学社会科学工作座谈会，强调要加快构建中国特色哲学社会科学。为了落实这一讲话精神，也为了纪念马克思诞辰 200 周年，中国人民大学出版社组织选题策划研讨，决定于 2018 年推出"再读马克思：文本研究与哲学创新系列"丛书。丛书编者与作者共同的目的在于，通过深化马克思主义经典著作研究，解读其文本与思想，拓展当代中国的哲学创新之路。这些著作分别研究了《德意志意识形态》、《资本论》、

《1857—1858 年手稿》、《1861—1863 年手稿》、《人类学笔记》和《历史学笔记》等经典著作，对其理论线索、思想脉络进行了深入剖析。作者们试图运用马克思主义的理论和方法，进一步探讨当代中国哲学创新的方法论，从比较哲学和应用哲学的角度，分析当代中国哲学创新的可能路径，探索了马克思主义哲学的几种新形态。

马克思主义的经典文本博大精深，相关的文本研究面向的是一个开放的领域。以此为重要前提的当代中国哲学创新，更是一个永无止境的过程。随着学者们研究的推进，我们将陆续推出新的书目。“再读马克思：文本研究与哲学创新系列”丛书第一批，涉及的主要是目前学界研究较少而又有迫切理论需要的经典著作。这一批著作从文献、文本、方法论等方面，对马克思哲学进行深入研究与探索，并将马克思哲学、中国哲学、西方哲学进行比较研究，力图在大哲学的视野下更好地进行理论创新。相信这些研究成果将有助于人们更好地理解马克思的思想，推进我国哲学社会科学学科的发展，引领中国特色社会主义建设实践，实现中华民族伟大复兴的中国梦。期待这套丛书的编者和作者的辛勤努力，能够得到广大读者的理解和回应，产生良好的社会影响。

2018 年 5 月 2 日于中国人民大学人文楼

中国哲学创新的动能、路径与方向

姚新中

作为一门现代学科，中国哲学学科自 20 世纪初在西方哲学的参照下诞生以来，一直在创新的驱动中不断地寻找自身的合法性、概念体系的合理性、推理论证的独特性。中国哲学“创新”的内在动力一方面来自中国哲学对自身现状的不满，另一方面则源于对更为理想模式的追求；而外在动力则受益于社会发展变化对中国哲学所提出的需求与期待。内在动力与外在动力最终会合在对传统中国思想、外来西方哲学体系和马克思主义哲学的创造性吸收与创新性发展中。中国哲学学科的创新，既根源于哲学的本性，又特别呈现在中国哲学发生、发展、演化的历程中。如何理解当代时空语境下中国哲学创新的含义？如何探寻真正意义上中国哲学创新的必要性与可能性？如何扩展中国哲学创新的空间和检验中国哲学创新的各种不同模式？提出这些问题并试图找到回答问题的途径，就是摆在读者面前的这个“三部曲”系列的起因与设想。

哲学源于人类对人生、社会和世界根本问题的拷问，成长于对这些问题的反思、理解和回应。哲学问题的可重复性与可复制性决定了哲学的普遍性和永恒性，而哲学回应的多样性与可变性则表现了哲学的特殊性和时代性。因此，与其他学科的创新不同，哲学创新的基本追求不是把过去已有的思想推倒重来，而是站上巨人的肩膀以看得更远、借助历史的势能使前进的步伐迈得更大、汲取来自科学技术高速发展所可能产生的启示使哲学思考的空间更广阔且内容更深刻。相较之下，其他学科

（如经济学、法学等）的创新可能会导致对学科基本问题的否定，而哲学则更多是从新的视角看古老的问题或以新的方式重新诠释历史中的理解。自人类文明进入“轴心时代”以来，中外大哲学家们所提出的哲学基本问题（如什么是人性、何为正义、如何获得对世界本质与规律的真理性认识，等等）始终伴随着人类在心智、知识、技能、生产方式、生活方式等方面的进展并在其中呈现出不同的形态。知识的广度、生活的方式可以很不相同，但人类的本性、生活的本质并没有发生根本的改变。这是哲学问题永恒性的基因，代代相传。但从另外的角度看，虽然哲学问题的内在规定性也许并不会随人类偏好的变化而变化，但理解这些问题的视角和回答它们的方式却必须受到时代的制约，从而使哲学探究具有了时空的相对性。哲学正是通过致广大与尽精微、表象解释与深层反思、形式认知与理念探寻之间的交互作用而不断获得发展的动能。

虽然中国哲学作为一门现代学科直到20世纪初才得以建成，但其概念、推理、辩证、审问不仅承接西方自古希腊以来的知识积累，而且连贯中国自先秦以降的思想脉络。因此，只有在哲学的谱系中才能把握当代中国哲学的本性和特质，也只有在哲学的历史性与时代性统一中才能理解创新何以对当代中国哲学具有如此特殊的意义。当代中国哲学创新何以可能？要回答这一问题，我们必须从中国哲学本身的性质上进行方法论追寻。因此，本系列三卷的重点落脚之处便在于从方法论的层面对当代中国哲学创新问题的三个方面做出历史的梳理和学理的考察，即《中国哲学创新方法论研究》《比较哲学与当代中国哲学创新》《哲学创新视野中的应用哲学研究》。我们的目的是，探求和论证中国哲学创新在方法论上的必要性、在时间上的可持续性以及在空间语境下的可能性。

中国哲学创新的必要性存在于中国哲学的本性中，这一点只有在哲学与时代的关系中才能鲜明地体现出来。因此，第一卷就以“哲学与时代”为导论，开启我们探讨中国哲学创新方法论的征程，论述我们所处时代的特点和要求、所面临的时代问题，从而引出哲学创新对时代的意义。哲学的时代性使哲学的视野必然受到时代认知所能达到临界点的限制，但新的时代必然会开发出新的可能性，从而使哲学具有未来性。哲学的未来性是问题导向的，提出好的问题是时代的要求，也是哲学的本性。因此，第一章就需要从哲学的元问题，即关于哲学问题的问题入手，来理解哲学创新的性质、特质和空间，来研究哲学问题的在场性、未来性以及问题链形成的必要条件与充分条件。但中国哲学创新的必要性又不仅仅是由哲学问题决定的，它还与中国哲学产生的历史背景以及当前面临的困境密切相关。这必然引向“什么是中国哲学”的问题，所以第二章就从“以西律中”、“以西释中”和“中西会通”三个角度梳理中国哲学学科所遇到的合法性、合理性问题。由于中国哲学特殊的学科建构历程，所以追踪哲学学科在中国的产生和发展历史，分析中国哲学由于特殊建构历程而内含的结构问题，就构成了第三章的主要内容。接续而来的第四章是关于中国哲学的内在张力问题，此章以传统与现代、本土与外来为经纬，检查了中国哲学在内容与形式、理想与现实以及哲学内在要求与时代期望等之间的一致性、矛盾性及其原因。面对这些问题、张力或矛盾，我们该怎么办？于是，第五章便从方法论层面寻求化解的途径和方式。这一章指出了我们以往对这些问题的看法的缺陷，以及应如何转换视角，从相对封闭的迷谷走向视野更开阔的山巅。在这一章，我们试图以“大哲学”的视野面对哲学困境，并在克服这些困境中实现哲学学科的结构变革，并为第六章寻找新的哲学生长点奠定方法论基础。当然，我们也将表明，新的哲学生长点的关键在于多维的融合而非两极的破裂。只有在实践与智慧并重、传统与现代并融、中国性与世界性并立中，我们才有望看到创新性发展的可能。第七章把上述关于哲学创新的思考自觉地应用到哲学教育中，论证哲学理论创新与哲学教育创新之间相辅相成、互相促进的关系。最后，此卷以“中国哲学的返本与开新”为结语，强调当代中国哲学必须在中国哲学、西方哲学与马克思主义哲学的融会贯通中，在哲学厚重的历史传承与时代精神的未来导向之间构筑坚实的桥梁。

当代中国哲学起源的特殊语境和方式决定了其在一开始就是以比较来定位自己，论证自己的存在与发展。因此，如何从比较的视角来理解当代中国哲学创新就成了第二卷的主题。此卷虽然与其他两卷不同，因为其主要内容并不是重新写就，而是由汇集比较哲学领域近年来已经发表的文章所组成，但经过有目的性地编辑、删改和修正，这些文章在逻辑上已经纳入了我们这个哲学创新系列之中，并开辟出当代中国哲学创新研究的一个新途径和新维度。鉴于西方哲学在中国哲学创立之初所发挥的参照性作用，在一定意义上，可以说比较哲学是中国哲学的宿命，相应地，当代中国哲学创新必然要借助比较这个有效工具而加以证成。但由于篇幅和主题所限，此卷所说的比较主要指东西方哲学的互鉴、互释与对话，而没有把世界上其他重要哲学形态如印度哲学、非洲哲学、日本哲学等纳入我们的比较研究之中。我们的关注点在于如何通过批判性地检查比较哲学的理论形态、研究方法、问题意识与创新思路，来研究比较哲学的一些基本问题，如为什么比较、如何比较以及当下比较哲学所面临的问题或困境，目的是在新的时代环境中提出如何进一步推进中西文化的融合，如何实现中西马三种哲学的会通，以及如何使得当代中国哲学更具世界化的视域。

第二卷的导言以哲学比较的方法论开题，检查了迄今为止比较哲学所遵循的三条路线或所使用的三种方法，其关注的重点不是第三条路线与第一条路线和第二条路线之间的差异，而是展现第三条路线形成的内外动因和实践过程，落脚在比较哲学第三条路线与中国哲学话语权等当今重要的理论和实践问题。在第一章，我们具体检查了比较哲学的中国学术语境与研究特点，探讨了以儒学为代表的传统中国哲学与西方哲学语境中的中国哲学之间的互动、互融以及如何由此证成当代“中国的哲学”。此外，我们还探讨了比较哲学的在地普遍性与研究语境问题。全球化时代的来临为比较哲学的研究与学术对话提供了新的思想场域，在这样的语境中，比较哲学既要坚持“言说”的地方性，同时更要在思想上具有全球性视野和普遍性眼光。提出各个哲学传统之间的差异是比较哲学研究的合理性依据，但哲学的在地普遍性与“家族相似性”同样构成比较哲学的重要前提。所有的比较哲学研究都要立足于某个哲学传统，但与此同时，为了真正理解并发展自己的哲学传统，又不能仅限于这个传统，它必须走出自身，向其他哲学传统学习，而这也正是海外中国哲学研究蓬勃兴起的原因之一。比较哲学是要努力改变哲学的地方性定义，将地方文化的狭隘性、经验性限制，扩展为一种新的具有世界历史意义的时代观念和哲学理论。第二章关注于比较哲学的理论形态与研究方法，提出比较哲学是一种有意识的理论建构尝试。比较哲学不同于哲学比较，其目的不在于简单说明两个或多个不同哲学文本之间的异同，而在于促进哲学文本的“视域融合”，并最终实现不同哲学体系之间因交通互镜而生成新的哲学知识体系这一初衷。比较哲学虽然通常以哲学比较的方式呈现，但在问题比较和思维比较的背后，实际上所牵涉的乃是不同道德体系和文明体系的自我定位、自我理解、相互关联以及互竞互争等问题。它涉及在当今文明多样性背景下如何从比较思维开出道德形态学方法，进而在古今对看、中西互镜的道德形态学中探究创新性思维及其启蒙视野。第三章所讨论的主题是比较哲学的学术立场与文化重建。哲学的产生离不开一定的文化场域和思想传统，这些场域和传统便构成了比较哲学的基本立场，哲学虽然不可能无立场地比较，但比较并不是“厚此薄彼”或“以己度人”的思想“判教”。比较哲学的目的是在全球化时代寻找哲学的通达之路，从而为人类的共同命运提供多元而普遍的思想智慧。为此，比较哲学鼓励哲学研究走出各自的“文化围城”，通过克服文化壁垒和打破思想禁锢，最终实现中国哲学传统的文化重建。第四章关注于比较哲学的时代性与哲学会通之路问题，提出比较哲学在当代中国的时代性主要体现为当代儒学研究的特点，体现了中国哲学（尤其是儒学）在面向西方哲学探索“哲学会通”的可能性路径时所使用的观念与方法。当代中国比较哲学之所以具有这种特点，一方面与儒学在中国传统文化中一直占据着核心地位并逐渐内化为中国人精神层面的“文化无意识”有着重要的关联，另一方面也与现代新儒学尤其是海外新儒家在世界范围内对儒学的新探索和全球性推广有着密不可分的关系。第五章以中西智慧观比较为主题。在这一章，我们以早期儒家和古犹太教传统中的智慧观比较为具体案例，通过比较的哲学与伦理学视角，提出比较哲学不能仅限于哲学概念领域，而且要比较文化、比较生活、比较智慧，要通过文化、生活和智慧的互镜来完成思想的“调音”和哲学的创新，要透过“他者”的眼光看到新的自己。在此意义上，中西哲学比较便有必要回到其各自哲学生活的开端，发现儒家和古犹太教传统自“轴心时代”起便呈现出的诸多不同与共性。第六章则回到“大哲学”范围，探讨如何从比较哲学走向世界哲学。比较哲学意味着否定固化，内含吸纳、付出与超越，是超越传统、超越现代性的后现代性和后全球性，这是中国哲学接纳西方哲学，迎接新科技革命，开出一条世界哲学之路的内在原因，也是中国哲学有望成为走向后全球化与后现代化道路上的积极创化力。

比较是当代中国哲学前行的重要途径，但不是唯一途径。当代中国哲学创新不仅仅在于方法论层面的开拓，在于比较领域的开创，更表现在促成了应用哲学的兴起。因此，本系列的第三卷就以应用哲学为主要内容而展开，为哲学创新提供具有实践意义的重要平台。第一章以当代中国哲学的转向为主题，论述了作为哲学转向之时代背景的当代科技发展，包括生物技术对人类存在方式的影响、信息技术对人类交往方式的改变以及人工智能对思维主体的冲击，由此引出多元主义作为哲学转向的认识立场，以及以“大哲学”为内涵的新时代哲学转向进程。第二章论述传统哲学的“降格”，提出在当今时代西方哲学成功实现了从传统的理论哲学到现代的应用哲学的转型，并在转型的过程中完成了西方哲学的自在创新，而我们通过对西方哲学转型过程的梳理和阐释，可以为当代中国哲学创新提供借鉴，从而正确把握当代中国哲学创新的路径和方向。第三章继续西方哲学的叙事，提出西方哲学在现代遭遇到颠覆性转换后，实现了从传统形而上学到当代哲学的转化，这种转化的重要标志就是哲学应用的功利主义尝试、实证主义尝试和马克思主义尝试，并最终通过现象学带来了向生活世界的回归，通过存在主义唤起了对存在本身的关注以及通过分析哲学引发了哲学变革。第四章聚焦于哲学创新视域下的应用哲学研究。这一章从哲学创新的本质、动力及横纵向关系开始，来阐述当代中国哲学创新的可能路径，并从应用哲学在中国所带来的问题和问题意识视角来审查应用哲学如何引领哲学的当代转向，指出应用哲学的兴起对当代中国哲学产生了诸多直接影响，甚至成为当代中国哲学的主要表现形式和未来发展方向；应用哲学研究正在成为当代哲学研究的一个新的生长点，这对我国现代化事业的建设和发展，对新时期哲学研究的繁荣和兴盛已经并将继续产生切实而显著的影响。应用哲学虽然取得了一些进步，但就目前所达到的深度和广度而言还是远远不够的，因为，纵观国内公开发表的研究成果，具有世界哲学视角和哲学意味的应用哲学研究成果非常不足，人们期待的高水平应用哲学研究要么尚属空白，要么尚未系统深入。因此，为了将应用哲学研究和哲学创新从现实性提升到可能性，再从可能性转化为现实性，我们就必须深入应用哲学内部来看应用哲学如何能促进哲学的创新。而这正是我们在第五章中所要做的主要工作，即从应用哲学内含的破本质主义和兴建构主义来检查应用哲学的试错式发展，同时，通过应用哲学的融通性，论证弃理论门户之见、立跨学科视野及建跨文化分析框架的必要性。应用哲学对哲学创新的推动作用也可以从其独特的表达形式中窥见一斑，因为应用哲学往往实行个案式研究、对话式研究和情境式研究，这样的研究可以在深度与广度两个向度来促进哲学的创新性深入和拓展。在上述研究的基础上，第六章引申出中国应用哲学的未来走向问题，指出应用哲学在今日中国方兴未艾，既意味着现实世界日新月异的发展向哲学提出了诸多难题和挑战并等待着哲学做出回应，同时也显示出中国哲学学人不断进行理论创新的尝试，借此着力推动中国理论哲学实现现代转向。这一章重点分析当代中国应用哲学所处的时代（我们将之归结为科技时代）及其问题意识、应用哲学的方法论建构、应用哲学的大问题导向等，因为只有能对这些问题做出系统而有力的回答才能有效推动应用哲学创新并开辟出应用哲学研究的中国模式。

当代中国哲学创新是一个宏伟的主题，我们三年前之所以愿意承担这样一个项目并不是因为我们自以为已经完全掌握了这个主题，而是因为我们感到对该主题的无知但又对追求这个主题的无限热爱。从2015年春正式立项到今天，我们不仅在学习中扩展了我们的视野，在思考中系统化了我们的观点，而且在与诸多师友争论中不断深化和改进了我们的认识。三卷本的哲学创新系列能够最终得以完稿，有赖多方面的帮助和支持。我们感谢中国人民大学重大规划项目的支持，没有这样的支持，很多想法可能依然停留在观念之中。我们感谢中国人民大学出版社慷慨而有效地帮助，特别是杨宗元、罗晶、吴冰华等编辑为出版立项、报审、编辑所做的大量工作。我们感谢北京大学哲学系赵敦华教授，中国社会科学院赵汀阳研究员、刘素民研究员，北京师范大学刘笑敢教授，东南大学樊浩教授等学者在立项开题会上对该课题研究的内容与方式提出了许多宝贵意见和建议，其中的很多已经为我们随后的研究所采纳和发展。我们还要感谢国内外学者在哲学创新、哲学比较领域所做的重要突破，他们的工作对我们的思考和写作给予了有益的启发。我们特别感谢香港中文大学黄勇教授、武汉大学吴根友教授、北京师范大学田海平教授、新加坡南洋理工大学李晨阳教授、美国夏威夷大学成中英教授等知名学者，感谢他们同意我们借鉴、使用他们已经发表的文章，他们的学术观点、论证思路和理论见解已经成为本系列特别是第二卷（《比较哲学与当代中国哲学创新》）中的重要组成部分。最后，作为“当代中国哲学创新研究”的立项负责人，我由衷感谢这个研究团队的所有成员，特别是李萍教授、臧峰宇教授和陆宽宽博士为本项目得以顺利实施和完成所做的大量工作和贡献。

当代中国哲学创新是一个思之常新的话题，而我们的研究只能是阶段性的成果。已经达到的认知可能依然无法令人满意，毕竟，呈现在读者面前的这三卷书作在思想上还有很多缺漏需要补遗，在理论上还有许多面向有待完善，在观点中也还有许多论述有待证实……通向真理的道路总是漫长而艰苦，但好在哲学的探索也从来不是一劳永逸的事业，我们还将继续我们的思考，我们的理论反思和实践探索也将永远在路上。

2019 年 1 月于中国人民大学静园

目　录

导　言　应用哲学及其问题 ······ 1
第一章　当代中国哲学的转向 ······ 14
第一节　当代科技发展：哲学转向的时代背景 ······ 15
一、生物技术对人类存在方式的影响 ······ 16
二、信息技术对人类交往方式的改变 ······ 20
三、人工智能对思维主体的冲击 ······ 26
第二节　多元主义：哲学转向的认识立场 ······ 30
一、抛弃二元对立思维方式 ······ 31
二、引入文化传统视角 ······ 34
三、构建重叠共识 ······ 38
第三节　大哲学：哲学转向的进程 ······ 40
一、大哲学的宗旨 ······ 41
二、大哲学的结构 ······ 44
三、大哲学的方法 ······ 47
第二章　传统哲学的降格 ······ 51
第一节　近代文明的总体特征 ······ 52
一、以人为中心的人神关系 ······ 52
二、对人的理性探究能力的肯定 ······ 55
三、自然科学理论的发展 ······ 57

第二节　人类知识体系的重组 …… 60
一、清扫思想障碍 …… 61
二、主体性哲学的确立 …… 63
三、奠基于科学与理性的哲学方法 …… 65
第三节　哲学的边缘化 …… 74
一、主体性哲学导致的唯我论 …… 74
二、确定性追求与主客对立的思维图式 …… 76
三、知识与价值的分离 …… 79
第三章　现代哲学的逆袭 …… 83
第一节　哲学的转型 …… 84
一、颠覆传统形而上学之基 …… 84
二、反叛传统理性主义 …… 87
三、借助价值哲学重申合法性 …… 91
第二节　哲学的应用 …… 94
一、哲学应用的功利主义尝试 …… 94
二、哲学应用的实证主义尝试 …… 98
三、哲学应用的马克思主义尝试 …… 100
第三节　应用的哲学 …… 104
一、现象学带来了生活世界的回归 …… 104
二、存在主义唤起了存在本身的关注 …… 107
三、分析哲学引发了哲学变革 …… 108
第四章　哲学创新视域下的应用哲学 …… 113
第一节　何谓哲学创新 …… 113
一、哲学创新的本质 …… 114
二、哲学创新的动力 …… 118
三、哲学创新中的横纵向关系 …… 121
第二节　当代中国哲学创新的可能路径 …… 124
一、把握当代社会的重大问题 …… 125
二、发掘中外哲学史的思想资源 …… 128
三、拓展哲学研究的领域 …… 131
第三节　应用哲学的大发展 …… 135
一、应用哲学在中国的出现 …… 135

二、中国应用哲学的焦点问题…… 140
三、应用哲学引领哲学的当代转向…… 142
第五章　应用哲学的问题意识…… 148
第一节　应用哲学的可错性…… 148
一、破本质主义…… 149
二、兴建构主义…… 153
三、应用哲学的试错式发展…… 158
第二节　应用哲学的融通性…… 161
一、弃理论哲学的门户之见…… 162
二、立跨学科的视野…… 165
三、建跨文化的分析框架…… 169
第三节　应用哲学的表达形式…… 173
一、个案式研究…… 173
二、对话式研究…… 176
三、情境式研究…… 181
第六章　中国应用哲学的未来走向…… 185
第一节　科技时代中的当代哲学…… 186
一、知识与真理…… 186
二、科技工具主义批判…… 190
三、价值理性再思考…… 193
第二节　应用哲学的方法论建构…… 197
一、应用哲学方法论建构的困境…… 198
二、应用哲学方法论建构的宗旨…… 201
三、应用哲学研究方法实例…… 204
第三节　应用哲学的大问题导向…… 207
一、作为引领者的应用哲学…… 208
二、作为协调者的应用哲学…… 211
三、应用哲学视域下的哲学创新…… 214

参考文献…… 220
后　记…… 233

Contents

Introduction Applied Philosophy and Its Problems ······················· 1
Chapter One The Turn of Contemporary Chinese Philosophy ········ 14
Section I Contemporary Science and Technology Development: Contemporary Backgrounds of the Philosophical Turn ······································ 15
1. Impact of Biotechnology on the Way of Human Existence ··· 16
2. Change of Information Technology to the Way of Human Communication ··· 20
3. The Shock of Artificial Intelligence on the Thinking Subject ··· 26
Section II Pluralism: An Epistemological Stand of the Philosophical Turn ······································ 30
1. Abandoning of the Dualistic Way of Thinking ·············· 31
2. Ushering in the Traditional Cultural Perspective ········ 34
3. Building up Overlapping Consensus ··························· 38
Section III Macro-Philosophy: The Process of Philosophical Turn ·· 40
1. Purpose of Macro-Philosophy ···································· 41

2. Structure of Macro-Philosophy …… 44
3. Method of Macro-Philosophy …… 47
Chapter Two Degradation of Traditional Philosophy …… 51
Section I General Characteristics of Modern Civilization …… 52
1. Human-Centered Human-Divine Relationship …… 52
2. Affirmation of Human Rational Inquiry Ability …… 55
3. Development of Natural Science Theories …… 57
Section II Reorganization of Human Knowledge System …… 60
1. Cleaning Up Ideological Barriers …… 61
2. Establishment of Subjective Philosophy …… 63
3. Philosophical Methods Based on Science and Rationality …… 65
Section III Marginalization of Philosophy …… 74
1. Egoism in Subjective Philosophy …… 74
2. Pursuing Certainty and Subject-Object Thinking Style …… 76
3. Separation of Knowledge and Value …… 79
Chapter Three Counterattack of Modern Philosophy …… 83
Section I Transformation of Philosophy …… 84
1. Subverting the Foundation of Traditional Metaphysics …… 84
2. Rebelling Against Traditional Rationalism …… 87
3. Reaffirming Legitimacy by Way of Value Philosophy …… 91
Section II Application of Philosophy …… 94
1. Utilitarianist Attempts in the Application of Philosophy …… 94
2. Positivistic Attempts in the Application of Philosophy …… 98
3. Marxist Attempts in the Application of Philosophy …… 100
Section III Applied Philosophy …… 104
1. Phenomenology Brings about the Return of the World of Life …… 104

2. Existentialism Evokes Attention to Existence Itself …… 107
3. Analytic Philosophy Leads to Philosophical Change …… 108
Chapter Four Applied Philosophy from the Perspective of Philosophical Innovation …… 113
Section I What is Philosophical Innovation …… 113
1. Essence of Philosophical Innovation …… 114
2. Impetus of Philosophical Innovation …… 118
3. Horizontal and Vertical Relations in Philosophical Innovation …… 121
Section II Possible Paths to Contemporary Chinese Philosophical Innovation …… 124
1. Grasping the Major Issues of Contemporary Society … 125
2. Exploring the Ideological Resources of Chinese and Foreign Philosophical History …… 128
3. Expanding the Field of Philosophical Research …… 131
Section III Great Development of Applied Philosophy …… 135
1. Emergence of Applied Philosophy in China …… 135
2. Critical Issues of Chinese Applied Philosophy …… 140
3. Applied Philosophy Leading to the Contemporary Turn of Philosophy …… 142
Chapter Five Questions of Applied Philosophy …… 148
Section I Errorability of Applied Philosophy …… 148
1. Breaking Essentialism …… 149
2. Prospering Constructivism …… 153
3. Trial and Error Development of Applied Philosophy … 158
Section II Integrality of Applied Philosophy …… 161
1. Abandoning the Parochial Prejudice of Theoretical Philosophy …… 162
2. Establishing an Interdisciplinary Vision …… 165
3. Building a Cross-Cultural Analytical Framework …… 169
Section III Expressive Forms of Applied Philosophy …… 173
1. Case Study …… 173

2. Conversational Study …… 176
3. Situational Study …… 181
Chapter Six Future Trends of Chinese Applied Philosophy …… 185
Section I Contemporary Philosophy in the Age of Science and Technology …… 186
1. Knowledge and Truth …… 186
2. Critique of Science and Technology Instrumentalism …… 190
3. Rethinking the Value Rationality …… 193
Section II Construction of Methodology of Applied Philosophy …… 197
1. Dilemmas of Constructing Methodology of Applied Philosophy …… 198
2. Purpose of Constructing Methodology of Applied Philosophy …… 201
3. Examples of Applied Philosophy Research Methods …… 204
Section III Orientation of the Great Questions in Applied Philosophy …… 207
1. Applied Philosophy as a Leader …… 208
2. Applied Philosophy as a Coordinator …… 211
3. Philosophical Innovation from the Perspective of Applied Philosophy …… 214

Bibliography …… 220
Postscript …… 233

导言　应用哲学及其问题

每一个关心哲学事业的人都会注意到，当代哲学发展的一个显著趋势就是应用哲学的兴起。与各门具体学科的交叉或渗透而出现的各类应用哲学研究，不仅扩大了哲学的研究范围和对象，重新占领了哲学在现代生活世界和现代知识领域一度失去的地盘，而且改写了哲学的现今存在样态，促成了哲学研究主题的当代转向。然而，围绕应用哲学的争论始终不断，即便在应用哲学研究者内部，关于应用哲学的性质、方法和问题意识等诸多焦点问题并未取得广泛的共识。这构成了本书思考和写作的现实牵连。本书将在“当代中国哲学创新”这一宏大理论视域下全面梳理应用哲学的发展历程，在哲学知识和人类生存智慧相互作用的框架下探讨应用哲学所提出的哲学问题，审视其可能促成的哲学转向。

一、应用哲学之哲学

应用哲学何时产生？应用哲学是一种什么形态的哲学？要回答这些问题，需要追溯哲学史上曾经出现的“实践”“哲学实践”“实践哲学”等相关概念。正是对“实践”的形式继承和实质超越，才使应用哲学得以发生、发展且独立成体，并由边缘走向中心，这也凸显出当代哲学自身表达的特殊面相。

众所周知，“实践”一直是西方哲学的主题。早在古希腊时期，亚里士多德就专门谈到了“实践”的性质，并以此将哲学区分成理论哲学（例如形而上学、本体论的研究）与实践哲学（例如伦理学、政治学的研究）两种不同的类型。以后的哲学家，包括康德和马克思都承继了这一传统。康德将“实践”视为人的自主行为（特别是道德行为）的本质规定，他区分了“纯粹理性”和“实践理性”，从而将“实践”诠释为人的自由意志外化的表现。马克思不仅为哲学设定了双重任务：“认识世界”（理论哲学）和“改造世界”（实践哲学），而且明确强调了后者比前者更重要，因为实践是哲学影响现实世界的主要方式。不难看出，在西方哲学史中，对实践的强调既为哲学提供了观照现实世界的通道，同时也为哲学家们提供了走出象牙塔的法门，使哲学之思为解决突出的社会现实问题提供了方法论和必要工具。

然而，“实践”“实践性”尽管突出了哲学的现实关切，肯定了哲学与生活世界的关联，但这依然只是哲学的应用，而非我们将在本书中着力阐述的应用哲学。应用哲学作为一个专有名词、作为哲学发展的一个新阶段，它的出现确实晚了许多。在西方，可能不早于 19 世纪中叶；在中国，则不早于 20 世纪 80 年代。应用哲学的出现至少需要具备如下两个条件：第一，哲学的“瘦身”。哲学在知识分化的近现代社会不断退让地盘，不断减负瘦身，诸多学科得以从哲学母胎中先后独立，经过若干时期的相对独立发展，它们又进入哲学的考察视野，才由此产生相应的应用哲学。例如，只有教育学独立发展了相当长的时间之后，经过哲学对它的投射才会有教育哲学；同样，只有社会学独立出来，哲学与之重新对话，才有了社会哲学；等等。即便近现代之前间或也有一些哲学家偶然谈到了教育问题或社会问题，但都不能说是教育哲学或社会哲学，因为教育学或社会学在当时都未获得独立。可以说，其他学科的分离且完全独立的发展，是应用哲学产生的必要条件。第二，哲学的“插足”。“瘦身”还只是被迫之举，“插足”才是哲学的主动作为，哲学对各类具体学科及其领域所产生的重大问题主动给予深切的关照和探求，并以哲学的方式做出执着的追问，才有了相应的应用哲学研究如雨后春笋般的涌现。这是应用哲学产生的充分条件。因此，应用哲学只能是现代世界的产物，是现代知识体系充分呈现之后哲学与之重新相遇并再现自身后的新型哲学智慧成果。

因此，应用哲学与传统的理论哲学之间既有相似、一致的方面，也有不同、差异的方面。相似、一致的方面在于它们都坚持了哲学学科的问题意识——对宏大问题的通观把握，哲学研究的基本方法——批判分析、反思辨析，以及哲学体系的构建方式——对话、辩难、概念诠释、命题创设等，这些就保证了应用哲学总体上属于哲学式探讨，“哲学性”“哲学式”“哲学味”是足以证成应用哲学何以可能的内在特性。与此相对，二者间的不同、差异则表征了应用哲学对理论哲学的扬弃、对其他具体学科的借鉴和反思，也就是将哲学之思合理地作用于其他具体学科以回答其中蕴含的重大问题，并由此生成新的哲学之知。此时的哲学之思还保有厚重的历史继承，但哲学之知已经发生了重大变化，应用哲学提供的哲学之知不只是将已有的理论哲学之观点、方法现实化，更重要的是它给出了中观知识。具体学科提供的微观知识在哲学的完备审视、严密探求之后，产生出来的应用哲学知识不再是宏观知识，而是中观知识，正是在这一意义上，我们主张应用哲学带来了哲学的转向，因为它实现了哲学知识论意义上的全新定位和内涵合成。

与应用哲学相关联但又有所区别的哲学有理论哲学（有时也被称为纯哲学或学院哲学）、经典哲学（有时也被称为传统哲学或基础哲学）。广义上说，理论哲学包括了经典哲学，后者仅指以古代西方哲学为主体的哲学体系，前者的范围涵盖了古今中外，有多种形态，但都以传统哲学问题为主。理论哲学关注的是通常意义上的哲学之思，提供的是专门性的哲学之知，它是由少数哲学家或受过系统哲学训练的专业人士担当的理论建构事业。尽管理论哲学的问题也有相当部分来自现实的关切，一些哲学家们也会对现实社会的变动做出深入考察，然而，这些都是偶尔为之，现实世界或生活领域的问题只是他们验证（证实或证伪）自身理论的试验场。理论哲学并不一定要跟现实世界发生直接的关系，例如，维特根斯坦在《逻辑哲学论》一书中指出，哲学活动最后应达到“完全的明晰性”，但“这不过意味着哲学问题的消失”。如果哲学有什么真正发现的话，那只是“使我能够在想从事哲学时终止哲学，让哲学安息”。他还说：“没有一个哲学方法，但确有类似于各种治疗的方法。”① 后人把这种哲学观称为“治疗性哲学”，它力图通过消除哲学问题来治疗“哲学病”。维特根斯坦诊断哲学病主要出在语意不清、语词不明上，他给出的治疗建议主要是制定语言规则、澄清语法。

与西方略微不同，应用哲学在中国的最初出现受到了马克思主义哲

① 维特根斯坦．逻辑哲学论．韩林合，译．北京：商务印书馆，2013：133.

学的“理论联系实际”这一思想原则的指引，一些哲学工作者基于对现实中的重大社会问题或其他学科的重大理论问题的关心而各自分别提出的。很长一段时间内，中国的应用哲学研究者主要是从事哲学原理（特别是马克思主义哲学原理）研究的学人们，他们所采纳的哲学研究框架是马克思主义哲学的基本原理，具体包括实践认识论、唯物辩证法、历史唯物论、统一世界观等学说。马克思主义理论的基本体系自然地成为中国初期以至今天应用哲学理论的核心主干或本体架构，将此基本体系推及、扩展到其他学科得出的哲学与其他学科共在并进的交叉研究，也是多年来中国应用哲学研究的主要形态，因此，应用哲学通常被视为马克思主义哲学的分支或者部门化。将应用哲学直接理解为哲学的应用或者哲学理论联系社会实践，这种包含了偏差的认识如此牢固，在中国哲学界似乎成了定论。其实，这样的应用哲学只是哲学的应用，可以看作应用哲学的早期形态，还不能说就是我们将在本书中要阐述的应用哲学。上述应用哲学可以勉强称之为准应用哲学，这样的准应用哲学因其对“哲学”的狭隘理解、对“应用”的过于直白的简化认识，在产生之初就已经被无情地置于部分主体、半主体的地位，并未得到哲学界内外的普遍支持。

从研究对象波及的范围而言，可以将应用哲学区分为广义的应用哲学和狭义的应用哲学两种. 广义的应用哲学指针对相关学科中的基础理论所进行的研究，这样的研究属于了解真相的学理研究，这也是“哲学”一词在西方话语中的一个专有含义。任何探索真相的学问都可以被称为哲学性的研究，研究真相的博士学位都被叫作哲学博士（Ph. D），例如，在医学中，研究医学技术的博士学位叫作医学技术博士（M. D），而研究疾病成因等关于事实真相学问的学位则被授予医学方面的哲学博士学位。狭义的应用哲学则指针对相关学科的知识及其问题所进行的哲学式研究，这样的研究属于诠释、理解和价值排序等层面的研究，我们也称之为元应用哲学或应用哲学的元研究。

从哲学的问题意识出发，我们还可以将应用哲学（特别是中国应用哲学）分成强式应用哲学和弱式应用哲学两种不同类型。强式应用哲学仅仅指20世纪50、60年代以后出现的应用哲学，这样的应用哲学有明确的问题意识，引导了传统哲学的当代转向，在方法论、认识论、价值论等多重维度上有所呈现；弱式应用哲学则指迄今为止的思想史中反复出现的、对经典哲学领域之外的其他领域做出的哲学关注，或者临时借用哲学视角对某个具体问题做出的哲学探讨。不难看出，弱式应用哲学研究往往是个案式的或事件性的，它很难根本改变哲学的存在样态，也无法引起哲学自身存在方式的改变。本书所理解的应用哲学除非特别说明通常指的是前者，是一种强式应用哲学，它的出现在西方始于第二次世界大战之后，在中国则是进入21世纪之后才受到了显著关注。

总之，在如何理解应用哲学概念、将应用哲学做怎样的学术定位等问题上，本书所持有的基本学术立场与国内主流的倾向有所不同。我们的一个核心观点是真正的应用哲学意味着现代哲学的转向，而且成长成熟起来的应用哲学正在推动当代中国哲学的转向，换句话说，应用哲学并非现有哲学学说或观点的直接套用或简单推广，相反，应用哲学具有自身的独特问题意识，正是这样的问题意识推动并引领了当代（中国）哲学的全面转型。本书将在充分把握中国应用哲学现状的基础上，对应用哲学的过去做出检视和总结，并将之视为当代中国哲学创新的主要引擎之一，揭示中国应用哲学的可能发展方向，从而构建中国应用哲学的学科框架以及基本问题。

二、应用哲学之应用

我们已经在上文指出，“应用哲学”并非传统哲学的实践性指向，也非现有哲学理论体系之简单外推，其实，“应用哲学”之“应用”只是一个并不十分恰当的类比，就其本质而言，强式应用哲学本身就是一种新的哲学表达形式和存在状态。所以，“应用哲学”之“应用”是个形容词性的名词，而非动词，它只是表明了有别于经典理论哲学的专有属性。作为一个整体的概念①，“应用哲学”不是动宾结构，而是并列结构，应用哲学中的“应用”指明了这类“哲学”的属性；应用哲学中的“哲学”则强调了这类“应用”的根源，二者相互指涉，共同限定，

---

① 在此不得不对英语世界广泛使用的两个概念——applying philosophy和applied philosophy做出辨析。applying philosophy通常指的是哲学人对某个（些）现实问题做出哲学分析，却不热衷为该问题的解决提供具体的方案，它是点对点的个案式讨论，提供了哲学观点、看法，但无法提供系统的哲学学说，很难构成相对稳定的哲学类型。applied philosophy则指人们将已有的哲学方法或学说运用到传统哲学关注的领域之外，给这些非哲学领域的问题解答提供启示，它可以说是早期的应用哲学，其实也就是我们之前提到的“准应用哲学”。我们所主张的元应用哲学或者说强式应用哲学，其英语表达也许是meta-apply-approach philosophy。

从而构成了稳固且明确的内涵和外延。

基于上文的讨论不难看到，应用哲学不是纯粹的理论哲学，理论哲学可以无须关注、引入其他学科的知识或方法而独立自存；应用哲学也不是传统哲学内的某个二级学科或者说哲学的子类，哲学的二级学科，如伦理学、美学、逻辑学等本身就是哲学研究的一个部分，属于哲学大树上的枝叶；应用哲学也不是"二道贩子"，兜售现成的哲学观点。综上，应用哲学不过是哲学的现代发展，在融汇其他学科知识、借用其他领域的方法的同时坚持哲学的致思所促成的新哲学存在样态。

哈贝马斯所提出的许多问题以及相应的观点其实都可以划入应用哲学之中。例如"公共领域""交往共同体"等概念的提出，就是为了正面回答当代政治社会中的重大现实问题：在民主政治时代日益原子化的个人之间如何实现有效的沟通与合作？虽然哈贝马斯主要采取的是一种先验主义的论证方式，即从人们的语言和交往结构中寻求价值共识的规范性基础①，而且也遭到了理论上的诘难，但他确实吸收和融合了大量非哲学的知识，例如法学、传播学、社会学、政治学等。正是由于他的关注焦点是活生生的现实问题，他的讨论引起了广泛且持久的争论。一些哲学家指出："交往共同体"的设计"低估了交往的社会构成和它所受到的社会限制。从这一点看……理想化的共识观念可能会使下述做法合法化：通过把共识颂扬为'达成理解'的理想状态，对个人实行操纵并压制差异"②。哈贝马斯本人对上述诘难做出了如下的回应："交往共同体"是一种"事实上应该存在的状态……这给我们的日常交往注入了某种理想性"③，它不是"绘图桌上炮制出的一个秩序井然的社会的基本规范"，当然也就不是"交往乌托邦"。哈贝马斯特别强调"交往共同体"以及交往共同体所存在其间的公共领域应当充分发挥反映社会问题的"信号功能"④，因此，"公共领域"的健康生长意味着它对社会问题

---

① 贺来．"道德共识"与现代社会的命运．哲学研究，2001（5）：29-30.

② 道格拉斯·凯尔纳，等．后现代理论——批判性的质疑．张志斌，译．北京：中央编译出版社，1999：311．贺来．"道德共识"与现代社会的命运．哲学研究，2001（5）：31.

③ 哈贝马斯，哈勒．作为未来的过去．章国锋，译．杭州：浙江人民出版社，2001：103.

④ 李国娟．论"公共领域"与社会主义和谐社会——哈贝马斯商谈伦理在当代中国的运用．理论探讨，2006（2）：31.

保持足够的敏感性。哈贝马斯特别指明以社会组织为联结途径来解决当代社会公共领域相关的问题，这样的思路显然有别于传统哲学家们热衷的形而上学体系构建。

应用哲学的范围如此之广，以致常常被滥用，这对尚属年轻的应用哲学来说构成了极大的伤害。一些研究只是盗用哲学之名却毫无哲学之实，还有一些研究是不恰当的借用甚至是误用，所以，许多标榜“某某哲学”并不都能划入应用哲学之下。例如，“发展哲学”是哲学对发展问题的关注，仍然属于理论哲学的实践导向，不属于应用哲学；而“管理哲学”则可以视为应用哲学，因为“管理哲学”显示了管理学及其重大理论问题与哲学的深度勾连。“发展”只是一个研究对象，不是独立的学科或知识体系，“发展哲学”充其量表达的是对发展问题的哲学关切，而非界域明确、知识体系完整的应用哲学分支。

应用哲学作为一个相对独立的学科有其理论阵地，至少在国际哲学界，英国的《应用哲学杂志》（*Journal of Applied Philosophy*）和美国的《国际应用哲学杂志》（*International Journal of Applied Philosophy*）是两本最具代表性和影响力的专业学术期刊。《应用哲学杂志》创立于1984年，是英国“应用哲学学会”创办的同行评议性质的学术期刊，覆盖领域包括环境、医学、科学、政策、法律、政治、经济、教育。① 《国际应用哲学杂志》由美国学者创办于1982年，信奉哲学应该面向生活中的实际问题这一基本观点，同样地也是一个同行评议期刊，它主要处理商业、教育、环境、健康保健、法律、心理和科学中的实际议题。② 这两本专业期刊不仅担当了展示应用哲学领域最新研究成果的功能，还通过对人类生活世界和国际交往关系中不断发生的重大迫切问题予以哲学关切，从而在很大程度上引领了国际哲学界的应用哲学转向。

哲学曾被置于一切科学之上，号称“科学之科学”，但在近代知识分化、自然科学和技术研究高歌猛进的现代社会这一地位完全被颠覆，哲学不仅被拉下了神坛，甚至被弃之如敝屣。然而，科学技术的一路狂奔也制造、遗留了诸多难题，这些难题的解决仅靠科学技术本身、停留

---

① http://onlinelibrary.wiley.com/journal/10.1111/(ISSN)1468-5930/homepage/ProductInformation.html.

② https://www.pdcnet.org/ijap.

在科学技术领域根本无望，哲学的关切和审视就必不可少。《技术垄断》一书的作者尼尔·波斯曼（Neil Postman）曾忧心地指出，随着科技的急剧发展，人类文明已经从工具时代进步到技术统治时代，并正在从技术统治时代进入技术垄断时代。《美丽新世界》一书的作者赫胥黎（Aldous Huxley）也提醒世人严重关注技术垄断带来的威胁，这些威胁将迫使人类对宗教、艺术、家庭、政治、历史、真理、隐私、智慧相关的社会、文化、价值等诸多层面做出重新界定，甚至促使它们都服从于技术的存在和使用，结果，上述久已形成的人类文明成果将失去意义，不再是滋养人类精神和灵魂的源泉。这些作者正是出于哲学视角对科技的狂热和绝对主导地位提出了质疑。

当代世界的形势更为严峻。在信息化进入“物联网”阶段后，网络世界正在前所未有地融合甚至吸纳物理世界。任何关键基础设施背后都不得不高度依赖某种信息系统控制，而破坏这些“大脑”就可以瞬间直接造成无法弥补的全局性物理伤害。比如被称为“网络战争中的广岛”针对伊朗核设施的“震网”，就是典型的针对工业控制系统（industrial control system，ICS）的病毒。根据已知信息，震网极大打击了伊朗纳坦兹铀浓缩厂的监测控制和数据采集（supervisory control and data acquisition，SCADA）、可编程逻辑控制器（programmable logic controllers，PLC），导致伊朗五分之一的离心机受到破坏。震网之所以被称为一场“军事革命”（RMA），因为它代表了网络进攻再次突破“网络世界”的制约，可以直接进入并破坏空间上相隔千万里的物理世界。这就涉及了诸多应用哲学的问题，例如军事哲学、政治哲学、网络哲学、工程哲学等领域，人们可能会问：以国家安全的名义就可以对主权国家进行主动式攻击吗？基于商业目的和国家荣誉展开的网络黑客行为真的有本质上的不同吗？我们相信，人类的探索不会停止，由此提出的应用哲学问题也不会终结。

三、应用哲学之问题

正如我们曾指出的，哲学原本就有对普通人日常生活中的实际问题予以关注的传统，哲学的实践性导向一方面避免了哲学与人类生活的脱节，另一方面也鼓励了哲学家们对身处其中的周遭世界予以合理的现实关怀。在哲学史上，法国哲学家孟德斯鸠，英国哲学家边沁、密尔，德国哲学家马克思，美国哲学家杜威都可以说是这方面的样板。但应当看到，这些哲学家们仍然属于理论哲学家，因为他们对现实问题的关注仍然是以追求宏大的哲学体系、完整的哲学知识为前提的。现代应用哲学则有所不同，它已经放弃了为理论哲学佐证的任务，它们是以所关注的问题本身为中心，并且大量借鉴、援用了具体学科的研究方法。

黄楠森先生曾撰文指出，哲学或者“一般哲学”“只能是本体论，即世界观，亦即对世界的整体把握或一般把握。……哲学以外的任何学科都只是对世界的某一领域，或某一层次，或某一方面的研究”，所以应用哲学只是“把哲学应用于某一领域而形成的关于这一领域的哲学”，这样的应用哲学是一个集合名词，因为它包含了多门哲学。① 黄先生理解的“哲学”其实只是某种哲学类型，即马克思主义哲学，并非他所表明的“一般哲学”，因为他对哲学的定义已经将其他类型的哲学排除在外了。在本书中，我们倾向于将哲学理解为追求智慧和真理的学术事业，因此，以反思、批判为工具所进行的学术探讨都可以划入哲学之中。哲学研究不仅是开放的、始终处于未完成的状态之中，同时也是辨析的、理性的，以概念分析、说理、对话为主要表达方式，哲学的家族可以具有无数位成员，相应地，应用哲学也可以是多中之一，区别于其他具体学科的应用哲学是“一”，但在应用哲学内部又呈现出“多”。

上文讲到“实践”概念，这个概念原本是哲学内的议题，与此相对，“科学”是哲学之外的领域，科学与哲学的关系在不同历史时期呈现出不同的状态，关系性质十分复杂。应用哲学的一个重要问题来源就是如何有效回答现代世界中哲学与科学的关系。

在古代，科学曾附着哲学这棵知识大树上，依托于哲学所提供的思辨方法，因为那时的科学探索活动至多只是社会贤达或哲学家们的个人兴趣而已。近代以来，科学受到生产需要、市场竞争、工业文明扩张等多方面因素的激励获得了迅猛发展，科学也由此不断受到追捧，并最终被视为合理、正当的标准，一些哲学家甚至尝试实现哲学的科学化目标，斯宾诺莎、边沁、马克思、杜威等都是这一努力的主要践行者。然而，科学从哲学独立出来并与哲学渐行渐远，科学化的哲学之努力只是

① 黄楠森. 哲学的应用，应用哲学与部门哲学. 学术界，2001 (1).

低水平的模仿，既失去了哲学的独特性，丧失了哲学存在的地盘，也加重了科学主义一意孤行给人类总体文明和人的生存状态造成的伤害。庆幸的是，也有许多哲学家清醒地意识到了这一点，并从各种角度为科学出走之后的哲学何以自立自处开拓了新的疆界，意志哲学、现象学、存在主义哲学、社会批判哲学、后现代主义哲学等结成了牢固的同盟者。

哲学不是科学，但哲学与科学（特别是与技术）的关系问题仍然构成了哲学的重要问题，应用哲学概莫能外。今日的诸多应用哲学分支都与科学技术密不可分，例如信息技术中的哲学问题，如何理解信息的本质？信息论奠基人香农（Claude Elwood Shannon）引入热力学的“熵概念”，将“信息”视为“不确定性”或“选择的自由度”的度量。英国学者艾什比（William Ross Ashby）也指出，“信息”的本性在于事物本身具有“变异度”。意大利学者朗高（G. Longo）强调，“信息”是反映事物的形成、关系和差别的东西，它包含于事物的差异之中，而不在事物本身。信息主导而形成的信息社会就具有“非自然化”“非周期性”“非确定性”三大特点。今日的人类正在进入信息社会。但我们必须警惕信息的误区、信息甄别上的先入为主可能造成的社会决策方面的重大失误。例如，早在19世纪20年代末，统计学家盖里和凯特莱深入研究了法国的犯罪数据，发现每年的犯罪行为特点几乎保持不变，连使用枪支、刀剑、拳脚、棍棒的谋杀案比例都年年相似。他们得出结论：犯罪行为可以准确无误地进行自我复制。但问题远不止这么简单。学者所给出的算法模型其实也可能直接影响了政府的警力设置，并成了所要分析对象的干扰变量，结果这样的算法模型一旦运转，执法行为就会增多，产生的新数据又会进一步证明加强执法的必要性。形象地说，就是哪里前科越多，哪里就越受算法“关照”，最终形成一个失真甚至有害的回馈环路。

事实上，由于科学与技术越来越快速的发展，它们对哲学的影响以及由此形成的应用哲学研究都开始呈现出非常不同的样貌，各自的问题意识和作用方式也日益显示出显著的差异。那些以科学为基准、对科学引发的问题予以哲学关注的应用哲学，更加关注新科学观点或新科学领域如何改变我们的世界观、方法论和认识论，特别是对世界的构成和来源的本体论问题、如何理解我们身处其中的世界的应用逻辑问题、怎样在科学体系中定位人的作用的形而上学问题。例如，在理论物理学中，我们会频繁使用“质料”（Material）、“力”（Force）、“空间”、“时间”这类概念，但物理学并不探究这些概念的真正含义。再比如，现代天文学带来的挑战正在改写哲学的表达方式。早在1933年，瑞士天文学家弗里兹·兹威基（Fritz Zwick）率先提出了“暗物质”的概念，他推测星系团中存在大量不发光的物质，并命名为暗物质。20世纪70年代美国天文学家薇拉·鲁宾（Vera Rubin）也提出，如果引力理论正确的话，就需要引入不发光的物质来提供更大的引力，才能束缚住星系中的物质。“暗物质”概念由此得到了物理学界和天文学界的广泛认可。学者们相信，在宇宙的组成成分中，只有4%是可见物质，剩下看不见的是24%的暗物质和72%的暗能量，因此，我们肉眼可见的宇宙只是真实宇宙的很小一部分而已。然而，美国耶鲁大学天文学系教授皮耶特·范·库姆（Pieter van Dokkum）领导的研究小组于2018年3月28日在《自然》上发表了题为《一个缺少暗物质的星系》（“A galaxy lacking dark matter”）的论文，他们指出星系NGC1052-DF2中几乎不含有暗物质。研究人员猜测，星系中的暗物质的缺失、星系周围奇怪的星团以及星系的尺度之间存在联系。从几乎都有暗物质组成的星系，到这次发现的几乎不含有暗物质的星系，给出了关于宇宙场景的两个极端解释。[①] 真相到底如何呢？其实，这已经不再是事实观察的问题，而是我们可以给出怎样的认识图式或解释范式来理解我们身处其中的世界以及相应的知识体系的问题，易言之，这很可能意味着正是我们对宇宙的先验判断决定了我们拥有怎样的宇宙观。这显然是个哲学问题，而非单纯的天文学或物理学的问题。

在现代社会，技术不再只是依附科学而存在的附属品，相反，技术正在以势不可挡的劲头突破科学实验室和研究人员的设想成为改变世界、左右未来人类社会走向的决定性因素。那些应对技术引发的社会问题，即聚焦技术领域并以技术为基准的应用哲学研究，通常涉及应用伦理学的问题，因为技术的应用直接进入人类生活的方方面面冲击既有的价值原则和规范，例如人工智能所带来的家庭、两性、人际关系改变，将会迫使人类不得不修正曾经对实践理性、人的主体性和生活方式等的

---

① 本段内容参考了《没有暗物质！这个星系非常怪》[鞠强．南方周末，2018-04-05（C23）]一文。

理解。确实人工智能是一种具有广泛应用前景、发展前途远大的高新技术，同时，也是一种远未成熟、后果难以预料的颠覆性技术。基于互联网、大数据、物联网、云计算等，各种智能系统、智能机器人之间也可能需要人们拿出高超的智慧促成它们在生产、生活中相互配合，相互协作。而在未来夹杂了现实的或虚拟的交往实践中，各交往主体之间是否会产生各种各样的利益纠葛？是否会产生同情、愉悦、痛恨、厌恶之类复杂情感？是否可能结成一定的利益共同体，进而提出政治上的要求？是否会对传统的人伦关系、家庭和社会结构等造成实质性冲击？这些问题都悬而未决。更有专家预测：随着虚拟现实技术的发展，机器人能模仿甚至超越人和人的体验。到那时，与性爱机器人“交流”可能让人上瘾，将来甚至可能完全取代人与人之间的关系。这些问题如此前卫和紧迫，着实会带来严重的社会问题，并且对既有的社会规则和价值理念等造成难以挽回的冲击。技术一味向前，却常常带给我们多重的困境，可怕的是，技术本身对此并不自知。应用哲学的步步紧逼就显得非常必要。

在哲学思考上，我们可以不断追问知识的根源，从而促使我们不轻易驻足、局限在某一个理论中，进而能够不断挑战旧的框架，寻找更合理的新观点或者多面向的思考路径。狭义上说，基于严谨的逻辑做出的思考都可以称为“批判性思考”，批判性思考最重要的方法就是怀疑，对于各种想法不轻易相信，而是尽可能去质疑。广义上说，一切可以产生新观点的思考或者创造性思考都属于批判性思考。当然，哲学的批判主要借助于逻辑学这一思维工具，它提供了思维的正确形式，提出了有效的推理，从而构成了一切哲学讨论的基础。应用哲学也不能摆脱或忘却以批判和反思见长的基本哲学表达，但应用哲学因其延伸了理论哲学批判对象和完成了其他学科无法做到的自我反思，一方面扩展了哲学在现代社会的存在空间，另一方面也完成了对其他学科的知识成果的批判性思考而做出了严肃的检视。从这一意义上说，应用哲学因其对熟视无睹、习以为常的思维定式做出的怀疑和追问，其本身同时就是创造性思考。

应用哲学是理论哲学断裂式发展的产物，因此，也可以视为当代哲学创新的主要表现形式。不过，哲学创新虽然并没有人们以为的那么稀少或困难，但哲学创新确实完全不同于技术创新，它主要体现在人们的认识上。更具体地说，人的独立且深入的思考本身，或者巧妙地解决现实问题的过程，以及灵活地将理论运用于实践的过程，都可能是一种创新。赖尔（Gilbert Ryle）在阐述一个人借助智力进行论证时说道："他不得不遇到新的反对意见，解释新的证据并且在以前不曾出现过的情况下使各种因素彼此之间建立起联系。简而言之，他不得不创新，而在创新之处他并不是出于习惯进行论证的。他不会重复陈旧的步骤。"① 朱熹在《大学章句》中也有类似的思想，他说："所谓致知在格物者，言欲致吾之知，在即物而穷其理也。盖人心之灵，莫不有知，而天下之物，莫不有理。惟于理有未穷，故其知有不尽也。是以《大学》始教，必使学者即凡天下之物，莫不因其已知之理而益穷之，以求至乎其极。至于用力之久，而一旦豁然贯通焉，则众物之表里精粗无不到，而吾心之全体大用无不明矣。此谓物格，此谓知之至矣。"显然，朱熹提出的"格物"并非只是简单的模仿，"致知"也绝对不是拾人牙慧，相反，通过即物以格，用力运思，豁然贯通，解开了心中疑惑，获得了新知。应用哲学所做的工作正是这样的格物以致知的思想创新工作。

① 吉尔伯特・赖尔．心的概念．徐大建，译．北京：商务印书馆，1992：51．

第一章　当代中国哲学的转向

始自 20 世纪 70 年代末，中国结束了十年动乱，开启了新的社会历史进程，思想界和理论界变得异常活跃，哲学引领风气之先，出现了哲学复兴的春天。国内的哲学工作者激情饱满，积极面对敏感的理论研究，尝试回答诸多尖锐的现实问题，提出了各种富有创见的哲学观点和全新的理论学说。马克思主义哲学原理的研究出现了空前的繁荣景象，与此同时，中外哲学史的研究也得到极大的推进，不仅中国传统思想资源被重新认识，其合理性得到极大肯定，西方不同历史时期各个流派的哲学体系也被大量译介进来，学术争鸣蔚然大观，“接着说”“继续说”“重新说”的势头一时极盛，无出其右。最令人瞩目的大概要数应用哲学、部门哲学①的兴起了，即哲学与其他具体学科的相互渗透、交叉而产生的新的哲学分支领域不断涌现，投身其中的学者们摇旗呐喊，全国各地出现了数十个相关的学会或分会。很多中国哲学研究者往往身兼数职，同时在理论哲学和应用哲学发力，理论哲学研究提供了基本的哲学

① 关于如何理解应用哲学、部门哲学及其关系的问题，学界有不同的看法。例如，全国应用哲学第十二次理论研讨会以“部门哲学与应用哲学的发展”为主题，这显示“部门哲学”和“应用哲学”两个概念不仅是不同的，而且可以并列使用。在此次会上也有学者针对会议主题阐述二者之间的关系时指出，应用哲学的存在有多种形式，部门哲学是应用哲学存在的基本形式，应用哲学的发展需要以部门哲学的发展为基础。也有学者主张以“部门哲学”取代“应用哲学”［曾祥云. 论部门哲学的性质与特征. 湘潭大学学报，2012（05）：107］。我们主张，就内涵而言，应用哲学与部门哲学存在交叉，前者肯定了哲学与其他学科结合的无限可能性，后者强调的是这种结合后哲学学科化的结果。但是，“部门哲学”容易产生歧义，是哲学内还是哲学外的部门？“部门”原本是一个表示具体事物之外延关系的实义词，用来描述某类哲学研究的属性并不合适，故在本书中，我们通常不使用“部门哲学”这一词汇。

方法和思想史的资源，应用哲学则成为关注现实、理论落地的平台。有别于20世纪初的“引西入中”、20世纪中叶的“马列独尊”，20世纪80年代之后伴随着应用哲学的深入和繁荣，中国哲学在存在形态、理论表达和基本问题关涉等各个方面都出现了新的转向。进入21世纪之后这一转向仍然在持续进行中，并且成为越来越显著的理论动向。持续40年的中国应用哲学之所以有如此强大的生命力，根源于我们身处其中的大变动的时代，这个时代在科技发展、社会变迁、人类交往等许多重要方面不断提出新的挑战，这成为应用哲学从而成为整个现代中国哲学发展的活水源泉。可以说，应用哲学几乎与中国的改革开放进程同步，这最终带来了当代中国哲学的根本改变。

第一节　当代科技发展：哲学转向的时代背景

哲学经常被解释为“时代精神的精华”。这个判断暗含了一个假定：哲学是时代的产儿，就哲学与时代的本体式关系而言，这个假定并不错，但如果进一步认为哲学只是时代的描述者或复制者，那就大错特错了。实际上，哲学身处某个时代，哲学又超越那个特定的时代，在认识论上，任何时代都是哲学考察、反思的对象，此时，哲学在任何时代之上。所以，哲学既在时代之中又不陷入其中，哲学以观念、问题意识来把握并超越时代。今天的我们身处其中的时代是怎样一个时代呢？显然，从不同学科出发或者基于不同的观察角度，会得出迥异的结论。但谁都无法否认的一个基本事实是：尖端科学和高新技术的突飞猛进及其攻城略地，正在深刻影响着我们的存在状态，并且将根本决定我们的未来处境。在此，有必要对“科学”与“技术”做个简要区分。“科学是用理性的手段去描述我们周围世界之现实状况的学问，当然也包括有生命的生物的特性。而技术则是力图运用科学的成果以达到人类的目的。”[①] 然而，“人类的目的”并非某个客观的自然属性，也不会自动体现在人类的现实活动中，它总是借助一些权威人物来诠释，而且人们所表达出来的“人类的目的”通常只是那个时期、那个群体的人们所认识

① 郝伯特·豪普特曼. 科学家在21世纪的责任//保罗·库尔兹，编. 21世纪的人道主义. 肖锋，等译. 北京：东方出版社，1998：2.

到的，所以，“人类的目的”并非看似的美好、崇高，许多罪恶、反人性的活动都是在“人类的目的”这一名义下进行的，如一些国家的外太空开发都打着“人类的目的”，但实质只是这些国家统治世界战略的一部分，外太空开发造成的不良后果，如太空垃圾、军备竞赛等却正在成为困扰今日人们生活的不安全因素。技术的价值色彩显而易见，科学同样也具有特定价值倾向，尽管科学因其知识性追求，在总体评价上会强于以效用性为目标的技术。

总之，当代科技发展及其后果，不仅构成了哲学转向的时代背景，也成了哲学确认自身、实现发展不得不考虑的重要变量。在本节中，我们重点选择生物技术、信息技术、人工智能这三个目前最为活跃、最富前景的领域予以考察，以揭示科技发展对人类生存提出了怎样的挑战、对哲学发展带来了怎样的难题进而有着怎样的理论发展的可能性。

一、生物技术对人类存在方式的影响

以分子遗传学为核心的现代生物技术（Biotechnology）是目前最富有前景的新兴技术领域，它采纳现代科学原理和工程技术手段，按照人们预先的设计对生物材料进行加工、改造，或者模仿生物及其功能，培育优良生物品种，生产出增益人类福利和提供更大范围的社会服务之生物制品。“生物技术”与“生物工程”往往交错并存，难以严格区分，这体现了生物技术领域理论研究及其应用的高度统一。具体来说，现代生物技术领域涉及了基因工程、细胞工程、酶工程、发酵工程、蛋白质工程、胚胎工程、脑科学技术、生物信息学技术等学科。现代生物技术的未来发展趋势还将扩展至微生物及环境保护、生物能源、蛋白质的构象及功能基因的药用开发等领域。

现代生物技术的研究成果目前主要在农业生产和医药制造两个领域得到广泛推广和应用。例如，农业生物技术的主要领域包括：增强农作物和家禽畜鱼的抵抗力、品质改良、产量提升与有特殊用途品种的开发等，其中转基因作物的研究和应用发展最为迅猛。在农业生物技术领域，目前最前沿的研究同时也是引起广泛关注的议题有：科学研究成果的大规模商品化、不同类别领域的交叉推进及其规模化推广、生物基因资源争夺的加剧等。实际上，60%以上的生物技术成果集中应用于医药产业，其主要原理是利用克隆技术和组织培养技术对 DNA 进行切割、插入、连接和重组，从而获得全新的生物医药制品，目前已经进入临床应用的生物药品包括基因工程药物、生物疫苗、生物诊断试剂等。

生物技术在当代的迅猛发展，确实给人类带来了诸多益处，例如，医学治疗技术的更新，许多绝症被攻克，人类的寿命得到延长；水稻、玉米、大豆等农作物的基因改良和重组，极大提高了农作物产量，这有望消灭困扰人类数千年的饥饿问题。但不可否认，与此同时，现代生物技术应用所带来的负面影响也在扩大。它不仅产生了新的社会道德难题，人类不得不做出艰难的价值选择，如克隆技术能否使用以及如何使用的问题，同时也加剧了过去曾经存在的问题，如出生前有缺陷胎儿的遴选是否合乎社会正义的问题。更为致命的是，生物技术还将对人在自身缺陷的修复、不同类别基因的重组等方面的努力进展到何种程度，人与其他物种的界限如何划分，换句话说，它将对何谓人这一关乎人的地位或人的存在方式的根本问题提出严重的挑战。

有人会说，生物技术只是科学研究在生物领域的展现，技术只是手段，它本身并没有特殊的价值偏好，不必大惊小怪。毫无疑问，科学家和科学工作者跟我们普通人一样，都具有身心二重性，他们也有在社会生活和个人成长过程中确立下来的价值观，不同的科学家会对生物技术的使用做出自身的判断。确实有科学家拒绝与商业集团合作，不屑于将科学研究的智力换取现世的金钱实利，甚至也有科学家抵制政治压力、宗教意识形态的干扰而选择献身于纯粹的科学求知。然而，这样的科学家毕竟只是少数，这些少数科学家还经常承受极高的压力和极大的困扰，究其原因在于，将科学技术价值中立化让许多人完全无视科学技术研究中的道德风险问题。

现代生物技术的发展在哲学上的一个直接后果就是推动了医学哲学和生命伦理等应用哲学领域的勃兴。托马斯·施拉姆（Thomas Schramme）撰文阐述了理解医学哲学概念的方法，尤其是聚焦医学哲学与生命伦理学的关系这一特殊研究方法。人们通常认为，医学本身是一个旨在治愈患者的规范性实践活动，施拉姆认为这无异于是一种把医学视为纯粹经验性自然科学的简单看法，但是，医学的规范性特征并非表明医学哲学需要着眼于像生命伦理学那样的规范性指导①。生物技术

① Thomas Schramme. Philosophy of Medicine and Bioethics//Handbook of the Philosophy of Medicine，2015（7）：1-13.

借助仿生学、克隆技术等理论不断突破人与其他物种之间的界限，人的神圣性受到公然挑战，既有的人际规则、行为规范和处世原则都受到了前所未有的冲击。因此，医学哲学与生命伦理学领域所引发的争议时常突破学界，引起公众的广泛关注，以至于成为社会热点问题。

克隆技术（运用无性繁殖再生一个个体的技术）同样引起了长久而广泛的争议。最初提出的"生殖性克隆"，即克隆人研究，在经过长时间的讨论和充分论证后已经被多数国家和国际组织禁止，例如 1997 年联合国教科文组织通过了关于禁止进行克隆人类实验的世界宣言，1998 年全世界 26 个国家立法禁止克隆人实验。以后提出的"治疗性克隆"，即干细胞研究，同样引起了持续至今的争论，这涉及人类胚胎与病人之间的利益冲突问题。

遗传学提出的主要哲学问题在于如何利用所掌握的技术帮助我们获得遗传信息并控制基因？人类基因组的建立，可能进一步加大富国与穷国的差距，穷国的基因成了新的资源掠夺对象，穷国被迫丧失基因资源。器官移植是拯救器官受损或衰竭患者的全新手段，也是现代医学的巨大成就之一，然而，器官移植技术的使用和巨大的市场需求，催生了人体器官买卖甚至无辜者受害、失踪事件。异种器官移植（例如，在猪体内培育人的器官后移植到人身上）尽管解决了器官来源的问题，但它可能面临新的病毒、疾病从宿主转移到人体后大规模暴发传染病的风险。

因此，生物技术本身就是一柄双刃剑，它同时兼具正负两方面的效果，这是由它的本性决定的，并非只是人的不当使用带来的。例如，"优生学"（eugenics）本是达尔文的一位表兄高尔顿（Francis Galton）于 1883 年提出的理论，他创立这门理论以及相应的技术的初衷只是想通过人种培育促使未来人类在遗传特征上得到改良。第二次世界大战期间纳粹屠犹政策的一个"科学理由"就是犹太人在人种上是低下的，要保持日耳曼人种的纯正就必须灭绝犹太人。但这不过是借口，真实的原因是削弱犹太人在工商业的影响力，掠夺犹太人的财富。并非纳粹党人错用了优生学，优生学本身的运用，即基因选择、改良技术就存在极大的理论缺陷，一个经过基因改良、全部由高颜值和高智商的人组成的社会是值得向往的社会吗？这样的社会将可能失去很多同样重要的人类美德，如同情、救济、慈善、慷慨等等，而且这样的社会也将因丧失进步的动力而失去活力，最终陷入死寂。

现代生物技术的兴起体现了人类对世界认识的深入，人类改造世界范围由外部（大地、海洋、太空等）转向了内部（人自身、人与其他物种的关联等），方式由模仿提升到重组、改写，人类不再只是被动地适应环境、服从自然规律，人类开始获得上帝般的能力，可以制造出种种匪夷所思的新奇产品和物种，这不仅扩大了人类活动的空间，更是突破了人与非人的界限。现代生物技术高歌猛进的速度和广度也令人十分惊恐，已经有许多学者清醒地指出了现代生物技术可能包含的生态负效应（例如，它将破坏生物多样性、扰动生物进化机制、造成基因污染、加剧生物圈对现代生物技术的过度依赖等）、伦理负效应（例如，它会对现有伦理规范造成巨大冲击、侵害人类生命的尊严、威胁到生物资源分配的公平性等）、人类健康负效应（例如，转基因食品的安全性、生物医药的可靠性等）。

问题的紧迫性和严重性还在于：现代生物技术正在威胁人类的存在方式，它将根本改写人类的存在状态。首先，是人类个体的尊严问题。人的尊严主要体现在人类个体上，如果没有个体的尊严，人类的尊严就无从谈起，个体的尊严主要表现在身心一体和人格独立上。但现代生物技术只是追求肉体的个体生命之延长或者改良，却严重忽视了人的灵魂、意识、情感等方面的多重需求。其次，国家权限的扩张极度压缩和削弱了社会空间和公民的权利，生物技术研究和开发是项投入巨大的事业，它受制于政府产业政策、国家发展战略，因此，政府公共资源、财政资金的投入和职能部门的深度介入都使生物技术研究不再是单纯的理论探讨或学术问题，上升到国家间的竞争和各自的国家战略，生物技术研究很可能受到意识形态因素的干扰，沦为政治力量的同盟者。再次，现代生物技术日益模糊了基础研究与应用研究的界限，产业化、商业化导向占据主导地位。此外，现代生物技术还产生了集聚效应，即某个技术方面的突破迅疾产生群体联动效应，短时间内涌现大量类似或关联的科研成果。由于生物技术涉及无数人力资本，需要众多科技人员的投入，这就引发了知识产权保护和专利技术归属等方面的纠纷。最后，现代生物技术来自人类生产、生活的需要，它坚持的是人类中心主义原则，属于以人为本的“生存技术”，然而，由于国际竞争和国家战略，人类中心主义原则却被误用，它带来的不是文明共同体内的合作，而是民族文化共同体间的较量。“文化共同体”建立了我们与他者相互分别的意识，只有“文明共同体”才可以在全球化时代建立起超越民族自我、文化相对性的人类普遍共识，从而在人类存在方式问题上接续贯穿于古典文明、现代文明之内核的共同价值。

二、信息技术对人类交往方式的改变

信息技术即信息通信技术，又被称为计算机技术。信息技术几乎是一种“通用工具”，因为它具有逻辑延展性，可以被定制和塑造，几乎可以完成任何任务。

当代信息技术的快速发展给人类带来了前所未有的改变，因为信息通信领域的迭代升级极大削弱了人际间因时空造成的隔离，促成了人类彼此共在、无缝连接，这就是妇孺皆知的“地球村”。这得益于信息技术的日常生活化的广泛使用，信息技术实现了互联网条件下的信息接收与处理的共时化，这导致当代全球范围内的各个地域、民族和国家之间在经济、政治、文化等各个领域的互动，从而实现了信息、商品、人员等要素的充分流动，这又进一步加速了全球化的进程。网络在很大程度上消除了时空局限性，使人们的日常生活具有了空前的开放性。人类交往方式获得了全新的手段并展示出不可逆的共在格局。网络技术以从前不可想象的方式使人们紧密联系，消除“这里”和“那里”的界限，我们居住的星球正在变成一个“小村庄”，人们仿佛有一种“世界就在眼前”的感觉。

互联网是由早期的科研学术网发展而来，互联网开拓者们都是信奉自由至上、知识分享和狂热酷爱探索求知的知识分子或技术达人，但是随着互联网的扩张，以营利为目的的商业性组织取而代之成为互联网的主要建设者，并因此出现了大量的对网络资源的商业性应用，如今互联网公司成为世界上发展最为迅速的产业群。在互联网世界，非商业性网络与商业性网络是联结在一起的，这就意味着对网络的商业性使用不断挤压和大量占用学术资源和社会资源的利用空间。实体世界的现金为王、资本为大的原则同样被推进到了网络空间，信息技术裹挟市场力量，互联网成为新的名利场。

信息技术的日新月异，直接改变了人们的交往方式。移动通信、无人驾驶、人脸识别技术、远程视频等信息技术，一方面带来了生活的便利和舒适，另一方面又向人类提出了短时间内无法回答的全新难题。例如，软件开发中的哲学问题对今天的人类来说就构成了一个十分棘手的难题。曼迪·诺瑟夫（Mandy Northover）等人认为，在过去的40年里，软件工程学已经成为一门学科，但因它根源于计算机科学和古典工程学，其哲学基础和前提假设尚未得到很好的阐释和理解。近些年来，软件工程共同体的成员已经开始寻找并落实它的哲学基础。尤其是，一些有哲学素养的软件工程师们正在使用库恩和波普尔等人的哲学理论来寻找对软件工程这一学科的更深入理解。然而，科学专业出身的哲学家貌似尚未通晓软件工程领域里的新讨论（new discourse）。因此，批判性地反思软件工程师们建立软件工程哲学的尝试中的得失，介绍了他自己的哲学思考，并邀请专业的科学哲学家们参加这一有趣的新讨论①。

互联网增加了民众获取并利用信息的机会。互联网最大的特性就是开放性。这种开放性是由网络本身的技术特质——分布式结构和"包切换"的传输方式所决定的。互联网技术使信息转换瞬间完成，因为所有的信息都是数字化的，所有数字化信息又可以迅速被任何地方的任何人所获取和使用。它既向用户开放，又向信息服务提供者和网络提供者开放，还向未来开放。互联网的开放性直接构成了网络社会的本质性规定，这既是网络文明的事实性基础，同时也蕴含了深刻的价值命题。与封闭排斥、闭关锁国相对立，开放表明了一种制度自信和价值认同。

然而，在网络社会中，作为主体的人是以多方位的模糊状态呈现的。最为典型的是存在方位的模糊。现实主体一般以"在场"的方式确定方位，"在场"意味着主体存在于特定的场所、特定的时间内。而网络社会中的多数主体往往是以离场的方式存在的，虽然彼此通过一台联网的计算机实现了网络交往，但各自的方位和所处时间点依然是模糊的。场所、时间与对象的模糊使网络使用者之间的界限消失，网络世界的同一性、整体性取代了现实世界的差别、对立，造成主体和客体在网络中得到同一的错觉，给网民以放大的心理满足感。

不仅如此，互联网还直接促进了社会的横向对话。它引起了社会信

---

① M. Northover et al. Towards a Philosophy of Software Development：40 Years after the Birth of Software Engineering//Journal for General Philosophy of Science，2008（39）：85－113.

息传播从单向传播到交互传播的质变，信息传播者和接收者均可以同时发布和接收信息，信息传播方式由此从单向演变为双向乃至多向网状形态。其结果之一就是，每个人都有接近事实、了解真相的机会，与此同时，每个人都可能成为自媒体的拥有者和发布者，可以通过微信、微博等网络平台发出自己的声音。互联网帮助公众实现了个人对个人、个人对多人（或团体）、多人（或团体）对多人（或团体）的即时交流和异步传播。这就是网络社会的万物互联性和全民平等性。正是这一特性，有人主张将网络社会视为后现代社会，因为它打破了工业时代的等级权威和中心-边缘体制。但我们认为网络社会并非单纯的解构，更是建设性的，它是通过推行自身的原则，确立自身的模式让公众受益的。但是，等级权威、中心-边缘体制等现代社会特征在网络社会中并没有消失，而是变得不那么重要。这成为网络社会令人趋之若鹜的迷人之处。因为网络社会张扬了平等、分权、共享知识或资源这些重要的价值目标。

相应地，网络社会具有全新的社会结构特征和社会运行方式。在结构特征上，由于互联网络可以借助无数个具有开放性的“节点的连接”实现无限扩展，这就为各种社会力量预留了极大的自主性空间，呈现出“去中心化”的特征。此外，互联网络从根本上突破了地理空间的限制，从而改变了时间和空间的传统内涵，为人的行为活动赋予了新的外在形态。在工业社会，合法性的认同感构成了一个社会的内在心理基础，这种认同感的瓦解就会导致社会成员的冷漠，最终带来社会的崩溃。因此，那些主张警惕互联网破坏认同感并加以抵制的人们都强调要切实地置身于现实的社会机体之中。不过，互联网不只是破坏了现有的认同感，同时也在促成被剥夺经济、文化和政治权利的公民们相互之间借助互联网平台而连接起来，他们趋向于形成一种新的社会认同感，并且也确实在网络世界获得了社会认同的新的重建机制。网络社会为许多缺少实体社会中的资源的边缘人群提供了自我确认、相互认同的条件。

但必须警惕“网络空间的巴尔干化”（cyberbalkanization），这也是经常被提到的一个重大风险。思考相似的人原本只是分散、微弱的个人偏好，却可能借助互联网不断强化，发展为同质的小团体，并上升为“族群政治”或“议题政治”，他们人数虽少却热衷发声，从而取代、掩盖其他绝大多数普通公民的真实感受。一些人浏览新闻，不是想去听不同的意见，而是想让自己所持的意见得到支持。人们在互联网社区中结伴、寻友，听到的是你想听的，见到的是你想见的，你就会因越频繁使用互联网变得越思维固化和自以为是。以前主流媒体可能经常扮演“管家”的角色，就是可以过滤掉那些太偏激、太离谱的信息，但现在这样的功能已经被社交媒体取代，结果很多人就变成跟自己属性、观念或偏见类似的人相互抱团取暖，整个社会的对立性更强。换句话说，每一个对其他群体有偏见的人，彼此之间相互增强，而且跟他仇视的、恐惧的其他群体，基本上完全不交集，也不往来，也没有共同分享的资讯平台。结果网络世界不仅没有促成扁平化、更易沟通的世界，相反，它使相似的人更容易走在一起，人们之间的分歧更加固化以致难以更改。

信息技术提供了丰富的文化产品和快速消费品，看似人人都获得了满足，然而，在技术和人性的双重作用下，互联网时代塑造了更多的寡头垄断，“网络创造多元平等”的设想被打破，特别是在思想产出、观点分享的领域，相应的情况更加糟糕，例如，“信息流瀑”（information cascade），一些人看见别人的言论就附和或转发，造成“大家都这样”“人人都在传”的假象，人们只是传递未经验证的消息和非理性的情绪，大量信息被重复传播，不仅占用网络空间，而且传的人无须负责，人们之间的社会连带关系、追问真相的严谨、传递信息的认真态度等基本社会公德都被无情践踏。还有互联网上的羊群效应，无数的人只是跟风、从众，许多谣言得以散布，网络社会加速了“劣币驱良币”和社会道德逐底等现象的扩散。其实，人们的网上行为的影响并非只是个人性的、私密性的，相反，它是社会性的，甚至是国际性的。然而，迄今为止的社会价值观都是依靠某一地域的人们所分享的价值、规范来维系的，在全球化、超时空的互联网上，由于短时间内难以确立众人共享的价值、规范，网络世界的伦理冲突将大量出现，并且难以调节。

信息技术不仅对生活于现代社会的个体产生了巨大影响，对当代社会的结构以及人类文化的传承方式也都带来了无可挽回的冲击。例如，有许多学者指出，信息技术具有独特的离散性，“像所有数字化编码的信息一样，计算机程序不可避免地具有如下令人不安的属性：最小的可能的波动——例如一个比特的变化——可能导致最急剧的结果”①。一

① 特雷尔·拜纳姆，西蒙·罗杰森，主编. 计算机伦理与专业责任. 李伦，等译. 北京：北京大学出版社，2010：54.

个小小的字符、参数的错误，最后会“波动”“放大”为一个灾难性后果。计算机控制的系统，任何一个局部出现问题，整个系统就会瘫痪或失灵。此外，随着计算机使用的日益普及，很多文件都被转换成数字形式保存在电脑中，过去的历史，如书籍、文物会毁于战火、洪灾、地震等自然力以及人为破坏，但电脑也不是保险箱，它不仅会受到病毒侵害、黑客攻击，而且加密技术和独特的储存方式致使非专业人士完全无法阅读，人类文明很可能被计算机埋葬，甚至不留一丝灰烬。

信息技术促成的网络社会同样存在难以准确定义的问题，例如，网络世界中充斥的各种冒犯、亵渎、污名化等现象，网络上的虚拟和事实间的界限变得十分模糊，从而存在大量的假新闻、恶意中伤的谣言，这些假新闻或谣言会在各种网络空间迅速传播，一旦传播出去又很难收回或澄清。网络的无处不在也改变了很多人的阅读习惯和认知世界的方式，主流媒体的重要性不断下降，在各种网络信息面前已经很难有专业、可靠的信息源和判断正误的权威出处。语言暴力、人肉搜索泛滥，这些都折射出有太多的人将太多的时间耗费在电脑或手机前，他们在网上的“活跃”只是“虚火”，与之对应的却是对现实世界和现实的人的麻木、冷漠、无动于衷。问题的复杂之处还在于：对于明显的攻击或侮辱，如种族歧视、性别歧视，人们容易辨识，但在网络社会很多时候一些现象或言语的合适、合理与否就变得很难分辨，如性骚扰、地区或国别歧视，对这些问题的敏感程度往往存在个体或特定群体的差异，很难一概而论。最大的麻烦是，对此类灰色地带的言论、图像也不能统统一禁了之，更不能因噎废食，因为网络社会的创新、活力恰恰存在于看似无序的竞争、争执、交锋之中。这就对政府的网络治理能力和应对网络社会的纷争解决技术提出了很高的要求。

最早清楚定义计算机伦理学的摩尔（James Moor，1985）曾指出，信息技术可能引起的伦理问题主要包括：第一，时刻连线、在网的状态严重冲击了个人的现实生活世界。在高度信息化的社会中，工作场所与生活空间、工作与闲暇难以区分，网络化带来的远程工作使工作人员难以区分工作状态和非工作状态，员工沦为“码农”。“在家办公”、网上学校、电子商场、电子银行等相继出现，人与人之间面对面的交往机会大为减少，人们终日与个人电脑终端打交道，这极有可能导致人与人之间关系的疏远。网络的虚拟在场日益挤压人们的现实接触，人际关系变得模糊和脆弱，尤其是过度沉溺于虚拟环境，会失去人的许多真实的感情，甚至患上“网络综合征”。第二，“数字鸿沟”加剧了社会边缘人群（如穷人、老人、残疾人、失业者、文盲等）与社会的脱节，他们被迫成为信息技术之光无法普照的角落。第三，数字垃圾造成的信息泛滥以及人们在海量信息中搜索、消费造成了时间、精力的巨大浪费。第四，“网上政府”式的电子政务一方面拉近了民众与政府的距离，但同时也因民众的各种异议和即时情绪表达而令政府人员难以决策，行政效率有所降低，行政合法性的标准也开始变得模糊不清。第五，知识产权保护的失效。现有信息网络一方面突出了信息、知识的价值，但可能存在大量的侵犯知识产权、隐私等现象。由于利用网络收集信息的便利和强大能力，网络上的个人生活在技术上极可能成为“通盘为文件所记录的生活”，它可能细致到令人恐怖的程度。如果这些信息泄露出去或不能被正确地使用，个人隐私权将受到极大的侵害。

在网络社会，人们是以“符号”身份、在“不在场”的情况下进行交往，当事人感受不到对方作为一个活生生的人的反应，往往会做出一些在物理空间难以做出的粗暴、无礼的行为，甚至认为盗窃、入侵等犯罪也不过是敲击了几下键盘、点击了几下鼠标而已。有为数不少的西方学者把网络技术引发的伦理问题概括为“7P”问题，即 Privacy（隐私）、Piracy（盗版）、Pornograph（色情）、Personality（人格）、Policy-making（政策制定）、Psychology（心理健康）和 Protection of the Network（网络保护）等七个方面。从应用伦理学上看，这七个问题可以分别划入经济伦理（盗版）、行政伦理（政策制定、网络保护）、法伦理（隐私、色情）、德性伦理（人格、心理健康）之中，如果从伦理问题本身的性质来看，它们分别涉及尊重、告知、勿伤害、身心统一等公认的伦理规范。然而，人们试图从传统伦理学中寻找资源以解决当代网络伦理问题的努力也遇到了困境。例如，以边沁和密尔为代表的功利主义伦理学不考虑个人的动机，旨在获得集团性质的最大的幸福，这样一种后果主义的伦理学在“即时”的网络社会中是很难达到的，更重要的是，由于网络的快速流动性使任何一种行为都能够通过网络这种介质得到放大，这恰恰更需要对行为的发生过程进行监督和自我控制。相比较而言，康德的理性主义伦理学可能更为可取。理性主义伦理学所看重的是行为的动机而非后果，只有成为普遍可以接受的行为才能够去施行，人们自由的获得要以遵守特定的道德法则为条件，但是在个体和非熟人之间的匿名化交流的过程中，理性主义伦理学是否有适用的范围、土壤及效果，都是需要进一步讨论的。

三、人工智能对思维主体的冲击

人工智能（Artificial Intelligence，AI）是研究、开发用于模拟、延伸和扩展人的智能的理论、方法、技术及应用系统的一门新的技术科学。人工智能是计算机科学的一个分支，它企图了解智能的实质，并生产出一种新的能以人力智能相似的方式做出反应的智能机器，该领域的研究包括机器人、语言识别、图像识别、自然语言处理和专家系统等诸多方面。人工智能研究的成果是合成出人工智能体，它是无限接近人的思考和行动的智能综合体。

追溯思想史可知，人工智能的设想很早就产生了，但最初还只是少数科学家在本专业范围内的探索，与普通大众无关，对实际社会生活的影响也甚小。但2016年“阿尔法狗”的出现才真正引起了人们的惊觉，这只人工智能的“狗”不仅能够从环境中获取感知并“自主”执行行动，具有极强的自学习能力，而且可以对自身的前述行为做出修正，从而完成自我的进化。它初次挑战被认为人世间现存最具有智力难度的游戏——围棋，即大告全胜，人类所有在世顶级的围棋高手均败在它之下，许多人开始惊呼，人工智能超越以至取代它的创造者——人类的日子已经不远了！

上文谈到信息技术及其促成的网络世界，虽然也曾引起人们的惊恐，事实上也确实改变了人类的诸多交往方式，然而，信息技术的终端——计算机呈现出来的只是机械的、可重复的智能性，却不具有创造性，计算机的运行是建立在海量数据的快速搜集和分析的基础上，本质上不过是已有符号的形式变换，结论已经蕴含在前提中，它的出现和进展都没有根本改变人类对客观世界的认识方式或途径，并未完成革命性创新。“阿尔法狗”所代表的人工智能则完全不同，因为它依托于全新的算法，从而获得了“深度学习”（deep learning）方法。人工智能之所以造成巨大冲击甚至一定程度的恐慌是因为当代人工智能的内核——算法具有了不同以往的独特功能和出色表现。一个突出特质就是它的涌现性，即当代人工智能所做出的若干复制行为不是由预先的算法所决定的，而是自身规则不断叠加、迭代之后“自动”生成的，因而当代人工智能可以做出设计者无法预先了解的“新奇”式复杂行为。另一个突出特质是自主性，人工智能可以从海量无标准的大数据中进行深度学习，实现自身的进化。学界广泛争论的一个议题就是：目前人工智能所表现出的自主性是否意味着人工智能已经跨越了人与机器的鸿沟，正在成为新的主体？例如，目前正在热议并日益成为事实的无人驾驶汽车、工业生产线上的机器人，以及将人、物、信息、传递等无数显著不同的实体融入一体的物联网等等，其主体不再只是人（开发者、使用者），还包括了众多智能体。人工智能正在全面进入人类活动的各个领域，日后也可能真切地成为人类及其活动的同道者，那么，人类应当对人工智能的行为做出价值评估甚而提出特定的价值要求吗？人工智能是否有义务承载特定价值使命？其依据又来自哪里？

从思想资源及其思维模式上看，人工智能的创想直接得益于 16、17 世纪盛行于西欧的机械唯物主义以及古典经验主义哲学传统，例如拉美特利在《人是机器》一书中直接将人等同于精密的机器，相比而言，大自然只是一部简单的机器，人—物—自然完全同类同体，人遵循与机械共同的原理。这样的哲学体系已经完全摒弃了人与自然、人与万物的任何阻隔，今日的人工智能技术借助高速计算的芯片、性能卓越的新材料将数百年之前的书斋设想变成了现实。

人工智能对思维主体的冲击主要体现在对既有的思维方式和思维原则的挑战上。自古希腊哲学确立以来，西方人以及全部现代人都受益于亚里士多德所创建的逻辑学，人类思维由此变得清晰，不仅可以自如表达，而且能够相互评判和纠偏，因为亚里士多德所建构的三段论为主的形式逻辑第一次为人类如何正确思考确立了基本定律，从而提出了思维的有效性与合理性的标准，相应地建立起了思维与其对象、主观与所反映的客观之间的一一对应关系，这些关系又被划入目的式因果论框架之中。直至近代怀疑主义者休谟重拾经验、情感的认识价值，对理性的独尊地位发出猛烈攻击，他将因果关系理解为一种心理习惯，从而否定了一切通过因果关系表达的理性知识。休谟的挑战激起了德国古典哲学家们为代表的理性主义哲学的反击，他们坚定捍卫了理性的权威，重新诠释了理性、真理、客观等概念的内涵，这一理性主义立场一直得到现代哲学、现代科学，以及现代性社会的全面拥护。然而，当代人工智能的出现再次颠覆了近现代理性主义哲学所确立的思维原则。建立在大数据、云计算、海量信息、搜索引擎基础上的当代知识是拼接式、重组式的，以相关性为核心特征，给出的答案是诸多可能性，是以概率呈现的接近程度，而非唯一真假值的客观必然性。不过，相关性思维并未完全取代、消解因果思维，只是在相当程度上削弱、掩盖了因果思维。如果看不到人工智能提供的只是相关性思维，我们就会陷入严重的误判之中。然而，相关性思维与因果性思维在知识生成、行动决策中如何联动，这将成为我们必须面对并且要做出回答的哲学认识论问题。

有学者将新一代的人工智能版本之哲学基础归结为胡塞尔、海德格尔等人所创建的现象学。世界因人的解释而具有意义，人与世界的互动才是人的此在的“本真状态”，新一代人工智能被置入环境之中，并从与环境的双向反应中共在、进化，人工智能的学习能力和学习方法都发生了革命性改变。“21世纪以来，随着大数据、云计算、图像识别以及自然语言处理等技术的发展，以深度学习为基础的联结主义范式得到快速发展。这种范式在观念上把计算机看成是类人脑，在方法上不再求助于形式化的知识推理，不再通过求解问题来体现智能，而是求助于统计学，通过模拟神经网络的联结机制，赋予计算机能够基于大样本数据进行自主学习的能力，来体现智能。这就把人工智能的研究，从抽象的知识表征转向实践中的技能提升，从原子主义的主客二分的理性分析方式转向能动者与其所在的世界彼此互动的感知学习方式。”①

从技术来源及其进化上看，人工智能研究的突飞猛进得益于神经生物学、人机对话领域不断取得的最新研究成果。神经生物学主要探讨成熟有机体的脑机制与行为之间的相关性，其先驱者巴甫洛夫、谢灵顿等科学家们发现：在人的神经发育中，部分信息由基因决定，许多大脑区域严格地受制于基因，但也有一些区域，如大脑皮层则接受环境影响所带来的改变，而且大脑中的神经化学过程需要不断接受外部世界信息的刺激，否则大脑的神经元将保持婴儿的水平。

神经生物学的哲学基础是行为主义，其基本主张是：人的行为是受到大脑通过神经元控制实现的，如果对人的大脑、神经反射予以严格控制，就可能促成人的行为达到合理、科学的水平。行为主义在社会学、

① 成素梅. 智能化社会的十大哲学挑战. 探索与争鸣，2017（10）.

心理学、管理学等诸多学科都产生了很大影响。然而，“由于我们在物质和精神方面进化之间的不平衡，以及相继而来的对伦理和社会价值的歪曲，我们也许会丧失而不是获得对人类生命的控制”①。行为主义在科学的名义下实施对人脑控制、神经反射的诱导，借助这样的研究成果帮助人类制造出接近人脑的人工智能，但对这样的技术如何使用、可以使用的领域、使用过程如何规范等等相关问题，至今仍未有令人满意的回答，可以说，这个学科是个充满争议的地带。

神经生物学研究主要是一门经验科学，它要通过大量对比试验以及反复对照组来检验最初的假设。且不论动物的神经反射试验，在人身上进行的神经生物试验，不仅要有足够的必要性、合理性和风险防范措施，而且还应当充分告知受试者试验目的、可能危险，并且完全征得受试者的明确赞同意见，对大脑受到损伤的受试者或者大脑发育不健全的受试者，则应当征得他们的法定监护人的认可。这其实跟医学领域类似，涉及对人体的直接试验，无论是肉体、大脑还是某个特定器官或人体的某个组织，都应征得当事人或直接利益相关者的知情同意，科学家对知识的探求不应当建立在侵害个体生命或尊严的基础上。

作为一门科学，神经生物学重点关注高等动物（人及其近亲）的大脑结构及其活动机制，它的研究成果有助于回答传统哲学认识论提出且仍处于开放状态的问题，如知识的本质、是否存在自由意志、人类认识活动的过程及其改进等。也有学者乐观地将神经生物学的结论运用到社会学、伦理学论域中，他们尝试通过对人的大脑的修复、重组来改变或引导人的行为，例如减少越轨行为、攻击行为、搭便车行为，在法庭上使用测谎技术以确认证人或犯罪嫌疑人是否说出了真相，以及测试嫌疑人的行为能力来判断他们的行为自主性，从而为定罪或量刑提供依据，等等，似乎可以让人类社会变得更美好。然而，事实并非如此，将神经生物学的研究成果运用到法学领域就已经产生了许多争议，例如在监狱中使用大脑修复术以消除具有攻击性暴力倾向的罪犯之再犯可能，这涉及对罪犯人权侵害的问题。此外，对人的大脑活动的过度、过细检测是否涉及践踏人的隐私权，通过不可逆的手术矫正人的犯罪行为是否构成了对当事人其他福利的剥夺，等等，都存在道德上的疑点。

---

① 乔斯·M.R.德尔加多．神经生物学与未来的价值观//保罗·库尔兹，编．21世纪的人道主义．肖锋，等译．北京：东方出版社，1998：17.

神经生物学之所以能够运用到人工智能并严重冲击作为唯一思维主体的人类，是因为我们已经不可逆转地进入了大数据时代。所谓大数据时代，通俗地说，就是将对我们如何生存、工作和思考带来根本转变的巨量数据集聚和叠加的时代。大数据时代造成的思维转变包括三个方面：其一是部分与全部的逻辑关系（from some to all）被改写；其二是数量的优先性超过了质量（more trumps better）；其三是相关性取代了因果性（correlation＞causation）。以时时更新、不断集成的大数据为基础，人工智能的思维模式也有了革命式改变，它全面采纳了概率思维模式，放弃了确定式因果思维模型。概率思维模式可以应对开放、动态、不确定的环境，而且可以处理指向不明，特别是不能清楚表达的模糊问题，这类问题包括情感、直觉、习惯等无法明确定义的方面。

数据驱动的人工智能可以直接从海量数据提取并自动筛选出最佳行动方案。迄今为止，人工智能技术已经越过了弱人工智能阶段，正在进入强人工智能阶段，未来很快将达到通用人工智能水平。人工智能的快速进化得益于思维模式的改变，这对人类也是一个启示，人类习以为常的既有思维原则、学习方式、认识世界的轨迹等都将不得不做出重大改变，否则，人工智能战胜、取代人类，人类沦为人工智能的奴隶的奇异设想就可能成为恐怖的现实。

第二节　多元主义：哲学转向的认识立场

应用哲学的兴起所带来的一个重要后果就是正在推动现代哲学的转向。应用哲学的主要研究对象在于面向传统哲学或理论哲学领域之外的重大现实问题所做出的交叉、复合思考。应用哲学回应了现代知识体系不断更新、扩大的现实，并为现代人生活世界的处境提供警醒，它通过哲学与现实问题的触碰，一方面横向扩展哲学的“知”之范围、领域，另一方面由于前瞻性且宏观地描述了现实问题并对相应的解决方案提出了反思，这就纵向落实了哲学的实践性，提升了人们对现实问题的理解，从而实现了哲学之“用”。可见，应用哲学的“知”并不是通常所讲的具有普遍适用性、现成结论式的广谱知识，而是面向具体的问题之个案解决的建议建言；同样，应用哲学的“用”也不是简单的套用、袭用，而是再思考、再推理，充分再现了哲学的实践面相。应用哲学就诞生于这样的无限往复上升的过程之中，这就决定了应用哲学的研究必须采纳多元主义的认识立场。

一、抛弃二元对立思维方式

采纳多元主义的认识立场，这一认识成果是在经过无数哲学论辩、思想斗争之后取得的重要历史成就。在此之前，一元主义占据了认识领域的绝对主导地位，一元主义有多重表现形式，最具代表性的是决定论。此外，还有二元对立式方法，这种方法在形式逻辑上是以稻草人为假想敌的。在当代中国社会，二元对立式方法貌似“辩证”而大行其道，它的负面影响十分恶劣，在此我们重点分析二元对立方法（或者说二元对立思维方式）。

二元对立思维方式出现在西方可以上溯至古希腊哲学，柏拉图将世界分成可知世界（理性）和可感世界（经验），中世纪经院哲学继承了这一传统，发展为灵与肉、心与身等诸多两两对立形式。在中国也可以追溯到先秦时期的法家儒家思想，可见，这样的认识由来已久，根深蒂固。古典二元对立思维方式隐含了明确的价值判断，即将是与非、对与错、善与恶分别置于对立的两极，一方面主张真善美的统一，真理、崇高与美好被视为一体；另一方面用道德判断或审美判断取代事实判断，对事实、事物、世界的客观性认识被掩盖，无条件地包含在预定的道德、审美判断之中。此时的二元对立思维方式提供了两个世界：一个是不断向上的至善至美的世界，一个是不断下沉堕落的罪恶的世界。哲学研究以至全部理论研究都应趋善避恶，在接触实际、认识实在之前就已经背负了这一不可置疑的价值指引。

近代西方理性主义哲学对古典二元对立思维方式做出了扬弃，将之发展为极致的表现形式。笛卡尔的身心二元论不仅成为近现代理性主义哲学的滥觞，也深刻影响了之后其他多个学科的发展。近代二元对立思维方式所坚守的基本命题包括：第一，任何事物都可以明确区分成不同的类；第二，不同的类呈现为两极对立，互相反对；第三，全部事物的对立都源于思维与存在或者说意识与物质的对立。思维或意识是认识和描述二元对立世界的主体，它通过理性推理、形上学建构，对存在或世界做出反应。因而总体上说，思维或意识才是真实的，存在或物质只是假象，这就是通常说的唯心主义，反之则为唯物主义。此外，认为思维或意识所把握的存在或物质具有知识有效性，这就是可认知主义，反之则被视为不可知主义或怀疑主义。不难看出，近代西方哲学的许多流派大都接受了二元对立的思维方式。

一些现代哲学家敏锐洞察到了二元对立思维方式所包含的深刻问题。例如，中国现代新儒家的代表人物冯友兰曾如此评论道："人必在社会底、道德底生活中，方能实现人之所以为人者、人之所以异于禽兽者。这种说法，大体是不错底。孟子、亚里士多德的错误，在于不只说，人欲实现人之理，须有社会底生活，而且说须有某种社会底生活，如所谓君臣国家等，只于某种社会内有之，并不是于凡社会内皆有之。"① 固守二元对立思维方式，使得孟子和亚里士多德只相信自己所建构的理论及其依托的社会才是唯一正确的，除此之外的都是错误的。这样的自他对立、截然二分的断言，不只是时代的局限，更体现的是思维方式上的严重偏差。

现代社会不仅在现象上呈现出瞬息万变的性状，而且在结构上也表现为多元共存、多相并列的形态。前现代社会通常也被称为静态社会，在前现代社会当然也有变化甚至变动、变迁，但这些变化只是局部的，最重要的是，这些变化被当时的人们视为非常态的、偏离正轨的，在变化发生后各种力量会迅速聚合试图阻止从而经过纠偏、矫正后又会回到原有的水平或状态。现代社会则不同，变化经常发生自不用说，变化带来的改变日益得到快速确认，从而极易获得新的形态，新的形态不久又会被更新的变化所冲击并形成更新的形态，真可谓"苟日新，日日新，又日新"。特别值得一提的是，现代社会的变化来源是多渠道、多层面的，这些渠道、层面正是构成现代社会的多个节点，现代社会在组织结构上不再是金字塔式等级结构，盛行的是扁平化网状结构。现代社会的哲学不得不以应用哲学形式存在，根本原因正在于上述现代社会的结构转型上。

不仅如此，现代社会也处于知识高度分化的时代，各类专门知识形成不同的学科，脱离哲学而独立。这些学科所涉及领域之总和几乎将人类及其所处的客观世界全部涵盖无所遗漏，哲学立身之地何在？好在哲

---

① 冯友兰. 新理学. 北京：北京大学出版社，2014：146.

学本就不以现象、经验的世界为其对象，哲学以思想为其对象，以批判性思维对已有的思想成果做出再思考，即反思。在思想未得到充分展示之前，哲学不会关注，在思想充分显现之后，就进入哲学的光谱之下。二元对立思维方式是将古代朴素唯物主义哲学观固定化，这其实严重忘却了哲学的本质。进入哲学视野的思想成果并不存在天然的二元对立，同样，哲学反思的过程也不以二元对立为其基本原则或方法，二元对立思维方式是对哲学的戕害，必须予以抛弃。

应用哲学研究涉及哲学如何面对现实生活的挑战，特别是关系人类命运、影响人类各族群如何共处的重大问题的挑战。从人与周遭环境的关系来看，这样的挑战主要来自科技发展所带来的全新产品、服务、职业等等前所未有的变局。它所挑战的是我们早已熟悉的规则、场景和行为方式。回答这些挑战其实是为了慰藉现代人躁动不安的心灵，因此，哲学的回应需要不断重申人的本质、生命的价值、生活的意义等终极性主题，从而在变中寻求不变的永恒，为变动的生活世界安放恒常的精神诉求。应当承认，这样的回答不可能是一次性终结完成的，相反，每个时代的人都以各自的方式去回答这些终极性主题，因此，不仅这些主题是开放的、永远无法终结的宏大议题，而且人们给出的回答也只是暂时有效的，人们必须不断思考这些问题以不断翻新思考的答案。如果我们认识不到这一点，只是一味停留在二元对立思维的牢笼中，我们就会先入为主，陷入完全忽视不断变化的世界之主观任性中，最终无法针对不断涌现的新问题给出有效回答，从而就不能为现时代的人们提供合理的行动建议。

历史上的哲学曾经是诸多知识、学科的母机，哲学家们也大多将整个世界纳入其视野，这是古典哲学所处的知识领先地位，但在知识分化、哲学退缩为相对专业或狭小的理性思辨知识境地之内，哲学一方面继续以反思批判面目出现，这是理论哲学；另一方面现代哲学做出了重大调整、转向，与其他学科相结合，回应相关领域的重大问题，这是应用哲学。因此，我们认为，应用哲学只是哲学在当代呈现的一种方式，从这个意义上说，应用哲学是哲学的现代化。这无疑体现出哲学作用世界的方式发生了重大改变，即便如此，哲学本身并没有什么不同，哲学的立场、方法、提出问题的方式、论证的依据等并不可能被完全放弃或改写，否则，就脱离了哲学，在哲学之外鸡同鸭讲，冠以“应用哲学”

之名就是冒用或误用了。

二、引入文化传统视角

关注哲学所处的文化传统，并将特定的文化传统视为哲学得以自立、不可或缺的知识背景，这样的思潮最早出现在西学东渐后的主要东方国家，例如，中国、印度、埃及等国现代化进程中的开明人士或启蒙思想家都较早意识到了这一问题，并做出了初步的探索。然而，这样的探索最初并不被学界普遍承认，更未成为西方学者关注的议题，相反，上述思潮和观点通常被视为民族主义在知识界的一种表现。“西化的模范生”日本就一直不承认日本历史上存在哲学，而是将西田几多郎的《善的研究》（1911 年出版）看作哲学在现代日本诞生的标志。西田几多郎深受德国哲学家费希特、黑格尔以及现象学大师们的影响。他在《善的研究》一书中所谈的问题正是当时西方哲学界广为关注的经典问题，如经验、存在、场所、意识、善恶等概念及其表达、展开之类的问题。迟至 20 世纪 90 年代日本学界才开始从哲学角度严肃地讨论历史中的日本传统思想所提出的问题及其哲学意义。这是在经过 60、70 年代兴起的日本文化复兴思潮洗礼之后所产生的一个思想成果，即日本哲学界也开放了将自身文化传统思想纳入哲学视野的通道。

与此相对，中国哲学人的文化意识就强烈得多。早在 1919 年胡适的《中国哲学史大纲》（上）就由上海商务印书馆正式出版，并引起了巨大的轰动。比他更早的是蔡元培，1910 年还在德国留学的他应上海商务印书馆的邀请完成了《中国伦理学史》书稿，他将中国伦理学史上溯至“先秦创始时代”，因为出现了“唐禹三代伦理思想之萌芽”。“哲学”“伦理学”作为西式学问在中国确立尚不多久，他们就断言哲学、伦理学在中国古代不仅存在而且至今绵延不绝，其实，他们都犯了一个错误，那就是将思想等同于哲学，以为有关于天地宇宙的思考就是形而上学、关于知行关系的讨论就是认识论、关于人性善恶的争论就是伦理学，这显然过于轻率和简单化了。不幸的是，他们开启的学风至今影响甚广，国内学界仍然有很多人不能正确区分思想与哲学、文化传统与文化哲学之不同。

必须承认，即便是西方哲学曾经很长一段时间也是将文化传统排除在外的。在古希腊罗马时期，对文化传统的关注是由历史学家完成的，在中世纪，则由传教士、探险家、文学爱好者将这些内容作为奇风异俗记载下来。康德的传人、19 世纪活跃于欧洲的新康德主义者率先开启了文化哲学的研究，文德尔班、卡西尔等人推进了康德的人本主义学说，将人身处其中的文化世界引入哲学视野，探讨人的文化存在方式，文化对人的作用，由此引申出有关“教养”“文明”“启蒙”“自主性”“文化符号”等议题的广泛讨论。不过，这时的“文化”概念是狭义的，指人创造并影响人的存在状态的精神文明成果，具体包括文字语言、宗教信仰、教育教化等内容，这与工业文明时代的市民社会兴起密切相关。文化哲学的提出，表明哲学由对精神生产者（人的大脑、意识、理性）的关注转向对精神生产活动及其场景的关注，重申了对存在问题（主要是人的当下存在，即此在）的关切。不过，文化哲学的关注中心仍然是欧洲现代文明，其他地区或民族的文化传统并未纳入其中而成为哲学思考的对象。

20 世纪 70 年代末 80 年代初在管理学界兴起的管理文化研究、跨文化比较管理研究则将文化传统这一主题作为重要变量，引入以工具理性、效率化目标为追求的经济管理领域，这产生了一系列的连锁反应。威廉·大内借助对日美企业管理结构、管理经验所造成的不同后果的分析，不仅证明了不同社会的文化传统对现代企业管理的深刻影响，而且指出个别企业所各自形成的组织文化有利于促成员工间的信任、亲密、微妙关系，最终带来持续增长的生产力。霍夫斯泰德最初在 IBM 公司的全球体系内做跨文化比较管理研究，IBM 作为巨大的跨国公司，在全球三十多个国家和地区分布有合资企业、分公司、办事处，但这些合资企业、分公司、办事处在管理风格上有同有异，霍夫斯泰德的研究表明：正是国家文化背景、民族文化传统造成了它们之间的差别。以后霍夫斯泰德将研究范围扩大，“文化”概念的外延包括了国家文化、民族文化、组织文化等三个层面，由此最终提出了权力距离、性别角色、集体性倾向、不确定性规避、长期目标期待等五个维度来考察七十余个国家、地区中的国家文化与组织文化的联动关系。他的研究成果为全球化时代下在异国他乡经营企业、海外投资的人们和在本土的外资企业、合资企业就职的人们彼此获得深层理解、减少误会或摩擦的有效跨文化管理提供了重要依据。

后现代哲学对传统哲学（主要是西方哲学）中心-边缘划分的质疑，

不仅动摇了哲学史上西方中心主义的话语霸权地位，同时也引入了本地化、民族化、多元化的视角，各地的文化传统得以登上哲学的圣殿，"传统文化"正式成为哲学共在的符号或须臾不可分离的要素。与文化哲学不同，今日的文化传统是历史延续性的，因而在内容上范围更加宽广、主题更加多样，最主要的是，在今天我们谈到的文化传统，不再是研究的对象，作为观照、剖析的客体，它同时也是研究的背景，与研究者一道建构起了共在互动的场域。然而，就理论研究而言，由于文化传统视角作为一个原则虽然容易辨识，但执行度较低，可操作性弱，后现代主义在引入文化传统方面功不可没，但在文化传统如何哲学式展开方面却贡献甚微。与此相对，一些现代主义者，如哈贝马斯、罗尔斯等人充分吸取后现代主义哲学的合理之处，补充进现代性理论之中，他们提出的交往理性、公共理性、重叠共识等概念，又使现代性哲学焕发了生机。他们的哲学体系其实包含了对特定文化传统的认可，如哈贝马斯对战后欧洲确立起来的和解所包含的公共理性之接受，罗尔斯对美国宪政体制的坚守，其实是对美国建国以来的基本文化传统的重申。必须看到他们的学说背后深嵌其中的文化传统因素，才可以正确理解他们的学说，从而合理移植、转用他们的学说。

实际上，文化传统与哲学并非天然相容。哲学告诉人们要敞开自身，要对他人、对他文化采取接纳、共生的立场。与此相对，文化传统，尤其是民族文化（社会文化也是如此）的特点却是封闭性，只有封闭才能形成自成一体，但仅仅是封闭的文化传统最终的结局往往是自取灭亡。有生命力的文化传统必须具有丰富性，这就要打开自己，与有别于己的异文化对话，才能不断保持活力和竞争力，得以自新和共存。因此，容忍变化和更迭、保持适度开放的文化传统才有望成为现代哲学的同道者。当然，哲学不必消极等待某个特定的文化传统打开大门，哲学可以通过说理、论辩等方式来开启人们的心智，促成文化传统的开放。作为人文素养的哲学之作用正在于此。总之，在不同文化传统真实共存的全球化时代，在科技急剧发展的时代，哲学的使命是督促人们打开自己、认识他人，意识到自己的文化传统却又不被自己的文化传统所束缚，求同存异，构建你中有我、我中有你的人类共识。

在现代，全球化无疑是一场涉及领域最深、波及范围最广的世界性运动。从政治文化观念或社会主流价值观层面看，这场运动就是西方化或资本主义文明的世界化。[①] 这自然会招致部分发展中国家或意识形态对立的国度之间的冲突。既然是不可避免的冲突，正面迎战，才是解决冲突的正道。但从生活方式和社会结构层面上看，全球化是市场经济、工业文明、城市生活等多个领域的推进，这些内容大多是价值中立的，这也是全球化得以广泛接受的社会基础。尽管任何一个民族国家都力图在全球化浪潮中获得最大利益，但并非事事如愿。每个民族、国家既要避免在现代化过程中迷失自己的特征，同时也要学会同其他民族国家共处，即在接受全球化影响的同时保持自身的民族特色，并进一步营造和平共处、共生共荣的现代文明图景。因此，全球化同时伴生的是在地化、民族化，每个民族的文化传统和自身的利益诉求以更加清晰的方式得到呈现。全球化的一元性与民族化的多元性之间的曲折抗争，最终形成的最为可取的解决方案就是“全球在地化”。如何在上述复杂关系中维护人类的尊严、民族的基本价值、国家政治的核心理念等，都需要哲学的在场，需要每个哲学人做出独立的思考，给出合理的回答。

引入文化传统视角，这是哲学在全球化时代的革新。此时的“传统文化”就像过去的“实体”概念一样，它只是一个作为概念存在的思想抽象，并非个别的某个传统文化。引入这一视角，并不意味着哲学迎来了东方的世纪或中国的世纪，刘述先对此有极好的阐述，他说：“由近代以来，一直是由西方文化占据主导的地位。然而世变迄今，演变出了一个全新的局面。西方的霸权似乎已经发展到了一个必须改弦更张的阶段。西方知识分子的批判与反省，使他们不只看到西方的盲点和缺陷，还看到其破坏与毁灭性的倾向。但未来世界并不会是另一文化——包括中华文化在内——取代西方的局面，必须要探索一种新思维的方式，才能够把握此中的关键。”[②] 每个具体的传统文化只是“多”，应用哲学所要关注的是经过抽象、提升的传统文化的“一”，此时，“文化传统”就成为跟“在场”“交往”等并列的现代哲学概念，它是分析现代社会问题和人类处境的重要视角。但这并不意味着某个具体传统文化从此获得了天然的优先性。

---

① 汪信砚. 全球化与反全球化——关于如何走出当代全球化困境问题的思考. 北京大学学报（哲学社会科学版），2010（7）.

② 刘述先. 儒家哲学研究——问题、方法及未来开展. 东方朔，编. 上海：上海古籍出版社，2010：324.

三、构建重叠共识

“共识”（common sense）一词就其内涵来说，包括了两个不同的来源。一个内涵来自共同利益（common wealth，或者说公共利益），另一个内涵来自公共理性（public reason，或者说共同理由）。共同利益保证了人们的相互牵扯、深度连带，从而减少社会行动中的搭便车行为；公共理性则提供了人们超越狭隘自我意识的共享意识基础，促成人们在观念上向他人开放，参与到可以公共讨论的议题之中，接受得到合理性检验的结论，在说理、对话、协商中建立起“我们”这样的整体意识。

“共识”在人类社会产生之初就以各种不同的形态存在，不过，只有进入工业文明之后，“共识”的实现程度、范围才获得了前所未有的扩大，具体内容及其侧重点也有了全新的诠释。这一进程与通信工具的迭代更新、大众传媒的普及、义务教育的推广等相关方面的总体社会进步几乎同时伴生。第二次世界大战之后，民主化浪潮在全球推进，主权国家内的民权运动、国际社会的独立自主运动相互激荡，终于将现代性的核心理念——人权——散布于世界的各个角落。这一新的共识曾经被认为是西方资本主义世界独有的，并且具有欺骗性。然而，如今人们越来越深刻意识到人权有着广泛的普遍性，它是现代性的理论基石，也是现代文明的重要支柱。

现代社会的共识是在多元主义立场上达成的。首先，必须承认每个人都具有不可通约的自然禀赋和现实处境，他们是有差异的，是十分不同的，同时他们的差异和不同并不具有优先顺序或者被人为安置在高低不同的价值层级中。其次，这些如此不同且独立存在的人不是自足的，他们不得不加入彼此合作、相互依赖的社会安排之中，与他人进行自愿且平等的交换，才能实现全部的需要满足。在此应当说明的是，对个人需要及其满足问题的理解，存在经济学和哲学的严重分歧。“经济学家不加反思地把个人所‘应当希求的特性’与‘正在希求的特性’看作是一回事，而哲学家则仅仅偏重于对个人‘应当希求的’事物进行分析讨论。”① 经济学家认为由于个人需要的天然性，通过市场“看不见的手”的作用就可自动获得基本满足。但哲学家认为，并非任何需要都具有合

---

① 川本隆史．罗尔斯——正义原理．詹献斌，译．石家庄：河北教育出版社，2001：128.

理性，仅仅通过市场完成的需要满足并不总是合乎正义的。这样的分歧也表明对社会问题的认识需要不同学科的介入，经济学、市场和物质需要等并不能自动构成人类基本共识的首要前提。

与人类总体意志相关的共识一定是高度抽象的和概括性的。这样的共识形成的合理方式必须诉诸广泛而真实的社会动员和思想启蒙。哈贝马斯对哲学家、公众与启蒙的关系做出了十分恰当的揭示，他说："哲学家从事其批判活动的公共领域并不是纯粹的学术场所。哲学家的讨论面向政府，目的是对政府加以指导和监督；同样，哲学家的讨论也面向公众，目的是引导他们运用自己的理性。这种公众具有双重地位：一方面，他们是不成熟的，还需要启蒙；另一方面，他们之所以形成公众，是因为他们已经有了成熟的要求，具有了启蒙的能力。因为不仅哲学家，而是每个懂得公开运用其理性的人都具有启蒙的能力。"① 只有多元社会主体参与其中从而生成的共识才是重叠共识。

总之，现代社会需要有与多元价值相容的、容纳了各个领域不同层级的共识。例如，现代政府内的公务人员的任何实际活动，只有诉诸社会层面的基本观念，遵循公民间达成的共识，才获得了有说服力的合理性。合理性远比合法性更为社会生活所必需。因为正是基本且重要的那部分社会共识才被转换成了各种成文法，获得执法机构的强力维护，那些并不基本或者并不迫切的部分社会共识则以习惯、常识、传统做法等非正式制度形式得以存在，普通公民实际大量接触或感受到的正是这些内容。

"重叠共识"的概念由罗尔斯做出了最明确的阐释，我们基本接受了重叠共识所蕴含的哲学理念，不过，我们虽然借用了罗尔斯的"重叠共识"概念，但不完全接受他的平等自由主义立场。罗尔斯用"原初状态"这一思想实验来规避人们在出生时就伴生的种种自然差异，特别是他的"公平的正义"观所推导出的两个正义原则，更是修正了自由主义通常无视社会不平等的倾向，不过，罗尔斯的重叠共识是交给公民个人去决定的，这不仅有实施上的困难，而且在理论上也容易陷入民粹主义的泥潭。在此问题上，我们认可桑德尔为代表的共同体主义者的观点，共识的合理形成只有托付给"场景的自我"（situated self）才是可行

① 哈贝马斯．公共领域的结构转型．曹卫东，等译．南京：学林出版社，1999：123.

的，这样的“场景的自我”不仅有丰富的知识前见，如友情、人品等，而且他们身处各种各样的文化传统或社会背景之中，这些真实的、不同类型的社群提供了共识可行的条件，保证了共识的真切性。就目前的实现程度而言，人类文明层面的整体共识确实难以达成，国家层面的基本共识也经常受挫，但至少可以在普通国民日常所处的社区、街道、乡村等生活世界达成共识，共同性的社会共识就由这些微小的共识组合而成。从这个意义上说，让社区活跃起来，介于国家与个人之间的社会就会日益充满活力，国家层面的共识就更容易达成。

构建重叠共识，是生活于多元价值观并立的现代社会之中的人们，证成自身主体能动性和自由意志的重要方式，并有望在此基础上进一步形成具有合理性的各种人类共同体。“人类主体性的本性不在于追求完满的绝对同一，而在于为自身创造一种未来性，创造新的可能领域，在于永远把自身投入自己为自己设立的挑战中，永远自己为自己创造需要被征服的新世界。”① 但我们必须清醒地看到，现代社会多元价值间的冲突、无数个体独立意志间的较量等都会增加构建重叠共识的难度。前述的多个理论，例如哈贝马斯的“商谈伦理”、罗尔斯的“正义论”都是为了回答这样的难题。“在当代中国，重叠共识的主要作用还是要背靠各种伟大的思想资源，面对当今时代提出的理论难题、思想挑战和意识形态纷争，以解放思想、实事求是的精神，在原则和方法上达成部分一致的共识，并在理性的公开运用和理论的相互竞争中逐渐扩大共识的范围和领域，形成富有全球化视野和本土化特色的问题解决方法和理论言说方式，最终实现促进哲学创新发展的良好秩序。”② 若不想做困境中的囚徒，我们就应当学会运用公共理性，参与到围绕公共事项而展开的各类公开讨论、协商对话之中，即便短时间内无法达到整体层面的共识，我们仍然可能获得不同程度的基础层面的共识。

第三节　大哲学：哲学转向的进程

自 20 世纪 70 年代末在我国理论界出现真理标准大讨论以来，我国

---

① 邹广文．什么是文化哲学．光明日报，2017-06-19（15）．

② 韩东晖．构建当代中国哲学研究的重叠共识．中国高校社会科学，2015（3）．

的哲学事业在社会转型的进程中扮演了极其重要的作用，对改革开放和现代化建设事业都产生了思想启发和理论澄清等方面的积极影响，之后中央高层不断提出的以人为本、科学发展、和谐社会、生态文明、中华民族精神等指导思想都直接获益于哲学界的理论突破和思想创新，甚至可以说许多通行于当今中国社会的现代哲学理念都来自无数哲学研究者的持续讨论和反复争鸣所凝结下来的思想成果。事实上，上述指导思想都是围绕整个中国社会发展中的大问题而提出的，不难看出，关注大问题是哲学的基本品格。

一、大哲学的宗旨

现代中国哲学走过艰难的曲折，也取得了令人欣喜的成就，如今正面临着重大抉择，当代中国哲学将走向何处？这是当代中国哲学人必须认真对待的问题。近几十年来中国哲学的发展有成就，也有困境，其中有不少值得认真汲取的经验教训。尽管外部大环境并不总是那么友好，但根本症结依然在中国哲学自身。其中最要害的问题就是中国哲学作为学科的碎片化局面。哲学作为一级学科，下辖多达十个二级学科，每个二级学科相互独立，不仅研究对象多有重合，而且研究人员也被划入相对封闭的二级教研室或研究室内，研究者之间缺少经常性的深度交流。每个人似乎都在说哲学，但每个人所说的只是特定的哲学或哲学的某个细小局部，整体的哲学被架空。因此，我们主张引入大哲学的视野，用大哲学概念整合现有的二级学科，以专业的哲学意识来确立哲学人才培养的方案、课程设置，以宏观的哲学问题来组织哲学研究者和相应的课题攻关。应用哲学生逢其时，可以为大哲学的构建提供试验地。

简单地说，“大哲学”在当代中国所要完成的一个直接任务就是将分离了几十年的二级学科加以重新汇总，促成哲学界围绕重大理论问题而集结的整体团队重组，实现新时期哲学自身发展的螺旋式上升。曾经的哲学学说几乎是无所不包的庞大学科群，西方古希腊罗马哲学是如此，中国古代哲学也是这样。现代科技的急剧发展、人类知识的快速分化以及社会空间的不断分层，都一再导致了传统巨大哲学群的分裂或瓦解。哲学，特别是学院哲学越来越走上专业化的道路，每个具体哲学家穷其一生所能够关注和解决的哲学问题越来越特定化，这就带来了哲学内部的进一步细化，即二级学科日趋繁多和相对分离。从事哲学研究的人在接受哲学训练之初就被置于哲学知识生成的话语和哲学存在形态的框架之中，形成了高度的路径依赖，对任何改变都持有非常强大的阻力和惰性。即便已经有为数不少的哲学工作者能够在观念上接受摆脱二级学科分离之弊的必要性与合理性，但在行动上却往往知行不一，选择了向习惯和陈见低头。大哲学视野的深入人心并成为中国哲学创新的动力，仍然任重道远，还需要我们的持续努力。

横向比较发现，世界各地的哲学发展并非一帆风顺。略举最近的一个例证，日本文部科学省于 2014 年发布了大学教育改革方案，其中引起广泛争议和激烈反对的一条是减少人文学科课程数量、取消人文学科的本科专业和招收人数。官方的理由是人文学科毕业生的就业前景差，专业知识的社会需求不大，国家财政支付吃紧难以负担，等等，这些理由其实都是基于市场回报率给出的。以日本哲学会为主的多个日本学术团体纷纷组织主题讨论会、投书、提交议案来表达不满。经过一年多各方的磋商，官方做出让步，放缓了取消人文学科专业招生的计划。这个方案的提出其背后暴露出了包括哲学在内的人文学科在日益市场化的社会、快节奏的城市生活中岌岌可危的处境，以维护传统、尊重古典、塑造丰富人性为圭臬的人文学科还能继续存在下去吗？

即便是应用哲学十分发达的美国也同样存在许多尖锐的问题，例如，杰夫·努南（Jeff Noonan）在《没有哲学的应用哲学能够存在吗?》一文中批判了美国学界应用哲学研究中的主流模式。他指出，应用哲学在美国大量出现并非哲学理论自身的推演或哲学主题的内在扩展，相反，应用哲学首先出现在大学，与应用哲学相关的课程大量开设，这是哲学系主政者针对学校行政增加招生要求的回应。努南不无深刻地表明，由于哲学系在美国大学里大多属于边缘学科，教师的待遇较低，许多教师面临严重的生存压力，因为他们要在不断压缩的经费中求生存，市场经济的压力和全球化的趋同性又进一步加剧了这个局面。为了达到这一目标，“正确”的举措是将哲学理论去情境化、非批判性地应用于亟须解决的实际问题上。一些应用哲学的分支或研究问题是在论著或论文中“制造”出来的，而非理论自身合乎逻辑地发展出来的，自然也不是现实世界真实问题的思想投射。这就导致了应用哲学的虚假繁荣。努南认为困扰应用哲学研究走向深入的核心问题是现有的应用哲学研究者大多忽视了这样一个基本的学术矛盾，那就是既定的社会制度价值与使这些制度合法化的普遍概念之间的矛盾。“真正的哲学应用于社会问题不是将某个哲学理论不加思考地覆盖在这个社会问题之上，而是引入哲学思考之光照亮该社会问题所隐藏的价值假设，促使该社会问题所关联的不同社会人群澄清自己的认识立场，去除他们所声明的基本主张中的模糊性，获得合理性的根据。”① 尽管应用哲学研究的基本职责是关注实际问题，但是这些实际问题必须与哲学论域相关，否则应用哲学就蜕变为毫无哲学内涵的伪应用哲学。这其实也给了我们一个警醒：应用哲学在中国的兴盛是否存在虚火？从事应用哲学的研究者究竟是为饭碗而制造话题还是出于学术立场关切现实提出了真问题？目前已有的应用哲学类的学会是真正意义上的学术共同体还是抱团取暖的生存团伙？应用哲学带来的现实导向是否具有广泛的学术价值从而成为人文学科的共同典范？这些问题都关乎应用哲学的未来发展，也许身临其境的我们囿于自身认识的局限目前还难以对上述问题做出有效的回答。

“大哲学”的构想曾经在一些重要哲学家的著述中得到揭示。例如，黑格尔构建的历史哲学表达的是他对当时整个人类文明（包括纵向的古今文明和横向的亚欧文明等）的抽象提炼，这被他理解为“世界精神”从自发到自为的逐渐展开、演进的逻辑必然过程。但黑格尔将东方文明排除在哲学之外，因为他固执地认为，精神与自然“直接合一的境界就是东方人一般的存在方式”②，而这样的直接合一是“世界精神”开始阶段的特点，即前哲学时期的一般状态，故黑格尔得出结论，哲学只能“自希腊开始”，根本不可能开始于东方。同为德国哲学家的雅斯贝尔斯则有更为宏大的视野和宽阔的胸襟，他所理解的“世界哲学”具有三个不同且同样重要的源头，这就是他提出的著名的“轴心时期”理论。“在公元前 500 年左右的时期内和在公元前 800 年到 200 年的精神中”，产生了今日世界的文明分界，即古希腊、印度和中国三大文明同时在这一时期各自独立产生。雅斯贝尔斯预言，从“轴心时期”文明出发，未来的人类历史最终必将走向统一，不过，这样的统一是一种“人性的统

① Jeff Noonan. Can There be Applied Philosophy Without Philosophy?. Interchange，2003，34（1）：35.

② 黑格尔. 哲学史讲演录：第一册. 贺麟，王太庆，译. 北京：商务印书馆，1995：95.

一”，即“存在于最清晰深刻的意识和显示本质的光彩四射的瞬息时刻之中”①。国内也有学者提出了富有创见的类似思考，吴根友先生从谭嗣同的“仁通”思想得到启发，提出以“通性”为形而上学，建立“通之道”的哲学体系。他认为，“求通之‘通’是对作为主体的人在宇宙、历史、社会、他人之间的自由交流、交往的一种渴望与现实活动的描述，因而也是对作为主体的人类在宇宙中的自由活动、恒久延绵的一种渴望与活动本身的思想揭示”②。

在哲学的童年时期，哲学的主要任务是力求排除假象、迷信，在诸多意见中分辨真相，确立真理，为人类知识大厦奠基，那时哲学的研究对象无所不包，哲学的话题无处不在，这也可以视为原初形态的大哲学。经过知识分工、学科分化之后，哲学日益成为学院内精致的专业知识，书斋式问题压倒了来自现实世界的鲜活实例，越来越多的哲学人仅仅满足于论文发表、专著出版这样的个人目标，罔顾人类共同命运。今天，我们提倡重新引入大哲学体系、重建大哲学视野，就是要完成哲学的自我救赎，实现哲学的当代转型。通过跨学科和跨文化的交融，使哲学充分汲取各个文化传统的思想资源，同时自觉地把哲学问题放在整个人类历史发展的主线中，融贯哲学内各二级学科形成互通的语境来重新理解哲学问题，破除哲学二级学科分立的藩篱，使哲学成为自洽、整体的研究集群。只有在根本结构、体系方面做出改变，才能有理想功能的充分实现，从而推动当代中国哲学的创新式发展。

二、大哲学的结构

由上述分析可知，真正的“大哲学”不在于其内容之包罗万象，而在于其理论根源之深度、理论面向之厚度以及理论视野之广度。为此，我们要建立起以追求真理为目标的大哲学的结构。

从表现形式上看，大哲学的结构是扁平化、水平式的结构，即大哲学内的各个领域、各类问题的探讨并不具有优先顺序，相反，都处于同等的系列上，某个哲学问题是否得到广泛的关注、某个哲学领域是否受到全面的讨论，取决于该问题或领域本身与现实社会问题的关联程度。各种因素的共同作用导致人类社会的生存问题此起彼伏，因此，哲学研

① 雅斯贝尔斯. 历史的起源与目标. 魏楚雄，俞新天，译. 北京：华夏出版社，1989：295.
② 吴根友. 对当代中国哲学创新的思考. 华中师范大学学报，2015 (5).

究的热点、重点也会不断调整、变换，这就要求哲学人时刻保持对现实的关切，持有敏锐的问题意识。

从实质内容上看，大哲学的结构是功能主导型的结构，即以追求真理、真际、真相为其功能的实现，结构为这样的功能服务，此时，大哲学的功能才是“体”，而结构扮演的只是“用”的角色。大哲学的结构不是一成不变的，更不是通吃天下，相反，它要服务于功能，以便最佳促成真理、真际、真相得到揭示，为此必须适时做出调整。我们之所以强烈呼吁改变今日中国高校内哲学二级学科过细、过繁的状况，正是因为这样的状况已经严重阻碍了哲学求真功能的实现，哲学被肢解，哲学的核心功能被庞大的床上架床式的无谓枝节所吞没。

现代科技的迅猛发展造成了人类知识的快速分化，与此同时也加剧了人们相互之间的隔膜。各个学科过于分化的结果导致了绝大多数学者只是关注自己狭小的领域，对其他相关领域不熟悉，更遑论做出充分且有效的融合，这就是中国人通常说的“隔行如隔山”。属于人文素养的哲学将如何自处？我们认为，在当代，来自科技的挑战、全球化的困境、社会发展的难题等，都需要哲学面对并做出回答，因此，哲学的社会作用不是缩小了，相反，变得更大、更重要了。

约翰·帕斯莫尔（John Passmore）在1966年出版的《一百年来的哲学》一书中注意到这样一个现象，当时的哲学家们正在转向关注社会性冲突议题，例如女性主义、堕胎、环境污染、核战争等。他持续关注这个现象，并评述道：“可以肯定的是，早期的哲学家们，从柏拉图到密尔，他们绝不会思考像撒谎这样的话题，这样的话题不仅在他们的视野之外，也在既定的哲学界限之外。即便在我们的时代，例如罗素触及包括教育、婚姻、战争与和平等十分宽广的公共话题，但罗素专门告诉过公众当他这么做时，他已经迈出了哲学的大门，他是以一位父亲、丈夫、公民的身份而非一位哲学家的身份在写作。……与此相对，20世纪70年代却见证了一个新时代的诞生，在这个新时代哲学被应用到各类公共话题，在20世纪80年代标榜‘应用哲学’的各类学会、杂志和各类专门性的应用哲学研究领域，例如‘医学的哲学’迅速发展到令人吃惊的程度。之前哲学通常被知识分子看作只是固守成规的智力游戏。”①

① John Passmore. A Hundred Years of Philosophy. Harmondsworth，England：Penguin，1966.

当无数的“某某哲学”层出不穷时，并非总是那么值得击掌相庆，因为应用哲学具体部类、领域的出现远远快于基础原理的建构，结果就遭遇到了严重的理论瓶颈问题。“这些应用哲学研究的每一个领域都有各自的身份危机。有些研究领域已经得到较好的阐述（科学哲学、艺术哲学、政治哲学），还有一些研究领域只是刚刚产生（医学哲学、技术哲学），还有一些可能令人难以置信（探测哲学？性哲学？航海哲学？）。当然，这取决于上述‘某某哲学’如何定义和建构。”① 如果我们仍然坚持哲学的本质是“爱智慧”，哲学的表达方式是批判式考察的探索过程，那么，仅仅将生活世界引入哲学，仅仅谈论某个现实具体问题，这些都只是描述现象、传达经验，并未进入哲学的堂奥，并未做出具有哲学意义的分析、论证，这些问题、这些领域都不会自动转化为哲学问题或应用哲学领域。从一定意义上说，即便是应用哲学研究，也不能放弃康德给出的四个哲学基础性问题：我能知道什么？我能希望什么？我应当做什么？人是什么？

有活力的应用哲学即便关注某个具体问题，也必须保持宏大的视野。这就不难理解越是在全球化时代越是容易产生新的应用哲学研究的分支这样的现象了。例如，性别哲学正在成为当代西方方兴未艾的应用哲学领域。雷·兰顿（Rae Langton）② 在《性唯我论：关于色情和客体的哲学论说》一书中主张，由于女性被剥夺了言论自由，色情作品也使得女性保持沉默，对同意进行性行为的拒绝面临并非强奸威胁的结果，政府需要对色情作品进行审查。保罗·吉尔伯特（Paul Gilbert）则提出了不同于雷·兰顿的看法，他质疑了雷·兰顿在书中所引用的麦金农的故事（the MacKinnon story）的可信度，认为与相对小规模的、地方性的色情相比，女性的服从毕竟是非常普遍的现象，然而，雷·兰顿却很少聚焦服从所涉及的扭曲化的风险。如此风险处于一种明显的紧张关系之中，这就是处于主导地位的、可以通过女性的服从来满足其欲望的男性与形成欲望并且加强其权力地位的色情之间的紧张关系。这一点类似于马克思主义所讲的上层建筑的改进并不会直接影响经济基础的

① Bill Warren. Back to Basics：Problems and Prospects for Applied Philosophy. Journal of Applied Philosophy，1992，9（1）：16-17.

② Rae Langton. Sexual Solipsism：Philosophical Essays on Pornography and Objectification. Oxford University Press，2009.

观点，雷·兰顿所重塑的麦金农的故事是对马克思主义的两性关系压迫理论的改编。①

大哲学一方面必须保持历时态的逻辑一致性和学科的自洽性，即与历史中的哲学（古典哲学、理论哲学）具有承接关系，同时又不是简单的因袭，应当做到不是断裂，而是推进，不是背叛，而是批判式发展；另一方面必须获得共时态的学科内话语体系、问题意识的集聚，形成群集效应，以护舰团队方式实现应用哲学整体化跃进和提升，并以哲学本位或哲学本分革除条块分割、各自为政的山头主义，回应现实生活世界和重大社会问题。理想的结局是：大哲学因应用哲学获得现实化，应用哲学因大哲学获得经典化，或者更准确地说，无应用哲学的大哲学难免虚空，无大哲学的应用哲学则将陷入杂多。

三、大哲学的方法

由上文的分析可知，我们所主张的“大哲学”并非物理意义上的“大”，而是精神层面的“大”，即突出问题意识的整体性、宏观性、全局性，其实质就是回到哲学的原初定位，在现代学科分立的时代，依然保持哲学是其所是的本质特性。“当代中国‘大哲学’具有以下几个基本特征：首先，它自觉把当代中国的哲学问题放在世界哲学发展和哲学各学科互通的语境中来理解，提出和解答的问题既具有历史渊源又具有时代性；其次，它从世界视域和中国发展的现实需要出发提出问题、解释问题、回答问题，自觉摒弃‘一叶障目’的狭隘眼界；最后，它不再把哲学当作社会科学与自然科学之外的另类学科，而是将其作为渗透于其他学科并为之提供思维方式指导的方法论、认识论、伦理学、逻辑学，帮助人们更好地理解问题、分析问题、解决问题。”②

近几十年来，应用哲学的研究在世界各地都颇为兴盛，各种应用哲学如经济哲学、管理哲学、社会哲学、政治哲学、文化哲学、教育哲学、领导哲学、科学哲学等应运而生。作为一门新兴学科，应用哲学在中国也得到了一定的发展。然而，我们始终应当清楚地认识到：应用哲学并非哲学现成教条的简单推广，应用哲学不是粗暴地将现有的哲学理

---

① Paul Gilbert. Review of Sexual Solipsism：Philosophical Essays on Pornography and Objectification. Analysis，2010，70（3），597－599.

② 姚新中．推动当代中国哲学向“大哲学”转型．人民日报，2016－04－25.

念、原则生搬硬套到人类社会生活的某一方面，用它们去剪裁现实，而是要使哲学的理念、原则有机地贯穿于或者说融汇到人类生活世界的某一具体方面，使其体现哲学的基本精神，遵循哲学的基本原则，以哲学理论为根据研究和解决某一方面已经存在或将会发生的影响人类生存的重大问题。总之，必须防止应用哲学沦落为哲学工作者“自救”的手段，避免应用哲学偏离大哲学的问题意识。

我们不妨考察一下近邻日本的应用哲学发展情形。日本在 2008 年正式成立了应用哲学会①，会员不过 130 余人。其成立的目的是对于当今社会的种种问题，从哲学的立场积极发声，同时进一步推动哲学与其他领域的交流。应用哲学在日本的产生较晚，因为日本学界的主流观点认为日本哲学是在全面引入西学、系统接受西方哲学之后才形成的。由于将哲学理解为学院式形而上学研究，日本哲学界过去并不关乎超出理论之外的现实问题。20 世纪 60、70 年代日本经济腾飞之后，日本企业大量向海外投资，巨大规模的现代工业活动导致了各种社会问题层出不穷，这些问题引起了部分哲学工作者的兴趣，于是有了应用哲学的胎动。例如，一些学者将哲学应用到更加具体的现实问题当中。伊势田哲治在《作为应用科学哲学问题的风险》② 一文中提出从应用的科学哲学的角度来探讨风险分析的问题。风险分析的实践和有效性是多年来一直争论的问题，风险分析常用的模型通常来自实证主义和建构主义，但这两种模式似乎是站不住脚的，因为这两种模式所反映的立场本身否定了科学哲学存在的必要性。大石敏广在《作为应用伦理学方法论的设计之思考》③ 一文中从工学伦理④入手，探讨了解决应用伦理问题的方法论，他相信在此方面工学伦理可以成为一个重要的视角。松王政浩从温暖化科学争论的角度阐发了应用哲学，以气候科学的争论为线索，将科学的实在论和比较主义这两个哲学的议论作为候补研究的框架，对现行的全球变暖这个具体的现实问题进行了考察。松王政浩认为实在论的论证过程其实存在很多可能性，因而难以提供有效的回答，对于全球变暖风险

---

① 日本应用哲学会现在全员人数 130 余人，会长为名古屋大学教授户田山九之和京都大学教授出口康夫。

② 伊势田哲治. 应用科学哲学の問題としてのリスク. 科学哲学，2005：77-91.

③ 大石敏广. 応用倫理学の方法論としての設計の思考. 科学哲学，2013：31-47.

④ 一般称为“技术者伦理”，在该文中既包含技术者个人也包括作为专家集团其中一员而进行活动的技术者的意味，因此，在该文中，作者将之称为“工学伦理”。

这个现实问题，采用修正型的比较主义更为恰当。① 之所以采用比较主义，他给出了三点理由：其一是比较主义不仅仅能够解决理论问题，还重视真理性和确定性；其二是在现存体系的理论问题当中，比较主义不仅仅追求测试的严格性，在进行比较前，各理论本身可以形成为一个完全的理论体系；其三是即使没有充足的比较对象，但可以意识到对所放弃的理论的成见。② 此外，许多日本学者提出的应用哲学体系明显地融合了东西方不同的思想资源，由于在研究方法和思想资源上的多元性、社会发展的成熟度等各个方面具有得天独厚的优势，应用哲学在日本虽然起步略迟，但进展迅速，成果卓著。

20 世纪 90 年代以来，化学哲学成为西方社会增长最快的新兴的哲学领域之一。布雷克（J. van Brakel）在《论对化学哲学的忽视》（On the Neglect of the Philosophy of Chemistry）一文中通过对化学学科历史的追溯，指出对化学哲学的最初忽视乃是由于在哲学和科学哲学领域里一致认为只有物理学才是正确的科学（康德语）。近年来，由于普遍的尽管不正确的假设认为化学在本质上可以达至物理学那样的科学化程度，对化学哲学的忽视仍在持续，甚至诸如生物和心理这类科学的兴趣已经强烈进入科学哲学领域，化学哲学仍然未受到足够重视。布雷克认为，化学是一门独立存在的，甚至比物理学更“典型”的科学③，化学哲学不仅必要，而且应成为化学研究的起点。

从方法论上看，应用哲学的理论基础是建构主义，而非本质主义。所谓建构主义，属于解构主义的大思潮，虽然两个学说的主张在字面上相反。建构主义对抗科学主义，张扬人文精神，对科学的真理性全面提出质疑。法伊尔阿本德的“科学无政府主义”和库恩的“科学研究范式转变”是建构主义的重要理论资源。强建构主义或曰强纲领的建构主义（SSK）主张，科学并不是什么客观知识，而是科学家共同体内部谈判的结果；科学理论是一种社会构造，其合法性并不取决于事实性的因素；在科学知识的建构中，自然界仅仅充当微不足道的角色，科学不过

---

① 松王政浩．温暖化科学論争への応用哲学的视点．应用伦理，2011（11）：1-24.

② 具体如何将比较主义运用到该现实问题之中，所得出的结论将是什么，作者并没有给出明确的答案。

③ J. van Brakel. On the Neglect of the Philosophy of Chemistry. Foundations of Chemistry，1999，1（2）：111-174.

是一种意识形态。①

建构主义思维方式导致应用哲学在认识论上全面采纳多元主义立场。多元主义提倡全方位的开放，摒弃本位主义、基要主义、还原主义，实现多中心主义，促成各种要素全面参与并得到足够考量，在此前提下构建重叠共识。然而，建构主义方法也具有二重性：一方面它使应用哲学有别于传统哲学，增加了应用哲学自身无限的可扩展空间，提供了应用哲学自立门户的话语权；另一方面它又提高了应用哲学与具体学科相互混同的风险，二者难以辨识，而且也造成了应用哲学的知识成果的不可靠性。②

一般而言，大哲学的方法，既有自上而下式方法（top-down model），也有自下而上式方法（bottom-up model），还有思想实验（thought experiments）、个案情境法（casuistry），等等，具体采纳何种方法，取决于当下研究问题的性质。例如，自上而下式方法适合于问题规则、边界清晰、达成目标明确的领域，个案情境法则适合于跨越多个学科、所发生的问题完全处于现有知识体系之外的全新领域。总之，大哲学的研究并不追求理论的完整，或体系的庞大，而是主要以回应现实问题，解决认识上的困惑为目标。这也是大哲学得以在学科林立、知识分化、哲学式微的时代立身的法宝。

---

① 在欧美，人文知识分子在政治上多数是比较左倾的，反对资本主义。他们把科学霸权和资本主义意识形态联系起来。

② 对应用哲学研究来说，这个难题迄今为止仍然还是一个无解的巨大挑战。

第二章 传统哲学的降格

立足今日，我们不难看到，西方哲学成功实现了从传统的理论哲学[①]到现代的应用哲学的转型，也正是在这一转型的过程中完成了西方哲学的创新。对西方哲学转型的过程进行梳理和阐释，可以为当代中国哲学的创新提供借鉴，从而正确把握当代中国哲学创新的路径。

近代哲学开启了西方哲学历史上的一个新时代，近代哲学所关注的问题和采用的方法都是全新的，因而造成了一种“与过去的中断”。[②]近代哲学之所以表现出若干新的特征和趋向，是受到了近代科学发展的深刻影响。近代可以说是科学先行，甚至出现科学主义[③]和技术文

① 本章“传统哲学”概念的使用，是与第三章的“现代哲学”相对的，具体是指从古希腊到19世纪这段时间。

② 近代西方哲学一般指16世纪末至19世纪中叶的欧洲哲学。从地域上看，它主要分布于英、法、德、荷等西欧各国。从代表人物看，一般把培根和笛卡尔看作近代哲学的鼻祖，而以黑格尔宣告这个时期的结束。李超杰. 近代西方哲学的精神. 北京：商务印书馆，2011：3.

③ 关于科学主义，《韦氏英语大辞典》中的定义是：“认为自然科学的方法应该被应用于包括哲学、人文科学和社会科学在内的一切研究领域的理论观点，断定只有这样的方法才能富有成果地应用于知识追求。”(Philip Babcock Cove. Websterer's Third New Dictionary. Merriam Webster，1976.)《牛津英语辞典》中的定义是：“一个经常用于贬义的词语。它指对科学知识和技术万能的一种概念。也指认为物理科学的那种研究方法可以代替哲学，特别是代替人的行为科学及社会科学等其他领域研究方法的那种观点。”(J. A. Simpsion，E. S. Weiner. The Oxford English Dictionary：vol. 17. Oxford：Oxford University Press，1989.)

化①等倾向，这也从侧面反映出近代文明尤其是近代科学的飞速发展。17、18 世纪数学和机械力学的发展，促成了 18 世纪的工业革命；19 世纪的电学和化学理论的更新，促成社会生活进入电气化和化学化时代。中世纪的思想被抛弃，科学进入繁荣时期。文艺复兴以后出现的从神本位到以人为中心的人神关系、从天国到世俗的转向，关注人的主体性、关注现实生活世界，但到德国古典哲学时期庞大的知识体系纷纷建构起来之后，哲学越来越脱离现实世界，逐渐走向边缘化，出现日益没落的趋势，即本章所要谈到的“传统哲学的降格”。

第一节　近代文明的总体特征

文艺复兴②发端意大利，15 世纪后期开始初现端倪，迅速扩展到西欧各国，到 16 世纪，这场运动达到顶峰。文艺复兴时期可以说是中世纪到近代的过渡期。文艺复兴思潮中的人文主义者们，高举世俗化和个人主义旗帜，认为主宰人类命运的不是教会也不是上帝，而是人自身；天堂不在来世，而在现世。由此，极大动摇了教会的权威，哲学开始出现了世俗化转向，从天国走向尘世。文艺复兴的成就通常被归为两个发现：一个是人的发现，人文主义者们开始关注人自身的价值、尊严与力量，体现了对人的理性探究能力的肯定；另一个是世界的发现，随着人文主义带来的思想解放，人们越来越把目光从天国转向自然本身，转向科学，使自然科学与科学技术得到极度发展。米什莱和布克哈特都主张将上述两点视为文艺复兴的重大历史成就。

一、以人为中心的人神关系

文艺复兴之前的中世纪，宗教神学在人类的精神领域及政治领域均

① 当把科学主义的观点运用于文化现象时，一个社会的文化就必然是技术文化。技术文化只承认自然科学理论和方法的合法性，排斥其他一切理论和方法，反对或贬低超自然的、非实证的知识和价值，把一切都纳入自然科学理论可以解释的范畴内，并且用自然科学的实证的，特别是数学的方法对待所有的社会和文化现象。技术文化和科学主义是具有内在相关性的两个概念，科学主义是技术文化的因，技术文化是科学主义的果，科学主义必然派生出技术文化。刘开会. 科学记述文化与人文文化的关系——来自西方哲学家的反思. 北京：人民出版社，2015：1.

② 文艺复兴（源于意大利语 Rinascimento）是从中世纪向近代的过渡，是指古代的哲学的复活再生。

占据支配地位：上帝成为支配人类生活世界的人格神，盲目信仰、禁欲主义占据了人类的精神世界；宗教被统治阶级所操控，成为统治阶级的工具。在中世纪的神学统治之下，人类失去了真实的自我和真实的生活，文艺复兴将人们从天国梦中唤醒，将人们的目光从天上转向人间，主张用人间的现实幸福代替虚无缥缈的天国理想。文艺复兴时期的人们已经不再认为上帝与人间是对立的①，上帝作为说明人性的参照而存在，从以神为中心转变为以人为中心的人神关系，并提倡用人性代替神性。

这场称为“人性的解放运动”的文艺复兴将人的现实性和独立的主体地位与个性精神充分挖掘出来，成为现代人文精神发展的源头。一方面，通过肯定世俗的情感和欲望反对神学，解放人性，主张享受现实人生。这直接肯定了个人的现实的物质欲望和自然属性，相应地，个人的经济利益、政治权利、社会地位等都被视为个人正当的现世追求。另一方面，通过构建新的思想文化体系对中世纪神学进行批判与清算。例如，马丁·路德和加尔文所提出的宗教改革学说，他们在改革中世纪宗教体系的基础上创建了一个新的思想体系来实现对神学的批判和对现世、世俗的关注，同时从神学内部釜底抽薪，对基督教会以致命打击，这从不同的侧面体现了新的时代精神。

德国是宗教改革运动的首发地，马丁·路德是宗教改革运动的首创者。马丁·路德基于对教廷腐败不满、对教皇利奥十世在德国各地兜售“赎罪券”粗暴行为的愤恨，于 1517 年 10 月 31 日在维登堡教堂的大门上贴出了《关于赎罪券效能的辩论》，即《九十五条论纲》，公开揭露和批判罗马教廷滥售赎罪券的卑劣行径，揭开了德国宗教改革的序幕。不过，马丁·路德原本只想进行一场学术争辩，之后导致的宗教革命是他始料未及的，但他的新思想确实直接构成了宗教革命的火种。首先，他对“因信称义”② 进行了新的诠释，认为“灵魂称义不因任何行为，仅由于信仰”③。即人们由于信仰就可以成为无罪的、得救的、得永生之人；不必通过天主教会及其神职人员，仅凭信仰就可以直接与上帝沟

① 文艺复兴时期虽然尚未摆脱上帝观念，但对上帝的理解已发生重大转变，从神本转变为人神共存。

② “因信称义”是路德宗教改革理论的核心。“因信称义”这一术语并非路德首创，它最早出自《新约全书》。

③ 马丁·路德. 马丁·路德著作集：第 2 卷. 费城：费城出版社，1915：292.

通。这就创立了一种人与上帝的新型关系，否定了罗马天主教会的神圣性。其次，他指出《圣经》是信仰的最高准则。教皇和主教都不是基督的代表，也永远不能代表基督，只有《圣经》才是上帝的启示，他明确地指出“凡不以《圣经》为可靠启示、为根据的说法都只能算为意见，而没有相信的必要”①。路德依据《圣经》的权威从理论上否定了中世纪教皇和教阶制的绝对权威，这是对教皇作为教会最高权威、基督在人世间代表的公开否定。他的批判和质疑削弱了教皇对世俗政权和民众的领导权等权力的理论依据。最后，路德提出改革教会，组建符合新生市民阶级要求的教会。为彻底解决教会的腐败，他主张应当把教会所承担的那部分世俗权力交还给世俗权威，使教会重新变成“精神的”机构。还需要特别指出的是，路德在将《圣经》翻译成德语的过程中，首次将神学词汇“天职”② 与世俗意义的“职业”一词的用法联系起来，“天职”概念获得了世俗意义，它不仅指上帝委派的工作，而且指上帝委派的这项工作是要在世俗的职业中实现的。全新的“天职”观念使新教徒们明白“通过教会、圣事而获得拯救的可能性被完全排除”，不能也不必等待牧师或主教的协助。既然教徒不能在教堂获得救赎，那么就要在尘世中表现自己，把个人在尘世中完成神赋予他的义务当作一种至高无上的天职。这就意味着基督教徒在尘世中的活动，包括为日常生活和民众提供服务的职业劳动，都只是为了遵从上帝的诫命，完成上帝的旨意。于是，曾经被视为平凡无奇、远离忏悔等圣事活动的每日工作、劳动、家居活动等都可能具有显现自身虔诚的意义，对每个新教徒来说，争取获得职业上的成功，便成为建立获救信心的唯一手段。

加尔文宗教改革也极大地推进了世俗化的转向。加尔文在《基督教要义》一书中有段名言：“神安排每个人在自己的岗位上有其当尽的本分，也为了避免任何人越过自己当尽的本分，神称这些不同的生活方式为呼召。如此，地位低的人会在自己的岗位上毫无怨言，免得离开神所呼召他的岗位。此外，人若知道神在万事上引领他，就会极大地减轻他一切的担忧、劳苦和其他的重担。如此，官员会更甘心乐意地尽自己的本分，家长会拒绝离开神对他的呼召，每一个人只要确信生活上一切的

---

① 马丁·路德. 马丁·路德著作集：第2卷. 费城：费城出版社，1915：314.

② 德语 euf（职业，天职）本来是一个宗教的概念，意指“上帝安排的任务”。

困苦、烦扰、疲劳和担心都是神亲自给他的重担，他就会忍耐到底。”①在加尔文看来，即使是最卑微的日常工作，只要是为服侍神，就会闪耀着神的荣耀，工作不再有高低、贵贱之分。此外，加尔文宗教改革还推动了资本主义精神的形成，最终成为西方式资本主义发展的内在动力。马克斯·韦伯在《新教伦理与资本主义精神》中指出：“在一些既以苦修来世又以腰缠万贯而著称于世的派系中，笃信宗教的生活方式和非同寻常的经商手腕结合了起来……艰苦劳动精神、积极进取精神的觉醒往往被归功于新教。”② 韦伯相信，加尔文宗教改革带来的新教伦理成为现代资本主义精神文化的基干。

宗教改革加快了基督教世俗化的进程，人类可以通过完成个人在现世地位所赋予的职责、义务和道德来完成上帝的使命，这促使人们的心灵由追求天国的虚幻来世的拯救转向积极投身现世的生活，人性之光在神性的束缚与压制之下得以彰显，“从人本身来理解人自己和人所生活的世界”，以人为中心的人神关系得以形成，人生的价值和意义得以重新认识。

二、对人的理性探究能力的肯定

近代西方哲学的总体特征是倡导基于理性的人文精神。中世纪经院哲学以宗教神学为基础，其特征是贬低理性和抬高信仰，具有个性和情感生活的“自然人”在哲学考察的视野之外，人类意识特别是内心自省和外界观察都处于睡眠和半睡眠状态。文艺复兴时期许多先进思想家对此进行了批判，他们论证和讴歌了人本身所具有的理性能力，重视作为精神主体的个人。关注人性与个性问题、重视人的价值尊严、重视人自身的人文主义思潮空前发展，这就是通常所说的文艺复兴带来的“人的发现”。

基于理性的人文精神，文艺复兴的思想家们认为人是有才能的，具有自由意志，人是自主的，具有独一无二的价值和尊严。首先，人是有才能的。文艺复兴时期各个领域艺术家创造了很多出色的作品，不仅为

---

① 加尔文．基督教要义：下册．徐庆誉，谢秉德，译．北京：宗教文化出版社，2010：772.

② 马克斯·韦伯．新教伦理与资本主义精神．于晓，等译．北京：三联书店，1987：29-30.

他们自身带来了荣誉与尊严，而且也大大提升了人类对自身创造才能的信心和自豪感。其次，人是有自由意志的。在皮科的《关于人的尊严》的演讲中，人被看成是外在于天国、天使和自然力的第四个世界，人不属于这个等级体系，不处于其中任何一个固定的位置，然而，人又有能力在任何等级中生活，因为上帝在创造人的时候没有限制他的形式，人可以堕落为野兽，也可以上升为神，一切取决于人的自由意志。再次，人是自主的。既然人具有自由意志，那么人就能够独立自主地掌握自己的命运，做自己的主人。皮科认为，人的最大特点在于其非确定性，个人的命运和价值全靠自己今天的创造。在自我与社会、个人与他人的关系上，个人同样是自己命运的主人，个体可以凭其后天的努力发展其丰富的个性，实现自身的价值。最后，人是有价值和尊严的。人应当肯定自己的尊严，发展自我、实现自我。艺术家阿尔伯蒂（Battista Alberti）说，人是自然的一部分，人在自然界中的崇高地位在于自然赋予人的卓越本性，“自然，即上帝赋予人理智、可教性、记忆和理性，这些神圣性质使人能研究、辨识、认识需要避免或趋向的东西，使他以最好的方式保存自己，除了这些无价的、可企羡的伟大礼物之外，上帝还给予人的精神和心灵另外一种能力，就是沉思。为了限制贪婪与无度，上帝给人谦和与荣誉的欲望。另外，上帝在人心之中建立了把人类联结在社会之中的坚固纽带，这就是正义、平等、自由和互爱”①。

文艺复兴为近代哲学的建立奠定了理性的基础，尊重理性的可能性，把人们从偏见中解放出来，指导和完善人的生活。例如，17、18世纪哲学家们心中不可冒犯的权威就是人的理性，康德指出：“启蒙运动就是人类摆脱自己所加之于自己的不成熟状态。不成熟状态就是不经别人的引导，就对运用自己的理智无能为力。”② 人是一个理性的存在，人有能力运用自己的理性，将人交付给一个外在的权威，这是对人的理性的践踏。

文艺复兴时期对理性探究能力的肯定，这一新观念也对社会发展产生了重要的意义。首先，它弘扬了人的价值和尊严，使西方文化中的人文精神得以彰显。其次，它推进了社会文化的世俗化转向。文艺复兴时

① B. Alberti. Della Statua. trans. by R. N. Waikings. Columbia，1969：135.

② 康德．历史理性批判文集．何兆武，译．北京：商务印书馆，1990：22.

期对人的理性探究能力的肯定有助于人们对价值、理性、个人权利等问题进行全方位的审慎思考，这一方面加速了中世纪宗教神学的衰落，鼓励了以个人利益作为追求目标的个人主义思潮的兴起，从而为即将到来的新社会结构提供了新鲜的社会意识和充满活力的观念内容。最后，它叩开了工业时代科学理性精神的大门。文艺复兴时期（尤其是文艺复兴后期）的自然科学获得了极大的发展，理性精神与自然科学有机结合，加快了哲学和科学的各自发展，鼓舞了人类的士气，增强了人类开创世界未来的潜力和希望。

三、自然科学理论的发展

科学与哲学是人类思想史上的两大基石，在文艺复兴时期，这二者都获得了极大的发展，文艺复兴对理性探究能力的肯定，推动了自然科学与技术的加速发展；随着科学的极大发展，科学的思维方法和认知方式又反哺、渗透于哲学之中，使哲学在认识论及哲学方法方面产生了根本性变革，甚至出现了哲学科学化的探索，取得了相应的历史性成果。

中世纪的宗教意识在根本上对自然界和自然现象毫无兴趣，它关注的是天国，而不是自然，自然是没有地位的，即使提到自然，也是作为消极的被否定的对象出现的。“中世纪对自然现象缺乏兴趣，漠视个人主张，其根源在于一种超自然的观点、一种向往来世的思想占据支配地位。与天国相比，尘世是微不足道的，今生充其量不过是对来世的准备。教会对天恩灵光所启示的真理拥有绝对权威，与此相比，理性之光则黯然失色。”① 随着人文主义带来的思想解放，人们越来越把目光从天国转向自然本身，转向科学。正是在文艺复兴时期，关注自然的各类知识体系得到了发展，由此亲近自然、崇尚自然之类的思潮也得到了空前的传播。

丹皮尔曾经就人文主义的思想解放与科学转向二者的关系表达了自己的见解，“人文主义者毕竟为科学的未来的振兴铺平了道路，并且在开阔人们的心胸方面起了主要作用。只有心胸开阔了，才有可能建立科学。假使没有他们，具有科学头脑的人就很难摆脱神学成见的学术束

---

① 亚·沃尔夫. 十六、十七世纪科学、技术和哲学史：上册. 北京：商务印书馆，1997：8.

缚；没有他们，外界的阻碍也许无法克服”①。这段话是说文艺复兴带来了自然主义的复兴，这并不是说这些自然主义者们都是无神论者。有神论者也可以持自然主义的态度，以开普勒为例，他恰恰是在寻找上帝之路上发现了行星的轨迹的。正如沃尔夫所说：“近代科学的先驱者们实际上都笃信宗教，事实上都是基督教的忠实儿子。然而，对科学来说，幸运的是：他们对于自然现象的态度都基本上是世俗的、注重事实的。”②

自然逐渐地重新进入思想家们的视野，成为理性认识的对象，从而出现了对自然的哲学思考，形成了新的“自然哲学”。可以说，在古希腊的自然哲学消失千年以后人们重新发现了自然。这一新的自然哲学是近代科学形成之前的一种思辨的宇宙论，实际上为近代科学的出现做了思想铺垫。因为人们开始以新的态度考察天体，他们不仅希望找到神创世的确证，而且也希望发现物体运动的规律，在新的自然哲学探讨中，既涌现了大量的近代科学发现成果，也酝酿了许多经典的近代科学研究的新方法。

哥白尼的日心说就是这样的杰出代表。日心说的出现表面上看是把人类从万物之灵的高傲地位降低下来，然而，它所带来的思想冲击却是：中世纪的世界观已经瓦解，新的世界观正在形成。哥白尼的日心说引导人们用新的眼光去观察世界，对人自身信念的可靠性发生怀疑。哥白尼的日心说认为，太阳是宇宙的中心，地球每日自转，而且每年围绕太阳公转一次，这样，地球从宇宙的中心降低到众多行星之一的地位。哥白尼的日心说不仅批判了曾经占据主导地位的托勒密-亚里士多德的宇宙模型，而且将矛头直接指向教会权威以及《圣经》的权威。第谷·布拉赫（Tycho Brahe）做出了进一步的校准式观察，他的年轻助手开卜勒（Johannes Kepler）系统地阐述了行星运转的三条重要规律，而且还加上了数学方程式来支持单纯的观察获得的结果。以后，伽利略系统地阐述了加速度和动力学的重要规律，为新的天文学提供了最大的理论精确性。

从哥白尼到开卜勒再到伽利略，他们运用了全新的自然哲学的方

① W.C.丹皮尔. 科学史. 北京：商务印书馆，1997：157.

② 亚·沃尔夫. 十六、十七世纪科学、技术和哲学史：上册. 北京：商务印书馆，1997：6.

法，这样的方法包含了双重维度：一个维度是对运动物体进行观察的经验方法；另一个维度是对空间中的物体运动做出数学计算的理性方法。伽利略不仅强调直接观察的重要性，避免使用从传统或书本推测而得到的二手信息，他还希望给天文学以几何学的精确性。由于他把几何学的模式用于对天文学的推理，所以他认为，只要制定一些能演绎出结论的基本公理，就像几何学那样，那么任何新学科的人们可以据此证明他的结论的精确性。伽利略第一次系统地给出了物体运动和它们的加速度的几何表达，因为他设想，思想所系统阐述的公理完全可以一一对应于观察到的运动物体的实际特征，也就是说经验事实是和几何学的公理高度对应的。同样，人们也可以依据几何学去认识现实事物是如何实际活动的。

弗朗西斯·培根（Francis Bacon）主张用一种新的方法来整理、解释事实，把之前未经检验的知识推倒重来。培根把人类的心灵看作一块玻璃或一面镜子，它被情感的自然倾向和传统学术的谬误弄得粗糙不平，仅仅依靠心灵不可能精确地反映真理。培根提出，用新的工具使心灵的镜面变得清晰平滑，以便使它能精确地观察和理解宇宙。就是为了达到这个目的，培根不得不让科学摆脱根深蒂固的传统学术，将科学的真理和神学启示的真理分离开来，形成一种建立于对自然的新的观察方法和新的解释基础上的新哲学，培根的方法强调了观察和归纳推论的重要性。我们现今所遵循的科学方法在许多方面都是对这些早期理论的直接继承，特别是对其方法的继承。

科学研究中的数学成分被牛顿以及莱布尼茨所进一步发展。他们各自独立地发明了微积分。可以说，经验观察以及数学运算的方法成为近代科学的标志。中世纪的科学方法基于亚里士多德的演绎逻辑。近代早期的科学家们提出了新的方法体系来替代它，而这些体系相互之间又往往大不相同。当数学作为论证工具和科学方法论之基础被开拓出来时，近代科学方法论取得了新进展。

文艺复兴催生的人文主义与自然主义或者说哲学与科学均是基于理性的原则。各种新理论都反映了这样的时代新趋势，例如，培根创立了“归纳法”，提出“知识就是力量”；笛卡尔以“普遍怀疑”开道，认为凡不能呈现于我心灵的东西，都在可以怀疑之列，包括上帝在内。尽管笛卡尔是信徒，但在他那里，上帝观念不再是不证自明的，而是需要进行理性论证的。在17、18世纪哲学家们心中不可冒犯的权威就是人的理性。这一时期的时代最强音就是充分尊重理性的可能性，把人们从偏见中解放出来，指导和完善人的生活。

文艺复兴运动实现了“人的发现”和“世界的发现”这样的双重发现。人文主义精神和宗教改革消解了宗教的外在权威，将人们的思想从天国拉回了人间，从神转向了人，使神世俗化；与此同时，走向了人的内在性，为近代哲学的主体性原则和自由原则奠定了基础。这一时期迅速发展的自然科学，不仅树立和张扬了理性的权威，也为哲学提供了思想的材料和内容，为哲学解释和说明自然奠定了坚实的基础。

第二节　人类知识体系的重组

近代哲学与自然科学之间联系紧密、互相影响。近代自然科学的急速发展极大促进了社会生产力的发展，为资本主义革命奠定了坚实的物质基础，而且为近代哲学的形成和发展提供了可靠的知识前提，同时亦向哲学提出了概括科学的总体成果，为之提供认识论和方法论支持的任务。① 为了完成自然科学向近代哲学提出的两大任务，近代哲学出现了两大议题：第一，发生了“认识论的转向”。如果说古代哲学是以研究客体和本体论为中心的话，近代哲学则以研究主体和认识论为主要内容，要求认识自然、控制自然，从而为人类自身谋福利。第二，迫切地关注发现知识的有效方法。传统的科学观采用的是三段论式的演绎法，是一种证明式的形式逻辑，然而自然科学需要新的方法论来确立自身的合法性和有效性。近代哲学特别针对认识的来源、真理的标准、认识的方法等问题的不同观点，形成了经验论（empiricism）和唯理论（rationalism）两大流派②，并开始建立新的知识体系。

① 张志伟. 西方哲学史. 北京：中国人民大学出版社，2002：342.

② rationalism通常译为“唯理论”，但是这个“唯”字过于极端，并不符合这一哲学派别的实际情况，译成“理性论”可能更合适一些。另一方面，经验论者也并不是不讲理性，因为理性主义实际上构成了整个近代哲学的基本特征。所以，在做了这一说明之后，我们按照约定俗成的原则，仍然沿用“唯理论”这个译名。

一、清扫思想障碍

清扫过往的思想迷误，这是早期近代哲学家的主要任务之一。在中世纪尊为权威的亚里士多德和教父们到了近代都受到了无情怀疑，近代哲学家们不再接受任何既定的信念或权威，除非他们可以让自己确信它。培根和笛卡尔是先行者，他们分别提出了不同的思考方法，从而开启了不同的近代哲学发展的路径。他们都期望在恰当的理论基础上全面重建科学、艺术和所有人类知识，为了达到这一目标必须清除中世纪陈旧的思想蛛网和传统信仰的瓦砾。

培根认为经院哲学是影响和阻碍科学技术发展的主要障碍，对人们的思想观念造成了严重的束缚，他主张破旧立新，鼓励人们大胆提出自己的意见和看法，即清除障碍，摆脱中世纪传统观念的束缚。为此，培根对经院哲学统治带来的认识偏差进行了深刻的揭露，他挖掘了人们对外界事物错误认识的思想根源和社会根源，这就是知名的“四假相”说。所谓假相①，是存在于人们的头脑中、严重妨碍人们对客观世界形成正确认识的偏见或成见。根据假相的性质和来源，共有如下四种假相：“种族假相”（Idols of the Tribe）指人性中固有的缺陷，这是人类普遍具有的一种假相。人的感性都倾向于以人为尺度衡量外物，不按自然的本来面目去认识事物，结果歪曲了事物的真相，缺乏科学所需要的中立态度和客观性。培根通过种族假相，批评的是人的认识以主观性代替客观性的倾向。“洞穴假相”（Idols of the Cave）指个性差异而产生的假相。培根借用柏拉图的洞穴隐喻来指称这种假相，每个人在身体结构、心理素质、性格爱好、教育背景和成长环境等方面都存在差异，人们在认识事物时将这些差异渗透其中进而形成偏见，形成自己的洞穴，犹如坐井观天，无法如实地反映事物的全貌。这种假相，所针对的是认识的局限性和片面性。“市场假相”（Idols of the Market-place）指人们在交往过程中由于语言的不确定和概念的不严格而产生的种种误解。语言是交往的工具，而“语词的意义是根据俗人的了解来确定的”，是不精确的，容易使人陷入无数空洞的争辩和无聊的幻想。如果任由这些含糊不清和空洞无物的语词充斥人们的交往和学术研究，就会产生各种假

① idols，又译作假象、幻象、偶像。

相。“剧场假相”（Idols of the Theater）指人们由于盲目信仰权威和教条，以及各种各样的哲学体系与流行理论而在人们心中造成的错误。培根把这类错误的哲学分为三种：诡辩的、经验的和迷信的。诡辩派的代表是亚里士多德，培根认为其错误在于他总是急于从语词上来对问题提出回答，根据意志在逻辑上把问题解决以后再诉诸经验，经验总是屈从于意志和逻辑；经验派完全忽视普遍原理和一般概念，囿于个人的感觉经验或狭隘的实验；迷信派的错误在于把人的东西和神的东西糅合起来，这样“不仅会引起荒诞的哲学，而且也会引起异端的宗教”①。培根还明确地指出，人类也许永远无法彻底摆脱上述种种假相，然而，通过揭示这些假相及其根源，特别是通过一种科学方法的引入，人类就能够达到真理，实现在学术和知识上的一种“伟大的复兴”。

笛卡尔认为，“如果我想要在科学上建立起某种坚定可靠、经久不变的东西的话，我就非在我有生之日认真地把我历来信以为真的一切见解统统清除出去，再从根本上重新开始不可”②。在哲学领域中争论不止，没有一点不是可疑的，笛卡尔要进行的是全面的“普遍怀疑”。他曾经用一个比喻来形容他所说的“普遍怀疑”：假设有一篮子苹果，我们怀疑其中某些苹果是烂的，如果我们只拿走我们看见的坏苹果，就有发生遗漏的风险，遗漏的坏苹果可能传染其他好苹果。因而，唯一正确的做法是倒空篮子里所有的苹果，逐一仔细地检查，之后再把那些好苹果放回篮子。要想获得真理，一切见解和信念都要怀疑一次，只要有一点可疑之处，就应该抛弃掉，只剩下无可怀疑的东西，才是接近真理或者就是真理本身了。他认为，无论是柏拉图还是亚里士多德都没有发现真正的“本原”③，而是把想象出来的、自己并不完全了解的东西定为“本原”。经院哲学的三段论逻辑只能用来说明已知的东西，这种方法使人对自己并不知道的东西夸夸其谈，阻碍了科学和哲学的发展。同时，感官也是靠不住的，我们所看到的一切外界事物，可能都是假象和骗局，可能根本就不存在。

---

① 李超杰．近代西方哲学的精神．北京：商务印书馆，2011：39-40.

② 笛卡尔．第一哲学沉思集．北京：商务印书馆，1986：14.

③ 笛卡尔在《谈谈方法》中指出，哲学探求的“本原”必须满足下述两个条件：“第一个是要非常清楚，非常明显，人心一注意到它们就不能怀疑它们的真理性；另一个是要依靠它们才认识其他事物，就是说，离开其他事物能够认识它们，而不是反过来离开它们能够认识其他事物。”（笛卡尔．谈谈方法．北京：商务印书馆，2001：64.）

培根和笛卡尔为代表的近代哲学所做的思考，一方面是要获得准确无误的知识，另一方面是要在人与自然的关系中确立起人成为自然的主人或者自然的占有者的地位。他们重估了迄今为止的全部哲学体系，重新诠释了人们身处何地和去往何方的问题，秉持理性之光，逐渐形成以理性为基础的崭新哲学，致使近代哲学无论在研究内容还是研究方法上都发生了根本性的转变。

二、主体性哲学的确立

主体性思想在古希腊哲学中就已经萌芽，文艺复兴时期随着对人的关注和对人的理性探究能力的充分肯定，进一步增强了人的自我意识，到近代哲学主体性问题才被正式提出。

随着人类实践和思维能力逐步提高以及对人的理性探究能力的肯定，近代哲学调整了思考的方向。与中世纪神学时代相比，僵死的外在性权威即上帝不再是人们进行理解和判断的准绳与最高的出发点，近代哲学转向人自身，并反观人自身，开始将人的理性及思维成果当作哲学家构建理论的“阿基米德之点”。关注“主体—自我”的关系，强调主体与客体、自我意识与对象意识的区分与对立，建立起对象化的思维模式。与此同时，自然科学的急速发展使近代哲学探究知识的基础和可能性问题成为这一时期的主要任务，从而主要从认识论角度确立起了主体性哲学。

笛卡尔最先将人的自我意识放入其哲学思想的中心位置。笛卡尔在拆除了旧知识体系大厦的根基之后，开始将追求确定性知识作为自己知识体系的根基。他指出，在哲学领域一切都值得怀疑，唯独我在怀疑、我在思索这一点是不能怀疑的，“我”作为怀疑的主体是不可怀疑的，“我”正在怀疑的这一事实是毋庸置疑的，所以“我”是笛卡尔苦苦追求的阿基米德点，“我思”是一切知识可靠性的来源。知识应该具有确定性，这种确定性只能来自心灵本身，即“我”或“自我”。“凡是应当在世界上起作用的、得到确认的东西，人一定要通过自己的思想去洞察；凡是被认为确实可靠的东西，一定要通过思维去证实。”① “我”首先是一个思维主体，人的主体性确立的根据是内在于我之中的“我思”，

① 黑格尔．哲学史讲演录：第四册．贺麟，王太庆，译．北京：商务印书馆，1996：60.

这样他就把知识的确定性问题归结为主体性问题。笛卡尔试图通过对主体性的强调达到更可靠的“客观知识”或者“确定性知识”。他对“我思故我在”的论证以及由此所展开的自我意识运动成为近代哲学主体性的宣言。[①] “我思故我在”作为科学理论体系的大前提（公理）和根本原理的必要条件，为近代知识大厦的建立奠定了基础。

近代经验论的首倡者培根认为人的知识来自感觉经验，感觉表象是一切知识的起点。感官的认识通过一定的途径达到理解力的认识，感觉的产生有客观和主观两个方面，然而，不管是哪个环节都掺入了感觉主体的因素，如人是标准和尺度、人自身的性质等等，由此，感觉的主体性问题被提出来。洛克在培根这一思想的基础上，区分了物体中的性质和由物体的性质所引起的心中的观念。物体第一性的质是物体各部分的大小、形状、数目、位置、运动和静止，这是物体的根本性质；第二性的质是物体中的一种“能力”，又称为“附属性质”。由物体的性质引起了我们心中的观念都属于简单观念，它包括体积、广延、形状等（第一性的质引起的）简单观念和颜色、声音、气味等（第二性的质引起的）简单观念两种。贝克莱则认为“存在就是被感知”，即一切事物的存在就在于被感知，“具有一个观念与感知一个观念完全是一回事”[②]，“事实上，对象和感觉原是一种东西”[③]。他把感觉完全归结于主体，认为一切被人感知到的东西都依存于心灵，感觉的主体性问题至此获得了较为彻底的形式。休谟进一步主张人的认识不可能超越于知觉之外，感性知觉是认识的唯一对象。但休谟走得更远，他不仅怀疑物质实体，而且对心灵实体以及上帝也从认识论角度提出了质疑。[④]

德国古典哲学更加突出强调了主体的能动性质，并使人的主体性地位真正确立，达到了主体性哲学的巅峰时期。如康德的“人为自然立法”和“人是目的而不是手段”的观点充分体现了他的主体性思想和理性原则。他认为人是一个积极能动的主体，是一个具有理性的理论活动和道德实践活动的自律而又自由的主体，能够为自然界立法。人的理性能力在认识和实践两个领域中均具有积极的能动作用。在认识

① 高鸿. 西方近代主体性哲学的形成、发展及其困境. 理论导刊，2007（3）.
② 巴克莱. 人类知识原理. 北京：商务印书馆，1958：23.
③ 同②22.
④ 同①.

领域，理性作为“我思”的“纯粹统觉”能力，表现为先验知性范畴以及先验直观形式对认识材料的能动的综合整理，实际上是自我意识的综合统一活动。这样认识可能性的最终根据不在被构成的客体方面，而在主体的先天理性认识形式中。在实践领域，理性以自身具有的先天“道德律令”规范人的行为，告诉人们“应当”怎样去做，达到善的目的，这是实践理性为人的意志立法，理性在道德实践领域构建起自由王国。①

黑格尔指出，“自我”和“自我意识”是德国古典哲学的根基，德国古典唯心论展现了“自我意识运动的过程”。毫无疑问，德国古典哲学确实最大限度展现和发挥了主体能动性，但它是抽象地发展了人的能动性，因而不可避免地走向了反面。如康德主体性理论中的自我意识就是片面夸大了的主体性，最终脱离社会历史发展过程来看待人的主体能力，使主体活动失去了客观基础，最终不得不把上帝作为人主体能力的“先天”来源。

可见，在近代哲学中，唯理论追求知识的可靠性和确定性，认为知识的获得不能离开能动的理性主体；经验论则认为全部知识都来源于人的感觉经验，由此探讨了感觉经验所包含的主体性问题。总之，它们都围绕知识起源和有效性的问题展开，尽管各自的进路不同，但它们之间的争鸣和辩难使人作为独立主体的地位得到凸显。

三、奠基于科学与理性的哲学方法

17 世纪是方法论觉醒的世纪。文德尔班说，近代哲学的积极开端与其到具有新鲜内容的新概念中去寻找，不如到方法的反思中去寻找，正是从这种反思中产生了新的材料以及有效回答理论和实践问题的新观点。近代哲学为了摆脱经院哲学的束缚，促进新科学的发展，无论经验论者还是唯理论者，都对方法问题给予了高度关注。

一般说来，经验论主张认识来源于感觉经验，一切知识必须建立在经验的基础上，知识的真理性就在于它能够与认识对象相符合，至少可以被还原为经验，认识最有效的方法是经验的归纳方法。唯理论主张认识来源于天赋观念，知识必须建立在理性的基础上，知识的真理性在于

① 高鸿. 西方近代主体性哲学的形成、发展及其困境. 理论导刊，2007 (3).

清楚明白、无可怀疑，认识最有效的方法是从不证自明的公理出发，经过理性的演绎方法，推导出结论。

（一）近代经验论哲学方法

近代经验论者运用并发展出了经验能力和理性能力相结合的实验法与归纳法。这是一种不同于之前经验论的显著特点。例如，培根在承认认识起源于感觉经验的同时，又主张经验的取得不应当是盲目的，它应得到正确方法的指导，进而需要上升到理性认识的高度。“经验如果听其自流，只是在暗中摸索，只足以使人混乱而不能教导人。但是如果它能够按照确定的规律，循着一定的程序进行而不被打乱，那么在知识上就可以希望得到更好的东西。”① 培根既反对那种轻视理性思维作用的“经验主义者”，又反对那种看重理性思维作用而轻视感觉经验的“独断主义者”。他主张把感性认识同理性认识结合起来，不能忽视其中任何一方。“历来研究科学的人或者是经验主义者，或者是独断主义者。经验主义者好像蚂蚁，他们只是收集起来使用。理性主义者好像蜘蛛，他们从他们自身内把网子造出来。但是蜜蜂则采取一种中间的道路。他从花园和田野里面的花采集材料，但是用他自己的一种力量来改变和消化这种材料。真正的哲学工作也正像这样。因为它既不只是或不主要是依靠心智的力量，但它也不是从自然历史和机械实验中把材料收集起来，并且照原来的样子把它整个保存在记忆中。它是把这种材料加以改变和消化而保存在理智中的。因此，从这两种能力之间、即实验的和理性的能力之间的更密切和更纯粹的结合（这是从来还没有做过的），我们是可以希望得到很多的东西的。”② 他把那些既重视感觉经验的作用，又重视理性思维作用的人，称为“真正的哲学工作者”，又比喻为“蜜蜂”。培根认为只有把感性认识能力与理性认识能力，即“经验能力与理性能力”更密切结合起来，才可以得到很多可靠的东西。

如何实现这种经验能力与理性能力的结合？培根提出的具体办法是实验观察法与归纳法。培根认为只有通过精心设计和安排的实验，才能揭开自然界的奥秘。实验的进行主要属于运用“经验能力”的问题，这

---

① 北京大学哲学系外国哲学史教研室．十六—十八世纪西欧各国哲学．北京：商务印书馆，1975：43.

② 同①40-41.

是全部工作的基础。在这之后则要运用理性能力通过“三表法”[①] 对实验得来的材料进行分析整理，做好归纳的准备工作。科学归纳法不是简单的枚举归纳法，因为它不仅包含“具有表”，而且包含“缺乏表”，“它用适当的拒绝和排斥的方法来分析自然，然后，在得到足够数目的消极例证之后，再根据积极例证来做出结论”[②]。在通过“三表法”获取足够的特殊事实之后，归纳法并不急于跳到遥远的乃至最高的普遍原则上去，“从特殊的事例上升到较低的公理，然后上升到一个比一个高的中间公理，最后上升到最普遍的公理”[③]。普遍真理的获得有一个循序渐进的过程，只有经过上述严格的过程检验，最后才能引出科学的结论。

洛克是英国经验论的重要代表，但他不是一个狭隘的经验论者，他的观念论和知识论都始终贯穿着重要的理性主义者的主题。洛克反对天赋观念论，他认为没有什么命题存在于心灵之中却从来也没有被心灵所知悉和意识到。我们的一切观念无一例外地都是通过某种经验而给予我们的。洛克认为，知识是被限定在观念（ideas）上的，而观念是由我们所经验的对象所产生出来的。每个人的心灵在一开始都像一张白纸，随后只有经验能够在它上面写下知识。在他看来，一切知识来源于经验，不过，他将经验分为对外的感觉（外感觉）[④] 和对内的反省（内感觉）[⑤] 两个类型，我们思维的全部材料即观念都从此二者而来。

（二）近代唯理论哲学方法

唯理论者则通过先验演绎发展出了演绎法。

笛卡尔坚持统一的科学观，所有科学门类都统一于哲学之中。他把

---

① 这是指培根提出的三种例证表：一是“本质和具有表”（the table of presence）；二是“差异表”或“接近中的缺乏表”（the table of absence）；三是“程度表”或“比较表”（the table of comparison）。

② 北京大学哲学系外国哲学史教研室．十六—十八世纪西欧各国哲学．北京：商务印书馆，1975：45.

③ 同②44.

④ 我们的感官在受到外部事物的刺激时，将对于事物的知觉传达到心灵里，于是我们就得到了关于外部事物的形状、运动、色、声、味以及一切可感性质的观念。我们的观念的大部分导源于感觉，即由外感觉传入心灵之中的知觉。

⑤ 在运用理智考察它所获得的那些观念时，我们还知觉到自己有各种心理活动。当心灵反省这些活动时，它们便提供给我们另一类观念，这些观念是不可能从外部获得的。这类观念有：知觉、思想、怀疑、信仰、推论、认识、意欲以及心灵的一切作用。

哲学比作一棵大树，树根是形而上学，树干是物理学（自然哲学），树枝是医学、力学、伦理学等应用学科。他说：我们不是从树根、树干，而是从枝梢采集果实的，因此，哲学的主要功用乃是在于其各部分的分别功用，而这种功用，是我们最后才能学到的。① 笛卡尔以理性演绎的四条基本原则为方法论前提，通过直观推论有效论证了三大实体的存在，建构了比较典型的几何学哲学体系。笛卡尔认为，在古希腊无论是柏拉图还是亚里士多德关于本原问题采用的方法实质上只是假设法，把一个自己并不完全了解的东西设定为本原；经院哲学的逻辑即三段论只能用来说明已知的东西，甚至使人对自己并不知道的东西夸夸其谈。总之，以往的方法阻碍了哲学和科学的发展，他试图用演绎的方法构建人类的知识体系。

笛卡尔认为重建哲学的基础，关键在于科学的方法。只要初始原理是真实可靠的，整个知识体系也一定是真实可靠的。演绎法建构人类知识体系，首先应确定一个得以演绎的清楚明白、确凿无疑的初始原理。科学方法是普遍适用的一般方法，哲学首先要研究科学方法，但数学家却没有对数学的方法进行反思，对它的反思是哲学家的任务。按照先分析后综合的顺序，笛卡尔建立起了四条方法论的规则：第一，决不接受我没有确定为真的东西；第二，把每一个考察的难题分析为细小部分，直到可以适当地、圆满解决的程度为止；第三，按照顺序，从最简单、最容易认识的对象开始，一点一点地上升到对复杂对象的认识；第四，把一切情况尽量地列举出来。② 任何体系的建构都源于概念，概念是一切知识的起点；作为起点的概念必须清楚明白。哲学必须从一个清楚明白、无可置疑的基本原理出发，运用理性推演才能获得确定性的知识，重建知识体系的大厦。

在唯理论者看来，理性是正确方法的关键，理性的典范就是数学。笛卡尔就把数学的一般特征即度量和顺序引入哲学。笛卡尔认为可从少数清楚明白的基本原理出发，演绎出全部知识内容。哲学研究可以通过概念的比较，把握不同对象之间在性质和程度上的相似和差异。同样，

---

① The Meditations and Selections from the Principles of Rene Descartes. trans. by J. Veitch. Open Court，La Salle，1948：119-120.

② 北京大学哲学系外国哲学史教研室．西方哲学原著选读：上卷．北京：商务印书馆，1981：364.

形而上学不能直接诉诸无限的终结原因，需要找到一个确定无疑的简单的出发点，寻找确定的第一原则，然后再运用综合，从第一原则推导出确定的结论，由此建构出关于原因和结果的知识。① 斯宾诺莎进一步系统化了笛卡尔的方法论，他认为，要获得确定的知识，必须遵循几何学的方法。他本人就是严格按照几何学方法（geometric method）探讨哲学问题的，可以说，他的哲学就是哲学几何。他生前用自己名字出版的唯一著作是《笛卡尔哲学原理》，书中对笛卡尔哲学原理的讲述完全是以几何学的方式进行的。《伦理学》更是以欧几里得的几何学方式来书写的，他把人的理智、心灵、情感乃至神本身都当作几何学上的点、线、面一样来研究，一开始给出一组公则，从中引出命题、证明、推论以及解释。他认为，一切事情皆可证明，我们的理性能力能够形成清楚明白的观念，而这些观念能够为我们提供实在的真实画面，因为观念的次序和联系与事物的次序和联系是相同的。

康德在前批判时期经历了从唯理论到批判唯理论的转变。他接受了唯理论把“天赋理性”置于经验之先和之上的基本立场，并受到牛顿物理学的影响，也充分吸收了经验论对传统形而上学和唯理论的批判。为此，他区分了“先验”与“超验”，指出先验是在经验内决定经验的先决条件，而非与经验分离，超验的物自体不是知识的对象，也不是先验哲学的研究对象。康德指出，传统形而上学面临的哲学危机究其根源在于：第一，传统形而上学企图超越经验，这是不合法的；第二，经验论对形而上学的怀疑有一定道理，但不能克服形而上学的独断论；第三，形而上学缺乏普遍性和必然性，亦即科学性，其性质决定了它“完全不受经验教导，而且完全依靠单纯的概念”，致使其陷入不息的纷争。数学和物理学之所以成为一门科学，是因为它们各自实现了一场根本性变革，即把从客观②到主观③的思想路线转变为从主观到客观。康德要实现哲学领域的彻底变革，他设想将人的直观能力先置于直观对象，决定了人所能够直观到的内容；并且，人借助概念对直观内容做出进一步的判断，形成经验知识。

先验演绎方法（transcendental method）是康德、费希特、谢林以

① 赵敦华. 西方哲学简史. 北京：北京大学出版社，2001：254-255.
② “客观”在这里指科学研究的对象。
③ “主观”在这里指科学研究的概念和原则。

及黑格尔重建知识体系的根本方法。这种方法从一般经验的本性前进到使之得以可能的必要条件，经验的先验结构不限于特殊的经验，而是对所有经验都是普遍必然的。例如，康德论证说，如果我们能做出关于经验的空间判断，其先验条件就是我们有对经验进行空间结构化的心灵。如果我们能做出因果判断，一定是因为我们有能够用因果秩序来组织经验的心灵。我们的经验总是有限的，任何未来经验都总是可能与我们最珍视的信念相矛盾。费希特延续了康德的先验演绎方法，但是他认为以先验方法建构的先验哲学必须以第一原则为全部体系的出发点和一以贯之的基础，他抛弃了康德“物自体”概念，认为意识之外的客体“是一种虚构，完全没有实在性”①。另外，他指出康德的先验方法前提下经验论和唯理论的调和路线不可行，因为哲学要回答的根本问题是意识与对象的关系：一种是从意识到对象，一种是从对象到意识，前者走向唯心论，后者走向独断论，两条路线不可能调和或折中。谢林也认为，所有客观东西的总体是自然，所有主观东西的总体是自我或理智，哲学的任务就在于说明二者的会合活动。这种会合可以通过两种方式发生：使客观的东西成为第一位的，从客观的东西中引出主观的东西，表明自然是与理智同一的，客体就是主体，这是自然科学和自然哲学的方法；使主观的东西成为第一位的，从主观的东西引出客观的东西，说明理智或自我的实在性，说明自我同自然具有同一性，主体就是客体，这是先验哲学的方法。

（三）近代哲学与近代知识体系的关系

经验论者，从培根开始，就试图通过经验来说明科学知识，然而休谟以强有力的论证证明了，建立在经验基础上的一切知识都只能是或然的知识。从笛卡尔开始，唯理论者则试图从理性所固有的一些不证自明、无可置疑的基本原则出发，推演出全部的人类知识，使之成为一个严密的科学体系。然而休谟的不可知论却表明，虽然的确存在普遍必然的知识，但是这类知识只局限在观念的范围之内，与广阔的外部世界没有关系。经验论者和唯理论者都留下了难以自圆其说的理论难点，但他们围绕知识何以生成、如何有效等问题展开的长久争论，最终促成了近代知识体系的成型。

---

① 北京大学哲学系外国哲学史教研室．西方哲学原著选读：上卷．北京：商务印书馆，1981：324.

洛克认为，人心是在不同的途径下知觉观念的，因此，知识可以分为不同的等级，即直觉的（intuitive）知识[①]、证明的（demonstrative）知识[②]和感觉的（sensitive）知识[③]。直觉的知识是人类脆弱的能力所能得到的最清楚、最可靠的知识，全部知识的可靠性和明确性都依靠这种直觉。证明的知识需要其他观念的引入才能证明两个观念的契合或矛盾，最终必须通过直觉的知识来发现。数学知识属于证明的知识。感觉的知识不能完全达到直觉的知识和证明的知识的确定程度，因为只有观念与观念之间的关系才能构成真正的知识。洛克指出，我们的知识扩展到多远取决于我们的观念能走多远，三种知识各自有自身的局限性，因而人类知识具有不可避免的有限性，但是人类知识的有限性并不损于人类的尊严，只要我们把自己的心思精力致力于真理的寻求，我们的知识就会不断进步。

斯宾诺莎曾提出了知识的四个等级。第一类是传闻之知，即“由传闻或者由某种任意提出的名称或符号得来的知识”[④]。第二类是经验之知，即“由泛泛的经验得来的知识，亦即由未为理智所规定的经验得来的知识。所以称它为由泛泛的经验得来的知识，是因为偶然有一件事发生，而我们并无别的相反的经验来推翻它，于是这个观念便留在我们心中，不可动摇了”[⑤]。第三类是推理之知，即“由于一件事物的本质从另一件事物推出——但这种推论并不必然正确——而得来的知识”[⑥]。第四类是直观之知，即“纯粹从一件事物的本质来考察一件事物或者纯粹从对于它的最近因的认识而得来的知识”[⑦]。直观知识可以把握全体，明了部分在整体中的地位，因而是最高的知识。在斯宾诺莎看来，前两类知识是错误的原因，后两类知识则是必然真实的，可以教导我们辨别

① 直觉的知识即心灵直接从两个观念本身，不必插入任何别的观念，就觉察到这两个观念的符合或不符合的知识，它是知识的第一个等级。

② 证明的知识即心灵不能直接把两个观念放在一起加以比较，而是必须通过插入另一个或另几个观念，来发现其符合或不符合的知识，它是知识的第二个等级。

③ 感觉的知识即关于特殊外物的存在的知识，指观念与外物之间的契合或矛盾，它是知识的第三个等级。

④ 北京大学哲学系外国哲学史教研室．西方哲学原著选读：上卷．北京：商务印书馆，1981：406.

⑤ 同④.

⑥ 同④.

⑦ 同④.

真理与错误。

休谟认为人类理智的对象可以自然地分为两种，这就是“观念的关系”和“实际的事情”，据此，知识也分为两类：一类是关于观念的知识，一类是关于事实的知识。“关于观念的知识”只凭借思想的作用就能将它发挥出来，不以存在于宇宙中的具体事物为依据，只要它们与自身相符就是真理，是“必然的知识”。“关于事实的知识”建立在经验的基础上，各种事实的反面仍然是可能不断产生的，因而是“或然的知识”。要保证“关于事实的知识”是真的，就必须建立在因果关系的基础上，因果关系被人们看作普遍必然的自然规律，是能够得出“关于观念的知识”的，物理学的知识即是如此。休谟认为或然的归纳推理在逻辑上是得不到证明的，相对的、个别的、偶然的经验不管重复多少次依然是相对的、个别的和偶然的，不可能从中发现必然性。当我们经常性地经验到事件 A 之后总有事件 B 相随时，这就使我们对事件 A 的经验与对事件 B 的经验之间产生了某种习惯性的联想，这促使我们将未来出现的一连串事件与过去出现的事件自然联系起来，这就是所谓“必然联系”观念的来源。① 这种习惯正是因果观念的基础。总之，就经验的限度而论，因果关系并不是具有客观性的必然联系，而是思想中的习惯性联想的结果。② 不仅如此，休谟把一切观念都归结为印象，最基础的是感觉印象，对于感觉印象是从哪里得来的问题，休谟持存疑的态度，认为我们不可能知道感觉究竟从何而来。我们只要不去追问感觉的来源问题，能够合理地解释感觉经验就足够了。这就是休谟的不可知论最核心的观点。

康德的先天综合判断的学说试图折中唯理论和经验论。为了避免经验论的怀疑主义和唯理论的独断主义这两种极端倾向，康德提出了先天综合判断，他明确地把“先天”定义为“普遍必然性”，因为有了普遍必然性的命题才能成为经验的前提。作为经验知识的普遍必然性的前提，先天综合判断可以分为三类：一是数学命题，二是自然科学的基本命题，三是形而上学的命题。③ 在形而上学命题方面，传统的形而上学

---

① 张志伟. 西方哲学史. 北京：中国人民大学出版社，2002：464.

② 休谟相信，心灵的作用正是通过联想自由地对观念进行组合或分解，由此形成复合观念和知识。

③ 赵敦华. 西方哲学史. 北京：北京大学出版社，2001：369.

命题在先天和综合这两个方面都符合先天综合判断的特征，问题在于，它们没有扩展人类的知识，也不能为知识提供可靠的基础。康德对形而上学的既批判又建设的双重态度，目的是想把形而上学改造成一门科学，为人类的知识和一切理性活动提供坚实的基础。

费希特将康德的思想系统化，使其思想具有严格的科学形式，并创造了一个知识学体系。知识学（Wissenschaftslehre）是费希特创造的一个词，表示自己的理论体系不同于一般意义上所说的哲学，是“科学的科学”，“知识的知识”。他关心的不是事实，而是事实的根据；不是知识的实际内容，而是知识的合法性，哲学的任务是说明一切经验的根据。他认为一个严密的科学体系必须是以一个明确无误、不证自明的最高原理，按其内在的必然性而推演出来的有机系统，因此，此原理即为全部知识体系的出发点和一以贯之的基础。由于自我是自我意识中唯一确定的东西，也就成为其全部知识体系的出发点，并在此基础上制定了知识学的基本原理。

黑格尔是一个体系性的哲学家，他认为不成体系的哲学就谈不上科学。《精神现象学》是其体系的雏形，他的全部哲学包括四个部分：精神现象学、逻辑学、自然哲学和精神哲学。黑格尔强调这几类哲学的研究对象都是理念，没有实质性区别，只不过不同的哲学部门研究理念的状态不同。黑格尔指出，“哲学的每一部分都是一个哲学全体，一个自身完整的圆圈。但哲学的理念在每一部分里只表达出一个特殊的规定性或因素。每个单一的圆圈，因它自身也是整体，就要打破它的特殊因素所给它的限制，从而建立一个较大的圆圈。因此全体便有如许多圆圈所构成的大圆圈。这里面每一圆圈都是一个必然的环节，这些特殊因素的体系构成了整个理念，理念也同样表现在每一个别环节之中”①。黑格尔强调的是抽象的思维、理性的设定，人也是作为一个理性抽象的存在，周围的世界充满的是概念、逻辑和反思，一切都在逻辑的抽象思维的安排之下进行。

近代著名哲学家们围绕着知识的根据与来源、知识的种类、真理的标准以及知识建构的方法等提出诸多观点，精彩纷呈、前后相继，知识体系在发展中逐渐完善，直至黑格尔完整建构。虽然黑格尔的知识体系

---

① 黑格尔．小逻辑．贺麟，译．北京：商务印书馆，1980：60.

也受到一些思想家的批判，但不可否认，黑格尔重新建构的知识体系是最宏大的，也是最完整的。

我们应当承认，近代哲学的主要建树是对新科学的迎合与推进，它的理性主义特征为近代自然科学精神鸣锣开道。在近代西方哲学中，很多哲学家都进行了积极的探索，科学的观念和思维方式深深渗透于哲学思想之中，对科学理性高度推崇，在哲学领域也出现了理性至上的倾向，理性主义大行其道，在理性主义的基础上建构起了近代的知识体系大厦。近代哲学家们也逐步认识到，似乎没有办法可以产生普遍一致性的意见和毋庸置疑的真理，因此，寻找科学的研究方法仍然是 20 世纪的主题。与此同时，哲学也受到了排挤、冷落，一度被边缘化。

第三节　哲学的边缘化

近代西方哲学在取得了一系列伟大成就以后，在一定意义上仿佛又回到了原来的出发点上。它在否定了批判的对象后，自己面临被否定的局面。它失去了文艺复兴时期唤起人的觉醒、维护人的自由与尊严、推动人的全面发展的精神面貌，这意味着近代哲学走到了尽头，西方哲学即将面临新的转向，这一转向就是现代哲学对近代哲学的超越和取代。黑格尔是近代哲学中最后一个建立起庞大知识体系的人，之后的一段时间，随着知识的分化，各个新学科的产生，哲学也逐渐演变为抽象、空洞、虚化的形而上的知识，蜕变为学院哲学，逐渐被日新月异的社会生活边缘化。近现代之交的哲学之所以走向边缘化，原因是多方面的，例如主体性哲学导致的唯我论；受科学方法尤其是数学方法的影响导致近代哲学对确定性的追求以及主客对立的思维图式；由此产生的对价值问题的忽视并最终导致了知识与价值的分离；等等。

一、主体性哲学导致的唯我论

近代哲学确立了主体性哲学，在肯定并发扬人的主体地位和人类理性的力量之路上一以贯之。其实，近代主体性哲学所主张的主体性实为一种抽象的主体性，或者可以被称为“纯粹的理性存在物”。从培根的“知识就是力量”到康德的“人为自然立法”，再到黑格尔的“人具有无限价值”，人完全取代了上帝的地位，成为认识自然、征服自然的理性主体和包容一切的自由主体。近代哲学对主体性的张扬，初期把人们从中世纪的宗教桎梏中解放出来，具有积极的意义，但其最终又给人类建立了一个绝对精神的权威，走向了理性的桎梏而难以自拔。

近代哲学极大展现了科学和人类理性的力量，在认识领域，人是哲学思维的主体，这种主体是一种单一主体，如笛卡尔的“我思故我在”中的“我”、费希特“绝对自我”中的“我”、黑格尔“自我意识”中的“我”等等，这些“我”都是单一主体。例如，谢林就是以“我在”或者自我意识作为知识体系建构的阿基米德点，将先验的“我”“我在”视为知识体系的出发点。他指出，“全部哲学的最高原则就是纯粹的、绝对的自我，也就是那个不但没有完全被客体所限制，而且是通过自由而被树立起来的自我，单纯的自我”①。他认为，理论哲学肯定了现实世界对表象的统治，实践哲学则强调思想对感性世界的统治，于是，我们陷入一种矛盾之中，“我们要有理论的确实性，就得失去实践的确实性，要有实践的确实性，就得丧失理论的确实性；在我们的认识中存在着真理性而同时又在我们的意志中存在着实在性，这是不可能的”②。谢林提出了艺术哲学，他相信艺术哲学可以解决理论哲学和实践哲学不能解决的矛盾，因为它是一种更高的哲学，它可以成为联结二者的中间环节。艺术哲学还是哲学的工具总论和整个大厦的拱顶石，它既非理论的也非实践的，既是理论的又是实践的。

西方近代哲学从笛卡尔的“我思”到黑格尔的“绝对精神”，其中贯穿了一条试图在主体之内超越唯我主义的逻辑线索。这种单一主体实际上严重忽视了人与人之间的多样性、差异性和丰富性，而且它不具有伸展性，无法回应社会交往和公共生活领域中“我”与“我们”的关系如何构建的问题，因为原子式的“我”与“他人”之间不可逾越，最后只能通过抽象直观的“我”来解决这一问题，即先验假定的“我”、代表人类的“我”。这种单一主体的“我”直接导致了唯我论的产生。

其实，为摆脱唯我论的困境很多近现代西方哲学家都进行了不懈的努力。笛卡尔为了避免其建立在“我思”基础上的整个知识论大厦的“唯我论”倾向，尝试借助于论证上帝存在而保证“我思”的知识的客

① 黑格尔．黑格尔通信百封．苗力田，译．上海：上海人民出版社，1981：41.
② 谢林．先验唯心论体系．梁志学，石泉，译．北京：商务印书馆，1997：14.

观有效性和普遍必然性；贝克莱同样希望借助上帝走出“存在就是被感知”带来的“唯我论”困境，他指出没有被“我”所感知的东西之所以存在是因为它被上帝所感知；康德也曾试图通过对经验自我和先验自我的区别，把先验自我作为认识的普遍必然性的根据。①

不仅如此，“唯我论”在实践领域也处处掣肘，特别是在处理人与自然、人与社会关系的问题上，容易陷入片面强调人类主体的中心地位，导致极端的人类中心论的结论。这种观点认为人类是宇宙间万事万物的目的，人类的利益具有至高无上的地位，由于一味地强调人类对自然的征服、占有与夺取，忽视了人与自然、社会的相互制约关系，最终致使人类赖以生存和发展的基础遭到破坏，阻碍人类的进一步发展。

人类的主体理性在这样的唯我论哲学之中得到无限扩展、膨胀，集结众力去征服自然、掠夺自然，现代社会所面临的自然环境、生态环境在其思想根源上的破坏都是基于自近代延续下来的“人类中心论”理念给世界带来的观念错误和认识偏差。这种主体性思维扩展到人与社会关系的领域之中所带来的结果就是“人心为外物所奴役”，过度追求外物，把人类生存的手段和工具倒置成为人追求的目标，造成人的异化，形成单向度的人，进而造成了人与社会关系的破坏。片面人类中心论所带来的一系列全球性问题，至今仍对人类的生存与生活产生负面影响，应当引起人们的高度警觉。

二、确定性追求与主客对立的思维图式

近代科学的发展和进步不仅树立了理性的权威，而且为哲学提供了思想材料和内容，为哲学解释和说明自然奠定了坚实的基础。人们从此不再用神学的视角而是用科学的目光看待自然，不再用神学的话语体系而是用科学的语言及其逻辑解释自然。然而，随着近代科学的发展和科学认识水平的提高，科学方法的不断渗透，哲学的思维图式也日益受到科学学科的深刻影响，哲学的发展呈现出多方面借鉴自然科学方法的态势。

例如，笛卡尔最关心的是理智的确定性问题，他决定“不再过于相信我仅仅通过榜样和习惯所确信的任何东西”，并且把真知识的体系唯

① 高鸿．西方近代主体性哲学的形成、发展及其困境．理论导刊，2007（3）．

一地建构在人的理性能力之上。斯宾诺莎、莱布尼茨试图给哲学以数学的精确性，他们强调人的心灵的理性能力，把这种能力看作既是有关人的本性的，也是有关世界的真理的源泉，他们相信遵循适当的方法，就可以发现宇宙的本质。他们企图制定能够组织进入一个真理系统中去的清晰的理性原则，能够从中推演出有关世界的精确信息。黑格尔曾经说过："这种知识的普遍性，一方面，既不带有普遍常识所有的那种常见的不确定性和贫乏性，而是形成了的和完满的知识，另一方面，又不是因天才的懒惰和自负而趋于败坏的理性天赋所具有的那种不常见的普遍性，而是已经发展到本来形式的真理，这种真理能够成为一切自觉的理性的财产。"① 黑格尔所要实现的知识普遍性，实际上就是理性的普遍性，他在思维图式上同样以科学的确定性为样板追求类似的真理确定性。

17 世纪到 18 世纪的欧洲哲学中的经验论和唯理论都肯定了理性的作用，在此前提下，它们事实上也就区分出了理性和非理性的两个完全不同的部分。笛卡尔发动的哲学革命使近代哲学从神学信仰转向了理性，并形成了理性主义思潮，运用理性演绎法建立起知识论体系；培根等人提倡的经验论同样尊重和颂扬人的理性，发展并运用了将经验能力和理性能力相结合的实验法与归纳法。这种理性主义思潮发展到休谟那里逐渐暴露出理性独断、理性与感性二分、主观与客观对立的趋势。

当近代哲学家运用理性去建立其认识论时，通常会预先假定认识的过程就是认识者（主体）通过理性的不同形式（感知、直观、推理、反思等等）去把握与其不同并处于其外的认识对象（客体），这是将主客、心物等的分离为前提，主客体的这种分离是认识得以进行并取得进展的必要条件。由此，近代哲学暴露出了自身严重的缺陷和矛盾，那就是对理性的倡导走向了极端并最终变成了对理性的迷信，理性与感性或者说主观与客观的对立将认识变成了理性或主观对感性或客观的全面胜利。理性万能取代上帝万能导致了理性的独断：用理性主义精神构建的哲学体系往往变成了凌驾于科学和现实生活之上的思辨形而上学体系。近代哲学虽然以理性思维克服了古代哲学的素朴性和直观性，然而又忽视了

① 黑格尔．精神现象学：上卷．贺麟，王玖兴，译．北京：商务印书馆，1979：48.

主客、心物二者之间的内在联系与相互转化，形成二元对立的思维方式。①

西方近代哲学的二元论倾向不仅表现在主客关系、心物关系、思存关系等哲学基本问题上，也表现在解决感性和理性、理性和非理性、理论理性和实践理性等广义的与人类理性相关的各种形态的问题上，并由此遇到了一系列无法克服的困难。许多哲学家都企图制定严密完整的人类知识理论体系，尽可能涵盖全部的经验（事实）知识和具有普遍性与必然性的理性知识。然而，由于他们把这两种知识分割开来，看不到它们之间的相互依存和转化的联系，既无法理解经验知识中可能包含的具有普遍和必然意义的内容，也无法解释具有普遍性和必然性的理性知识的经验来源，以致往往虽从肯定人的认识能力开始，却以贬低甚至否定这种能力告终。②

康德所建构的宏伟的知识体系看似结束了经验论与唯理论的纷争，其在寻求确定性的过程中已由以往的绝对确定性转化为相对确定性，认识的重心从外在的客观对象转向认识主体，强调人的先天认识形式的决定性影响，提出“人为自然立法”的命题，但实际上并没有这么乐观。康德同样也犯了近代哲学家们共同的错误，那就是预先将理性与感性、认识的主体与认识的对象截然二分，然后再在形而上学的架构中将二者关联起来，但此时的二者已经是没有生命、各自不相干的孤立对象。

其实，近代很多思想家也期望实现主客的统一。例如，经验主义者从客观性出发，试图通过感性与理性相统一的途径来解决主客统一问题。经验主义者认为，物质世界可以为人的感觉所感知，感觉是沟通物质世界和精神世界的桥梁，但同时，又指出经验是知识的唯一来源。如果思想中的一切都是从外部或内部的感觉而来，那么，在感觉之外还有没有与感觉相异的物质实体和精神实体？如果后者是不明确的甚至是不可知的，那么就不难理解，经验论最终并不能给出合理的说明，并可能陷入相对主义和怀疑主义的境地。同样，虽然理性主义能够保证知识的必然性、普遍性，但却推不出知识的客观性，要么武断认定二者天然统

① 所谓二元对立的思维方式，就是指割裂诸如一与多、变与不变、个别与一般、现象与本质、经验与理论、认识与对象等等之间的联系，各执一端，非此即彼，相互贬低、否定对方的思维形式、习惯和定式。

② 刘放桐. 超越近代哲学的视野. 江苏社会科学，2000 (6).

一，要么求助于上帝、“前定和谐”及“绝对理念”等。总之，在主客二分的思维模式下，经验主义和理性主义很难回答主客统一的问题，也无法给出根本的解决之策。

三、知识与价值的分离

近代哲学受自然科学尤其是数学方法的影响，极力追求知识的确定性。这一方面规范了近代哲学表达形式，提升了近代哲学的理论深度，另一方面却使近代哲学过于强调哲学研究方法的逻辑而在认识论体系和框架内无限延伸，最终导致了知识与价值的分离，价值的是非问题被知识的正误问题所遮蔽而被严重忽视。

近代之前，哲学家们是从沉思、直观、体验和信仰等多个层面来论证上帝存在和灵魂不朽的，这些研究方法当然不能得到所有人的信服，至少那些没有任何信仰的人不会相信上帝的存在，也不会认同灵魂的不巧，哲学的理性辩思并没有弥合信仰者和非信仰者之间的严重分歧，结果依然是信仰者恒信、不信仰者恒不信，哲学的思想解放、启蒙觉解并未得到很好的体现。笛卡尔认为这主要根源于方法的问题，只有通过有效的方法，或者说“哲学的理由”来证明，才能获得普遍认同。笛卡尔的主要目的就是让人服从于理性的权威，其中同时也包含了内在的道德目的（杜绝恶行），因此，笛卡尔对上帝存在的证明蕴含着知识与价值两个维度。上帝作为完满性的存在，是由“自我”心中具有的清楚明白的完满性观念推导出来的，上帝是不能证明它自身的存在的；同样，物质世界的存在在“自我”心中也是一个“清楚明白”的观念，但它的存在却需要上帝作为名义上的担保，才能得到辩护。这就使有关上帝存在的证明陷入所谓的“笛卡尔循环”的困境之中。在这个困境中，对于上帝存在的证明和对于物质世界存在的证明展现为一个循环反复的过程，形成了一个需要彼此互为前提才能给予证明的问题。①

人们曾经一直都认为这个困境属于哲学方法逻辑的问题，只要从认识论上分辨明确就可以解决了。因此，很多哲学家在笛卡尔之后仍然停留在认识论的体系和框架之内来思考这个问题，他们往往忽视了价值论取向，对价值维度的关注被有意识地遮蔽了。例如，笛卡尔运用数学方

① 曾裕华．知识与价值之间的内在一致——近代哲学认识论的批判性考察．学术月刊，2013（10）.

法改造哲学，运用数学方法将各个学科部门统一起来建构“知识之树”，甚至上帝的价值存在也被视为知识问题的附属部分，他期望哲学具有如数学知识一样的确定性。但是关于政治道德等方面的知识只具有或然性，无法经由数学方法的构造而成为确定的知识，把数学方法贯彻到政治道德领域，实际上是把价值问题化约为知识问题。

近代哲学发展很大程度上也受到了近代自然科学研究深化所带来的知识分工的影响，从而近代哲学也呈现出将整个哲学领域区分成多个局部或过程进行分门别类的研究的景象，每一个局部或过程的研究都以成为数学那样的科学为标准来设置哲学问题或展开哲学研究。这样的哲学研究对促进人们深入认识自然界、促使人在与自然的关系中取得更大主动性等都有积极的作用，但也不可避免地造成了认识主体与其对象（主、客）的分离以及把认识绝对化的思维取向。这正是造成近代哲学存在上述种种缺陷的重要原因。

一般而言，近代思想界通常鼓励科学研究，重视科学教育，主张科学与经验相结合，高度推崇数学等自然科学知识，与之相应，近代哲学也力主运用理性和科学作为思想武器，并基于二者相结合形成的哲学方法反对盲目信仰、蒙昧主义，这就使裹挟其中的科学理性及其工具理性也深入人心。这深刻影响了西方社会工业文明的发展进程，在很长一段时间内造成了对个体的心理、欲求及多样的个性等内容的严重忽视。在哲学领域这些问题的负面性也曾经受到主流思想倾向的漠视，难以进入哲学话语体系，知识与价值的长久分离导致了社会普遍价值和个体生命价值问题的搁置，这也成为酿成近现代时期西方社会各种问题的渊薮之一。

我们可以将近代哲学与自然科学之间的关系概括为：自然科学的发展为理性的发展与能力的展现提供了现实的土壤，人类理性能力在自然科学领域得到了增强；自然科学的极度发展需要哲学对其进行阶段性总结和概括，需要哲学提供认识论和方法论的支持；近代哲学建构的知识体系也受到自然科学的影响，处处带有自然科学的烙印，最终由黑格尔在一定程度上完成了使哲学变成科学的理想。近代哲学推翻了以往的知识体系，建构了新的哲学体系，其创新性主要体现在：通过科学理论制定严格的科学方法以寻求知识的确定性，以及建构一个能把所有问题都纳入理性之中的准科学式哲学体系。

迈入现代的门槛之际，近代西方哲学的终结并非某个特殊的哲学流派或某种特殊的哲学理论的终结，而是整个这一时代所特有的哲学思维方式的转型。促使近代西方哲学走向终结的思想文化根源涉及诸多方面，哲学发展本身的内在矛盾无疑是重要方面之一，即近代哲学中的二元分立和理性独断等弊病，之后叔本华、克尔凯郭尔、尼采等早期现代哲学家通过超越近代哲学思维方式，开创了现代哲学思维方式。

众所周知，西方哲学自诞生以来，共经历了两次研究主题方面的重大转换，也即“哲学转向”。第一次哲学转向是从古代哲学的本体论到近代哲学的认识论转向，即从古代哲学片面追求世界统一性的本体论转向了“人的认识何以可能”的问题，关注并反省人类认识活动，出现了认识论反思。17 世纪笛卡尔发动的哲学革命使哲学从中世纪的神学信仰转向了理性，一直发展到黑格尔用理性主义精神建构的完全凌驾于科学和现实生活之上的思辨的形而上学体系，理性万能却导致了与理性精神相悖的独断论和怀疑论。近代哲学遭遇了其自身的困境。

第二次哲学转向是从近代哲学的认识论到现代哲学的语言学转向。对语言意义的分析和理解以及意义问题成为现代哲学研究的切入点，语言问题取代了传统的意识问题，对语言的先验批判取代了对意识的先验批判。然而，语言转向并不是摆脱近代认识论困境的唯一路径。美国哲学家罗蒂认为，语言转向只不过用“语言”取代了“心”，它并没有改变传统哲学的本质。现代哲学的转向不仅仅是语言转向这一条路径，实用主义哲学、生命哲学、非理性哲学、分析哲学、现象哲学等都昭示了其他可能的探索路径，应用哲学在西方的兴起也是此种努力的后果之一。

一度出现的哲学的降格促使很多哲学家对近代哲学进行了批判性反思，哲学应该回归人本身、生命本身、生活本身，在关注人的理性的同时，人的非理性的情感、生命、价值等同样至关重要，这样，现代哲学家又以生命哲学、现象学、分析哲学、文化哲学等多元应用哲学形态重新夺回了失去的领地，成功完成了哲学的逆袭。许多哲学家开始更多关注生活世界和人的现实处境，频繁介入其他具体学科，通过揭示其他事物以及多个事物的内在联系对它们进行系统的、整体性的研究。细胞学说、能量守恒和转化定律、生物进化论以及其他重要科学发现都突破了原有的科学研究模式的界限。在这种情况下，哲学上的形而上学思维方式也必然要被新的思维方式所取代。总之，应用哲学是在传统哲学无法回答现代社会问题而逐渐衰落的过程中出现的，应用哲学为了重新确立哲学的位置，在彰显哲学对世人的引领作用的同时深入特定领域彰显实践理性，从而实现了哲学的自我发展与创新。

第三章　现代哲学的逆袭

传统西方哲学尤其是近代以来的传统西方哲学，一方面对认识论给予极大关注，同时也继承了古典形而上学的传统，追求超验的精神实体，相应地，较少关注现实社会和个体生命，这导致了哲学最终失去在指导生活方面的话语权。国内学者一般都将黑格尔去世看作现代西方哲学[①]的开始。[②] 例如，19 世纪中期，英法哲学均处于萧条和停滞状态，再没出现可与 17、18 世纪近代哲学相比的风华。德国哲学领域也很不景气，德国尽管仍然有不少人热衷于建立自己独特的哲学体系，但大都由各种陈旧哲学的不同成分杂凑而成，没有创新，影响不大，不能从根

---

① 在本书中，我们对近代西方哲学和现代西方哲学做出了如下区分：自文艺复兴始，从笛卡尔到黑格尔为近代西方哲学；以孔德、穆勒、斯宾塞为代表的实证主义以及叔本华、克尔凯郭尔为代表的非理性主义转向则被划入现代西方哲学之中。

② 为什么这样划分？国内的不同学者基于各自的立场给出了不同的理由。较早的一种观点认为：黑格尔去世之后，西方哲学走向了没落，再也不可能产生积极进步的成果了。此后，只有与黑格尔去世同时产生的马克思主义哲学才是唯一进步的哲学。晚近的一种观点则认为：黑格尔是近代西方哲学，乃至整个传统西方哲学的集大成者。黑格尔以后西方哲学发生了重大转折，西方哲学的发展进入一个全新的阶段，开启了现代西方哲学的阶段。此外，学者张汝伦认为："这种划分方法有一定道理，不过需要指出的是，黑格尔是一个承前启后的人物，他不仅终结了一个时代，也开启了一个时代。现代西方哲学对现代性的批判倾向，滥觞于黑格尔。黑格尔也是最早试图克服近代哲学的主客体对立困境的西方哲学家。近代西方哲学与现代西方哲学之间不仅存在着断裂，更存在着连续。即使在像尼采与海德格尔这样的哲学家那里，仍然找得到近代西方哲学的资源。"［张汝伦．现代性与现代西方哲学．云南大学学报，2003（2）］

本上改变传统西方哲学的危机。然而，这种危机和没落是暂时现象，它只是说明传统哲学走到了尽头，需要超越这种传统哲学的新哲学尚未出现。因此，反思传统哲学危机、超越传统哲学界限，从而改变西方哲学萧条没落的状态，就成为现代西方哲学家们所面临的主要任务。现代西方哲学所表现出的“现代性”特征，首先就是对传统西方哲学的背离。现代哲学家们抛弃了传统哲学寻求万物本原和先验认识理性的路线，从传统的思辨转向真实的世界，另辟蹊径，完成了现代哲学的逆袭。

第一节　哲学的转型

旧的哲学思想的终结和新的哲学思想的形成都不是突然发生和立即完成的，其间存在着一个相当长的转型过程。在 19 世纪中期（还可以往前推到 19 世纪 30 年代黑格尔逝世或更早一些时期）前后一段相当长的时期内，西方哲学经历了冷落、凋零甚至动摇和混乱的岁月。尽管我们通常说近代西方哲学的终结恰恰为新的现代哲学开辟了道路，但这样的过程依然充满了疑惑、苦闷和纠结。传统哲学中的理性主义和思辨形而上学传统也受到了全面的怀疑和否定，甚至德国所谓有教养的阶层也对哲学失去了兴趣，开始热衷于牟取实际利益，哲学上的迷茫也带来了社会思潮方面的冲突和混乱。① 总之，新的哲学体系或哲学学说，无论是就其提出的过程本身或者被人接受的过程来说，都需要经受很长一段时间的检验，在反复、尖锐的反思和争鸣中得到人们的认可。

一、颠覆传统形而上学之基

传统西方哲学以黑格尔最高和最后的形而上学庞大体系的呈现宣告终结。黑格尔他穷尽了传统西方哲学的各种可能性，使哲学致力于人类理性的超验层面，高高凌驾于人类的现实社会生活。由于这种哲学形态对人类生命本身的漠视以及与现实生活的脱离，导致西方哲学在黑格尔

① 这种状态似乎并不能笼统地说就是西方哲学的没落，更不意味着哲学的绝对荒芜，这是哲学发展的必经阶段，是哲学现代转型期难以避免的沉寂，这样的阶段性衰退同时也为现代哲学的再出发提供了动力。

之后陷入了一个低潮阶段。相应地，黑格尔的思想遭到了很多哲学家的批判，并且由于其哲学体系内也存在着矛盾和危机，再加上他的哲学语言和概念晦涩难懂等方面的不足，对黑格尔哲学的批判也加速了传统哲学陷入前所未有的边缘化危机。

传统西方哲学沿袭了古典哲学的本体论主张，即坚持了实体主义立场，尤其是古典哲学立足于自然界中具体的事物或物质，如水、火、气等，寻找万物的本原或始基，追寻万物背后永恒绝对的实体。古典哲学“一直津津乐道的就是这超时空的绝对实体。在泰勒斯那里，实体就是水；在柏拉图那里，实体就是绝对理念；在中世纪，上帝成为实体；在黑格尔那里，绝对精神就是实体。从柏拉图开始的实体主义是贯穿西方哲学整个发展过程的根深蒂固的模式，深深地渗透到了整个西方哲学”①。传统西方哲学把世界划分为现象与本质、主观与客观的二重世界，认为本质世界属于客体范畴并高于现象世界，哲学的任务是追寻这个本质的、真实的、客观的世界。这样的哲学立场受到了现代哲学家们的无情批判。

现代西方哲学首先以存在之思展开了对传统形而上学的根本颠覆。20 世纪的现代哲学家们把传统哲学中抽象的主体变成了有感情的、兼具理性和非理性的活生生的人，尤其强调了非理性的生命、意志、直觉等在领悟世界和人生方面的独特价值，他们不再关注抽象的思想形式（逻辑）和思想的先天条件（范畴），而是转向了实际的生活（实存）。对生活本身丰富多样性的肯定带来了哲学思考的多元化，现代哲学一开始就是多个流派、多种思潮同时共在并进的。

与此同时，自然科学一路高歌猛进，在许多领域得到了急速发展，占领了传统哲学的一个个阵地，传统哲学的地盘因此被不断吞食，例如，形而上学的物质对象变成了现代物理学的研究内容，心灵对象被实验心理学僭越，生活世界中的秩序制定也被社会学、政治学等夺取，甚至连上帝也变成了神学的专门研究对象，等等。于是，现代哲学不得不放弃传统的形而上学体系，重新开辟自己的研究领域。

海德格尔认为，哲学是存在论，这种存在论的议题在哲学上的表达并非是研究存在本身，而是怎样研究存在。哲学关注的不是实体性的物

---

① 赵红梅. 现代西方哲学的超越之路. 江汉论坛，1998（11）.

质、东西或事实，不是研究“是什么”的问题，这是科学需要回答的问题，是科学的研究领域，即追问存在的属性；哲学真正要关注的是存在者存在的方式，是存在者得以可能的条件，解决“何以是”的问题，追问存在者如何存在或显示，领悟存在的意义。海德格尔已经十分明确地意识到了现代哲学要在思维方式上做出新探索，这将意味着新的哲学形态的诞生。他说：“根据希腊人对存在的最初解释，逐渐形成了一个教条，它不仅宣称追问存在的意义是多余的，而且还认可了对这个问题的耽搁。”① 在他看来，传统哲学仅仅满足于将存在客观化、实在化，结果导致了对存在问题的根本忽视或遗忘，并使哲学走向实体主义，黑格尔哲学就是这样的典型，他将传统哲学全面引入了困局。为此，海德格尔严格区分了存在与存在者，并提出，必须超越存在者才能达到存在的深度。海德格尔通过对传统哲学做出的深入反省与批判，使现代西方哲学超越了实体主义，以存在之思与找寻人的存在引领了现代哲学的先河，同时也画出了他本人在现代哲学中的独有阵地。

现代哲学旗帜鲜明地反对实体主义，反对以往各种形式的形而上学，狄尔泰、维特根斯坦、胡塞尔等人在这个方面居功甚伟。他们都明确指出，物自体或者其他各种理念实体等都不是哲学研究的对象，只有人本身才是哲学的唯一对象。正是由他们所代表的现代西方哲学倡导：把人看成完整的人，人是目的而非手段；人是整个哲学的核心，不是哲学体系中的某个环节或组成部分，任何哲学问题都是因人的存在及其活动而获得意义的。因此，现代西方哲学要求重新认识人的存在及其活动的价值和意义，恢复人的本真的存在。

现代哲学没有停留在象牙塔中，而是广泛关注人身处其中的生活世界和社会领域，它们将上述新的哲学立场运用到社会问题的认识上，就得出了这样的结论：唯有个人才有生活，唯有个人才有活动，唯有个人才可以进行思考。社会并没有用来思考的大脑，更没有用来做事的双手，真正的存在就是那独一无二的个人。现代哲学强调关注人自身，在实体世界之外发现了人身处其中的生活世界，从而带动整个现代西方思想界出现了“向生活世界回归”的潮流。

当代著名哲学家保罗·费耶阿本德（Paul Karl Feyerabend）也严

---

① 洪谦. 现代西方哲学论著选辑：上册. 北京：商务印书馆，1993：33.

厉批判了超时代的理性主义，认为对如此理性的追求是空的，理性必须从属于公民和共同体需要的科学观念并可以被后者所代替。他在《告别理性》一书的序言中说道：“我关心的既不是理性，也不是科学，更不是自由——诸如此类的抽象性已经表明弊大于利——而是个人的生活质量。”① 他批判传统哲学以思辨形而上学和二元论思维方式使哲学家们把人的存在抽象化了、对象化了，导致人失去了作为主体的意义，掩盖了人的现实存在和人的本真性。他主张尊重具体内容不断变化的历史传统，换句话说，要告别抽象的理性，走向个人的真实生活。

总之，一方面现代哲学家，特别是持有人本主义思想主张的哲学家们，重新研究人，颠覆了传统形而上学的基础，促使现代哲学重归人本身；另一方面他们在新时代完成的拓荒式变迁也带来了现代哲学的繁荣，西方哲学经过了艰难的转型时期之后获得新生。特别值得一提的是，多元化的应用哲学的出现和成熟发展，不仅接续了现代哲学的研究主题，同时也对现代哲学的成功逆袭做出了独特的贡献，西方哲学由此走上了欣欣向荣的新发展道路。

二、反叛传统理性主义

文艺复兴之后的西方近代哲学走向了强调理性、把理性视为权威与最好的信仰的道路，理性在近代知识体系特别是近代科学领域中发挥出来的强大功能，又促使近代哲学将理性主义贯彻到底。卡西尔对此曾指出：“所有形形色色的力量汇聚到一个共同的力量中心。形式的差别和多样性，只是一种同质的形成力量的充分体现。当 18 世纪想用一个词来表达这种力量时，就称之为‘理性’。理性成了 18 世纪的汇聚点和中心，它表达了该世纪所追求并为之奋斗的一切，表达了该世纪所取得的一切成就。”② 在近代西方哲学家看来，一切都是可以怀疑的，唯一不可怀疑的就是人的理性。人的理性既是揭示世界本质和规律的一种认识能力，也是评判现实、衡量世界的最终尺度和至上标准。黑格尔甚至将这种理性主义推向了绝对的顶峰，他将理性视为世界的主体。恩格斯对此评论道：“当这个黑格尔发现，他借助理性不能得到另一个凌驾于人

① 费耶阿本德. 告别理性. 陈健，柯哲，等译. 南京：江苏人民出版社，2002：16-17.

② 卡西尔. 启蒙哲学. 济南. 山东人民出版社，1988：3-4.

之上的真正的上帝时，他是多么为理性而感到自豪，以致他干脆宣布理性为上帝。”① 易言之，黑格尔将理性取代了上帝，理性被置于至高无上的地位。克尔凯郭尔也曾指责黑格尔过分强调概念的普遍性，忘记了个人在伦理价值上的至上性。

在认识论上，理性主义主张依靠抽象的逻辑推理和二元对立的思维来把握世界，在尼采看来，正是因为重视知识，忽视其他方面，现代西方才不得不忍受“知识肥大症”（hypertrophy of knowledge）② 之苦。对于黑格尔之后的现代哲学家来说，近代哲学对待理性的态度完全是走火入魔，他们超越近代哲学的一个重要方面就是将基于理性确立起来的主客二分认识模式、主体性原则、启蒙理性等列为批判的对象，这些也成为他们在困境中实现逆袭的抓手。叔本华、尼采、柏格森是此方面的先行者，克尔凯郭尔、弗洛伊德则紧随其后，他们都认为理性并非人的本质，相反，他们都提出了某种非理性的东西（如生存意志、权力意志、生命冲动、存在、力比多、潜意识等）取代理性的东西，揭示人的存在丰富且真实的特性。例如，19 世纪末 20 世纪初，弗洛伊德创立了精神分析学说，关注和研究人的非理性作用，他认为以往哲学家和心理学家虽然对人及其心理做了大量研究，但都局限于人的心理表层的意识、理性的研究，没有触及心理深层的无意识、非理性，他指出人的生命中最强的推动力恰恰是无意识的生物本能，这些都是非理性的。20 世纪初由胡塞尔开启的现象学运动也产生了不可忽视的影响。胡塞尔认为，欧洲的人性危机乃至人类文明危机的根源其实都源于现代科学的危机，现代科学之所以出现危机就在于现代科学已完全变成了实证科学，将人还原成了单纯的事实科学的研究对象，忽视了作为人存在基础的生活世界或生命本身的独特作用。他通过对人的生存状态的描述和分析，将非理性主义思潮推向了新的阶段。

现代非理性主义反对把人抽象化、理性化，主张非理性的因素才是人性的本质，他们有时也把非理性看成是人进行自我选择、自我生成以及实现人的绝对自由的根本动力。现代非理性主义否认真理的客观性，

---

① 马克思，恩格斯. 马克思恩格斯全集：第 41 卷. 北京：人民出版社，1973：276.

② “知识肥大症”类似于马克斯·韦伯所谓的“文化的理性化”（cultural rationalization）概念，它使西方文化头重脚轻和本末倒置，因而导致西方文化付出了巨大代价。

认为只有依靠体验、直觉、情感等非理性的认识方法，才能认识世界。尼采指出，我们没有任何知识，没有未经诠释的“事实”或“真理”，一个理论的真假取决于它正确陈述这一内容的程度，因为我们遇到的任何事情都是从这个视角或那个视角看到的。他强调我们对世界的原始反应根据的是感受和本能，而不是观念。所有的判断都出自我们的本能、喜好，知识“实际上不过是某种对彼此的本能行为”，他把本能置于认识论的中心环节，认为理性与人类这种动物的行为没有多大关系。非理性主义的现代哲学家十分警觉的一点是：重视理性必然会忽视理性之外的其他更为重要的人类机能（human faculties），排除其他更有价值的选项。① 克尔凯郭尔指出，哲学最根本的任务就是理解我们是什么样的人、我们自我诚实的程度、我们如何与真理相联系，以及我们如何参与实在，等等。我们不能用与研究石头和老鼠相同的实验方法来研究人类的心理，人是自我的创造者，对个人来说，他与自我的相疏离是最大的悲剧，人格的本真性是通向精神完整之路。克尔凯郭尔和尼采均主张突破以二元对立为出发点的认识论界限，转向人的本真的存在，重新认识宇宙人生的意义。他们要求超越理性主义思想家对普遍的人性即人类共同本性以及普遍的自由、平等、博爱的颂扬，主张转向强调个人的独特性、生命、本能。这样的思路显然就会要求我们超越理性（感觉经验和理性思维）的界限，转向非理性的直觉。

现代西方哲学的非理性主义思潮肇始于 19 世纪 30、40 年代，最早确立非理性主义哲学的是叔本华创立的唯意志论以及尼采的权力意志论，二者找到了作为世界本体的“意志”，并发展为意志主义。尼采用非理性的生命意志取代理性，强调非理性的情绪体验，把情绪状态引入哲学，导致了哲学的诗化，哲学成了一种通过某种特殊情绪状态体验生命意义的活动。② 对生命和存在意义的体验是无法用科学的语言来表达的，他们的奋力呐喊深刻改变了传统西方哲学的研究方法，推动了非理性主义的发展。

许多现代西方哲学家都集中火力无情批判了近代哲学所表现出的理性万能和理性独断倾向，他们要求超越理性的界限，对人的非理性的精神活动进行了深入的研究，试图达到对人的更全面和完整的理解，由此

---

① 季广茂. 反启蒙与现代西方思想进程. 北京：高等教育出版社，2016：111-112.

② 韩秋红，等. 西方哲学的现代转向. 长春：吉林人民出版社，2007：54.

严格区别人的精神领域和自然领域之间的不同，制定与自然科学方法论不同的精神科学方法论。有的哲学家转向了非理性世界，提出了贬低甚至否定理性的唯意志主义和反理性主义的观点。应该说这是对人的理性的一种重要补充，对非理性因素的研究具有极为重要的意义，这样的研究倾向的转变也带来了现代哲学对人的现实处境和生活世界的深切关注。

1859年，达尔文《物种起源》一书的问世，促使生物学获得了飞速发展并成了划时代的学科，哲学也顺应时代要求将生命起源问题、人的存在与自然世界的关系问题纳入研究主题，这就是自然辩证法或者说科技哲学的滥觞。在德国和法国率先兴起了以非理性主义反击传统哲学的生命哲学思潮，柏格森用永恒的“生命冲动”来解释一切事物和社会生活现象，在科技时代以非理性主义方式重新审视生命的意义。

科学哲学的发展也经历了从最初的拒斥形上理性，进而发展到对科学理性的迷信，最终走向对科学理性的反叛的过程。费耶阿本德指出，如果只站在科学的立场上，很可能会认为科学的一切都是最好的；但如果把视野放开到整个人类的活动，那么，就需要从一种外部的、人文文化的立场和视角对科学进行审视，因此，科学家们必须站在科学之外，从人文的视角来探究科学对于人类存在的意义和价值。他检讨了传统的科学方法论和理性主义所造成的重大失误。他认为，科学方法论不仅需要用理性的规则进行指导，同样需要非理性来推动其进步与发展，科学的胜利常常有赖于非理性手段与方法。

法兰克福学派也对发达工业社会中的科技理性扩张所导致的社会危机做出了持续的批判。他们认为，科技产品满足了人们的物质需要和生活需要，使人们过上了富足而又享受的生活，与此同时却使人忘却了社会中的一些否定因素，忘却了科学技术的另外一种属性，即资产阶级统治者对科学技术的发展与人的意识的操控。意识形态是一种虚假的意识，是人们在生活中异化的结果，其主要功能是美化现实生活而替现实辩护。这种辩护的功能不仅通过思想宣传来实现，还通过其他手段内化到人们的心理机制中。法兰克福学派的批判也在一定程度上表现出了非理性主义的倾向。

除了克尔凯郭尔和尼采酝酿的新的哲学思维方式和方法论之外，还有英法的古典实证主义也加盟其中，经过现代科学的洗礼，它们转向了现代实证主义，同样举起了排斥形而上学思辨、理性至上的大旗，它们牢牢地以实证知识为支撑，只赞同那些可以被经验证实的主张。实证主义反对以黑格尔为代表的思辨唯心主义，批判传统形而上学的思辨性，认为哲学应以描述经验事实为范围、以取得实际效用为目标。例如，孔德认为，没有任何最终不能化归为对事实的特殊阐述或一般阐述的命题，唯有这样的命题才能提供真实的和可理解的意义。

不过，即便在近代哲学中也有个别哲学家意识到了理性主义之偏差，并提出了非理性主义的观点，卢梭就是一个突出的代表，这一点不容忽视。卢梭在《一个萨瓦省牧师的信仰自白》中展开了从感觉的自我到物质世界、再到物质运动、最后到宇宙秩序等一系列哲学问题的探究。在这一探究过程中，他向人们展示了：万物皆有目的，因而宇宙具有自然的和谐，保持着不受人干预的井然有序；相比之下，人类社会丧失了目的，变得混乱不堪，腐化堕落。人们运用理性在科学、艺术和哲学等领域取得了辉煌的成就，理性的价值因之得以彰显；但理性在培育虚荣、奸诈、伪善和僭妄等不良风气方面也发挥着催化的作用。[①] 卢梭还考察了理性与情感的关系，他认为，理性是历史的产物，具有偶然性；情感是自然的，是人之善性的根源。知识不能使人向善，求善是一种天赋的情感本能，“知道善，并不等于爱善，人并不是生来就知道善的，但是，一旦他的理智使他认识到了善，他的良心就会使他爱善，我们的这种情感是得自天赋的”[②]。他得出的基本结论就是：情感优于理性。

三、借助价值哲学重申合法性

“价值”是一个关系范畴，表示人与外部世界的特殊关系以及某个对象在与人的关系中所具有的意义。在传统西方哲学中，对于价值的认识大致经历了从价值与事实融合不分到二者截然分开的过程。就内容而言，传统西方哲学关于价值问题的讨论主要是围绕真假（认识论）、善恶（伦理学）、美丑（美学）等展开的。然而，真正把价值范畴提升到哲学高度，并对价值本质进行哲学规定，即价值哲学的兴起，这始于

---

① 曾裕华. 知识与价值之间的内在一致——近代哲学认识论的批判性考察. 学术月刊，2013（10）.

② 让·雅克·卢梭. 爱弥尔：下卷. 北京：商务印书馆，1978：417.

19 世纪末。价值哲学的出现也可以看作现代哲学所做出的新探索和呈现自身的主要方式。

德国哥廷根大学的教授洛采第一次指出“价值问题已成为哲学研究的中心问题”，他因此被称为“价值哲学之父”。与他同时并稍后的尼采对价值哲学也有所发展，他的著名口号就是“重估一切价值”。文德班尔和李凯尔特正式开创的新康德主义，提供了价值哲学的哲学基础，从而被视为价值哲学的真正起源。从现代西方哲学的发展历程来看，价值哲学的兴起以及现代哲学之价值哲学转型，其实质正是对黑格尔之后出现的“哲学合法性”危机所做出的新探求，其结果就是借助价值哲学完成了现代西方哲学的合法性证成。

作为“价值哲学之父”的洛采反对思维至上，认为传统哲学让我们相信知识具有高度普适性和唯一性，然而，我们不是要发明创造一个世界，而是应通过认知、体验等多种方式去理解世界。洛采之所以反对思维至上，并划定自然科学和哲学的不同研究领域，主要目的是返还以情感作为人类感受价值的基础，恢复人类丰富生动的生活体验，借此呼吁哲学家们从建立体系回到经验生活中来。洛采认为，世界之“所是”(that which is)是自然科学关注与研究的领域，世界之“应当所是”(that which should be)才是哲学所关注与探究的领域，并且他明确指出“应当所是”是“所是”的基础，可见，洛采已经将价值概念置于形而上学和逻辑学的顶端。

尼采对欧洲传统的世俗道德和基督教道德都进行了深刻的批判，将它们通称为“颓废的道德”。在尼采所生活的时代，欧洲人正处于基督教信仰解体之后的价值真空之中，但普通人身处其中却并不自知，尼采则振聋发聩地宣布“上帝死了”，公然挑战上帝在确认社会价值上的权威，他所明快提出的“重估一切价值”也是要求批判一切传统文化以及其中包含的道德观念、价值标准，解除陈腐价值标准给人们造成的伤害。毫无疑问，价值重估的中心问题就是价值标准问题，尼采主张权力意志才是价值标准。因为任何价值都是关于生命的价值，而生命的最高价值是权力意志，因此，权力意志是一切伦理价值的标准，是重估一切价值的最高尺度。

尼采之后，对价值哲学的研究做出突出贡献的要数新康德主义弗莱堡学派的文德尔班和李凯尔特。文德尔班继承了洛采和尼采的价值思想，并运用康德先验哲学的框架，建构起了独特的先验价值哲学体系。文德尔班认为知识问题归根到底是与价值相关的问题，受到了价值观念的支配和影响。因为“理智问题本身就具有某些价值性质的东西，这样它们就提供了一种由理论问题到实践问题的过渡。因为在知识理论中，我们讨论观念的真——价值，讨论真——价值的定义，研究它如何在精神上变成了一种价值，以及在何种意义上，以何种方式，它是如何被实现为一种价值的诸如此类的问题”①。他认为，理论哲学是一种带给思想以价值与有效性的规范。

20 世纪初以来，由于价值哲学的影响，人们对于知识的态度也发生了比较大的变化。在此之前，人们一直对知识抱持乐观的态度，相信“知识就是力量”，甚至认为幸福的获得就是知识的增加。然而，一些重大历史事件的发生以及价值哲学所传达的新观念，使哲学家们开始放弃上述观念，认识到知识的增加未必带来人类的幸福。在两次世界大战中，法西斯将科学知识运用于破坏社会秩序和杀害无辜民众的生命；高科技形成的核武器具有强大杀伤力，广岛原子弹爆炸和切尔诺贝利核泄漏使人类生活受到威胁，使自然环境遭到破坏，人们生活在核阴影之下。知识的增长与进步并没有直接带来人类的幸福，科学知识的“真”不能逻辑地推出人类幸福的“善”。这一切都引发了现代哲学家们更多地关注知识的价值意义，并将价值层面的思考引向各个领域。

总之，现代哲学通过价值哲学或者理性的价值转向寻求哲学在现代生活世界中的合法性根基，实现对传统哲学的超越，以至到今天，价值哲学的研究依然构成西方主要国家的学院哲学的主流。“价值”“生命”“文化”等已经成为现代哲学思考的重要概念。当然，也有哲学家试图调和近现代哲学问题意识上的冲突，如将理性分解为工具理性和价值理性，或者主张理性具有工具性和价值性这样双重属性，理性不仅仅是解决问题、提供知识的工具，理性也可以为人生思考和生命存在提供意义的解释和道德的根源。

正是借助价值哲学的强劲东风，哲学对其他知识领域，包括社会科学和自然科学做出了独立且建设性的审视，催生了各类应用哲学。现代西方哲学在哲学的理论基础、研究方法与核心议题等方面进行了挽救哲

---

① 夏基松. 现代西方哲学教程. 上海：上海人民出版社，1985：117.

学危机的转型，在普遍意义上超越了传统哲学。现代哲学一方面较好地体现了这个时期西方社会的政治、经济和文化发展的状况，另一方面也对不断涌现的、来自科学技术的飞速发展所导致的各种问题做出积极回应，这样持续努力的一个副产品就是各类应用哲学的出现。我们将在下文对此倾向做出较为细致的勾勒。

第二节　哲学的应用

19世纪既是科学时代真正开始①的世纪，又是近代科学发展出现危机②的世纪，当时科学的发展不仅扩展到了人类活动的广阔领域，而且越来越展示了与人的现实生活和实践相结合的倾向。处于这一时期的哲学受到了科学的影响，注重与现实生活的结合，从云端走向人间，走向哲学的应用，注重应用哲学解决现世的问题。哲学指导生活的功能从宏大的形而上学体系转移到参与实证研究的工作。这一时期，试图借助哲学改变世界的思想体系有以边沁和密尔为代表的英国功利主义，以孔德为代表的法国实证主义，关注社会改革、酝酿政治革命的德国马克思主义学说。

一、哲学应用的功利主义尝试

在19世纪的西方，自然科学获得了重大发展，与此同时，要求广泛的社会民主和平等的自由主义运动也风起云涌，英国哲学正是在这样的新社会环境中获得了发展的动力。边沁和密尔所开创的功利主义就是其中一个突出代表。

作为一种系统的理论，功利主义产生于18世纪末19世纪初，之前有着较长时间的准备。据说剑桥柏拉图学派的沙夫茨伯里最早提出了“功利”概念，但边沁是将这个概念上升为系统学说的第一人，密尔则将它发展为精致的理论。边沁基于他对社会现状以及之前各种社会理论的极为不满，对现存流行的道德、社会和政府的理论，如自然的道德法

---

①　这里的“真正开始”主要是指这一时期科学出现的普遍化和专门化现象。

②　“科学发展的危机”主要是指以往一系列曾被奉为经典的科学理论和概念被科学变革中提出的新理论和新概念所动摇甚至推翻。

则和天赋人权观念，都进行了激烈批判。他认为这些理论在科学上无法观察，只是主观的偏好。他提出自己的理论取而代之，他的功利主义理论是从一个心理学事实开始，在此基础上得出一个政治、法理学的理论，应用于政府决策和社会政策实施的问题，最后他把这一理论提升为具有足够解释力的哲学学说。①

边沁和密尔都不承认理性或直观在我们探索知识的过程中的作用，他们强调感性经验的重要性，他们提出的功利主义学说，不仅用于讨论立法、社会政策还被运用到伦理学领域，他们指出道德的行为就是为最大多数人产生最大的善的行为。这一理论所提供的方法和观点不仅简单明了，还具有科学的精密性。与此相对，以往的伦理学理论或是以上帝的诫命，或是以理性的命令，或是以实现人性的目的，或是以服从定言命令的义务来理解道德的善，由此引发“关于诫命、命令、目的和绝对命令包含着什么”这一问题的争论。功利主义避免了这一问题，它用每个人都知道的标准即快乐和痛苦来衡量每个行为。边沁和密尔绕开了神学的道德教诲、柏拉图与亚里士多德的古典理论、康德的义务伦理学，沿着英国古典经验主义者的哲学路线前进。边沁和密尔创立的功利主义的贡献并不在于他们在道德哲学中有何突出的创新，而是在于他们将功利原则和他们所处时代的许多重大问题联系了起来，为 18 世纪末 19 世纪初英国资本主义发展中的社会问题的解决提供了理论原则，进一步而言，还提供了道德思想与实践变革的哲学基础，使功利哲学成了社会改革的科学指南。

边沁基于日常生活的观察，从趋乐避苦这一人的经验本性出发，主张对事物的理解应当建立在感觉经验的基础之上，苦与乐就是与人的行为紧密联系的感觉经验，所以，对苦乐的增益或阻碍就自然成为判断行为性质如何的标准，同样，包括道德判断在内的一切价值判断之标准都必须归于人的苦乐感觉，这就是他的“苦乐原理”。② 边沁指出，快乐是人们行动的动机，也是唯一的价值之源。他在《道德与立法原理导论》中写道：“自然把人类置于两位主公——快乐和痛苦——的主宰之下。只有它们才指示我们应当干什么，决定我们将要干什么。是非标

---

① Wiiliam F. Lawhead. 哲学的历程. 郭立东，丁三东，译. 北京：中国轻工业出版社，2017：509.

② 罗俊丽. 边沁和密尔的功利主义比较研究. 兰州学刊，2008（3）.

准，因果联系，俱由其定夺。”[①] 这段话中包含了两个方面：其一，快乐和痛苦直接决定了“我们将要干什么”的问题；其二，它也直接回答了“我们应当干什么”的问题。如果把快乐和痛苦看作道德的标准，那么行为就必须根据它们的后果来评价。即对苦乐感受的强调自然导致了效果论，就是将行为的道德评价建立在该行为所造成的后果之上，换句话说，一个带来快乐的行为就是善，反之，就是恶。边沁认为，一个行为，“当它增大共同体幸福的倾向大于它降低幸福的倾向时”就符合功利原则，即功利主义的基本道德规则是“总是为促进最大多数人的最大幸福而行动”。以行为的效果来决定行为的善恶成了功利主义的基本信条。不仅如此，边沁还提供了一种科学地量化和计算不同快乐的价值之方法，即边沁的“快乐计算法”。[②] 按边沁的分析，道德难题被转变为加减问题，决定的做出是通过看最终的余额，就像会计的存入借出账目一样。

边沁认为，这种个体为主的快乐主义可以通过恰当的立法，创造出一个这样的社会，对个人幸福的追求将直接产生导致“最大多数人的最大善”这一总体上增益社会的行为。由此，边沁将他的原则应用到了对社会和法律体系的改革建议之中，形成了一系列具有鲜明功利主义色彩的实践方案，边沁相信这些方案不同于以往的学说，它们可以成为社会改革的科学指南。因为边沁相信关于每个社会政策要问的核心问题无非是：“它要达成什么目的？”“是否可以改进这项政策使它对最大化总体幸福更有效？”这就等于把社会管理转化为了科学式的回答。所以，他极力主张社会立法机构应该以可度量的人类幸福这一经验为基础。遵循的公式是：收集事实，计算每个提议的行为产生的功利，然后据以立法。立法者的工作是，协调社会，使个体追求自己利益的同时符合社会利益。边沁和他的追随者们要求国会改革、监狱改革、惩罚算法的改革和其他大规模社会变革。[③] 在功利主义的计算中，每个人的财产、阶级

① 边沁．道德与立法原理导论．时殷弘，译．北京：商务印书馆，2016：58.

② 当考虑任何行为时，我们应该根据以下七个方面来评价它将产生的快乐或痛苦之量的多少：（1）强度：快乐有多强？（2）持久性：快乐将持续多久？（3）确定或不确定：快乐发生有多大可能或不可能？（4）接近或遥远：快乐的发生有多快？（5）衍生性：提议的行为有多大可能产生更多同类感觉（不论快乐还是痛苦）？（6）纯度：它会伴随着相反种类的感觉吗？（痛苦将伴随着快乐或快乐将伴随痛苦吗？）（7）范围：有多少人会受影响？

③ Wiiliam F. Lawhead．哲学的历程．郭立东，丁三东，译．北京：中国轻工业出版社，2017：513.

和头衔都不能成为获得任何政治特权的理由，他们的主张旨在实现一个真正的民主社会，他们也通常被视为“哲学激进分子”。

密尔在发展边沁功利主义思想的基础上对其进行了修正。和边沁一样，密尔也认为幸福（快乐和无痛苦的经验）是唯一自身可欲的东西；但是，密尔又指出，人类不只是寻求快乐的有机体，在寻求快乐时，人类也寻求发展自身的“高级官能”和成为“得到良好发展的人类”。简言之，密尔同时重视人的德性，并且将促进他人的幸福看作具有德性的价值。“人靠自己永远认识不到他是能够把精神完善作为目的来追求的是者；是能够因其自身之故欲求他自己的品格符合优秀的标准，除了他自己的内在意识之外，不希望或恐惧来自任何其他来源的善与恶。”①密尔主张，我们重视道德上有价值的动机、德性或善的品格这样的东西，不是因为它们自身是善的，而是因为它们是达到目的的手段。一个有德性的人是趋向于促进他人幸福的人，德性有价值仅仅是出于这个理由。

密尔坚持，一个良好的社会应遵循“当有权绝对地支配社会以强力和控制的方式处置个人的事情时，无论采取合法惩罚形式下的物质力量，还是公众舆论下的道德强压的手段，其准绳是自我保护，即人类可以个体地或集体地对任何成员的行动自由进行干涉，其唯一正当理由是旨在自我保护。对于文明群体中的任何一名成员，可以违反其自由意志而正当地行使权力的唯一目的，就是防止对他人的伤害”②。在个人生活的范围内，我们应该具有最充分的自由去做我们想做的事，只要我们不伤害他人。个体自由的范围既包括我们的内在生活，其中存在着思想和表达自由的绝对权利；也包括我们的外在生活，涉及我们的选择和行为。密尔主张观念的自由表达和讨论，认为压制自由言论是对社会的伤害；主张将个人自治作为社会观的最高价值之一，社会无权侵犯个体的自由，除非个人的行为伤害了他人；自由的参与权利必须承担相应的后果；等等，这些认识对现代法律理论具有深远影响。一般来说，个人自由不是固有权利，而总是以社会功利为根据，这样政府就可以借助有利于共同善的理由合法合理地干预个人自由。密尔提出，政府为保护社会

① Wiiliam F. Lawhead. 哲学的历程. 郭立东，丁三东，译. 北京：中国轻工业出版社，2017：515.

② 密尔. 论自由. 顾肃，译. 南京：译林出版社，2012：11.

利益而对自由施加的限制包括，要求毒药注册（防止被用于犯罪）、执行卫生条件或限制赌场的地点等。①

无论是边沁还是密尔，两位功利主义哲学家均坚持了以经验观察为主和科学的精细计算为特色的哲学思考，这样的哲学思考显然有别于之前的学院式哲学研究，因为功利主义者都出于对社会问题的密切关注，他们的哲学思考中渗透了自然科学方法、社会科学理论与哲学思考的交互作用，他们不仅承袭了培根的经验论、牛顿的物理学之研究程式，确立了自然科学的样板地位②，而且他们延伸和推广了哲学的适用范围，这已经不再是古典哲学实践性的简单重现，而是哲学的现代生活世界场域下的全新展示，即显示了应用哲学的胎动。我们认为，功利主义直面现实社会的问题，力图通过哲学的思考和论辩进行社会改良，期望建构良好的社会秩序，这可以看作现代哲学家们通过哲学在社会改良中的应用走出传统哲学困局之可喜探索。

二、哲学应用的实证主义尝试

作为实证主义创始人的奥古斯特·孔德致力于发展一种以科学为基础，以实证知识为支撑的哲学学说。孔德认为，一切知识的本质属性都包括在“实证”这个词中，它也应该成为一种新哲学之首要标志，孔德是以“实证”这个概念宣告与传统的形而上学哲学的对立的。

在孔德看来，真正有价值的思想都是以事实为基础、以有用为衡量标准的。“新哲学特征是一贯注重研究我们的智慧真正能及的事物，而不是撇开其童稚时期主要关心的无法渗透的秘密。”③ 所谓以有用为衡量标准，是指一种学说或一种体系只有面对现实、解决实际问题才是有意义的，哲学思想同样要与现实相联系。“思辨对实践活动的方向性的应为之义，即思辨之目的，思辨之结果应与实践有着必要的关联。我们的一切思辨构想成为我们智慧的产物，用以满足我们的各种基本需要，思辨的智慧也应用指导人们的行动。”④ 以事实为依据不等于反对理论

---

① 不过，密尔也在《论自由》中提出，当人口过多威胁到经济，政府可以合法地禁止没有充足财产来维持家庭的人结婚。

② 甘绍平．功利主义的当代价值．中国社会科学院研究生院学报，2010（5）．

③ 奥古斯特·孔德．论实证精神．黄建华，译．南京：译林出版社，2011：36．

④ 同③25-27．

思考或做出理论猜测，理论和猜测都是必要的，不过，合理的猜测同样要以事实为依据。孔德相信，通过科学研究理解问题的特质，预见其结局，进行有效干预，就能够促进社会和道德的进步。当我们把这些理论或知识应用于重大问题时，它可以改进人类存在的社会、政治和道德境界。他还指出，由于事实与价值是一致的，价值可以还原为一种事实，因此，让知识服务于道德，同时让道德对知识进行有效制衡，就可能解决人类面临的理论和实践的问题。

在孔德看来，哲学的使命在于解决现实问题。孔德把哲学与社会现实紧密连接起来，为改造社会提供理论武器，他密切关注社会、关注人的社会性，他的思想也被称为社会哲学。他用实证哲学批判神学和形而上学，强调知识产生于感官体验，来源于对周围世界的观察。人所知的只是经验现象或者事实之间不变的先后关系和相似关系，科学就是要寻求这些关系，并且用最简化的方式把它们表示出来。所以，不能将孔德的实证主义简单地理解为传统的“经验主义”，它是一种科学精神，因为孔德实证主义瞄准的是“规律”。① 孔德的实证精神不是为了知识自身而追求知识。知识的最终目的是让我们能控制我们的环境，即实现全面的社会改良。为了解决我们的问题②，我们需要的不是零散的社会改良，而是对社会的全面检修，但要追求社会在秩序与进步二者间的平衡，秩序是人们从过去历史中继承的稳态结构，进步则是趋向新的目标，社会改良就是不断处于解体与再生的过程之中。

孔德还在圣西门的社会发展三阶段说（即宗教神学统治的时代、“假设体系”的时代和实证的时代）基础上提出了人类历史发展的“三阶段法则”。他认为，我们的每一种主要观点或者每一个知识部门，都先后经过三个不同的理论阶段：神学阶段（又名虚构阶段）、形而上学阶段（又名抽象阶段）、科学阶段（又名实证阶段）。他相信种族历史的发展与个体人类的理智发展相类似。人类的理智发展的第一个阶段是神

---

① 刘开会，等．科学技术文化与人文文化的关系——来自西方哲学家的反思．北京：人民出版社，2015：64.

② 自然科学发现事物的规律是通过大量的经验观察总结而来的。日常生活中的人们如何能从零散的事实上升到具有全称判断的普遍命题？此外，从经验出发的归纳逻辑仅适用于少量的经验对象，并不适用于严谨科学的对象，因为科学的对象通常是无限的。这一难题恰恰是孔德实证主义难以回答的。解决这一困境的努力最终催生了新实证主义，即逻辑实证主义。

学阶段。这个阶段代表了婴儿期的人类，在这个阶段的人类倾向于假设宇宙是由人格神的行为支配的，这个阶段也有多个层级：从拜物教和万物有灵论，经过多神论，在一神论（宇宙被看作唯一神祇）中达到顶点。第二个阶段是形而上学阶段。在这个阶段，人们用非人格的隐秘的原因来解释事件，使用力、本质或能力这样的抽象概念，此时的人类已经进入青春期。第三个即最后一个阶段是实证主义阶段。在这个阶段，人类达到了成年期，因为世界被科学地看待。

孔德将人类知识置于坚实的科学基础之上，他按照科学逻辑顺序来理解哲学。他把知识的诸部门排列成一个从最简单和最抽象到最复杂和最具体的连续体，其中的每一个学科都依赖它之前的学科。他为传统科学划定的次序是：数学、天文学、物理学、化学和心理学。在科学的顶点上，他放置了一个尚未发展的“新部门”。他称这个“新科学”为社会学。① 社会学把它们统一起来，为人类及其需要服务，孔德也由此被赞为把对社会的研究从形而上学水平提升到科学水平的第一人。

孔德的实证主义从批判神学和形而上学出发，全面涉及了从自然到人类社会的各个领域，最终将人类的幸福和社会秩序的和谐列为他的理论体系的核心目标。在传统哲学遭遇困境的时代，他通过将科学知识融入哲学，进而论证哲学在社会发展进步中的积极作用，力挽学院哲学的衰落；通过阐述知识与道德的相互作用，指出知识的综合可以解决道德综合的难题，并提出事实与价值的一致。这种将个人与社会、知识与道德、事实与价值连接起来进行思考的实证哲学，带给我们无限的新思路。

三、哲学应用的马克思主义尝试

马克思主义哲学的产生起源于对黑格尔哲学的扬弃。我们曾在上文中指出，黑格尔建立了西方哲学史上最严整的庞大哲学体系，他批判继承了以往的哲学学说，指出康德的理性“没有达到统一性和现实性本身”，他将“追求绝对知识的完整性和统一性”作为自己的哲学任务，致力于哲学理论体系的构建，并努力实现“使哲学达到科学体系”这一哲学思考的目标。黑格尔在《精神现象学》中说：“只有真理存在于其

① Wiiliam F. Lawhead. 哲学的历程. 郭立东，丁三东，译. 北京：中国轻工业出版社，2017：507.

中的那种真正的形态才是真理的科学体系。我在本书里所怀抱的目的，正是要促使哲学接近于科学的形式，——哲学如果达到了这个目标，就能不再叫作对知识的爱，而就是真实的知识。知识必然是科学，这种内在的必然性出于知识的本性。”① 黑格尔建立了一个无所不包的庞大的哲学体系，他在将哲学变得至高无上的同时，也正因此导致哲学失去了自身的特性，并且哲学由于与现实相去甚远而失去了吸引力，这种体系哲学②对科学、文学、宗教生活和政治的影响逐渐下降。19 世纪的德国人对宏伟的思辨哲学的爱好，遭到这种说法的嘲笑：英国用它威武的海军统治着海洋，法国用它强大的陆军统治着陆地，而德国用它大批的形而上学家统治着云端。③ 马克思、恩格斯在哲学上的一个任务就是突破这种体系哲学，他们认为德国古典哲学在独自的沉思中热衷于“追求体系的完满”，但是这种体系哲学却是晦涩难懂的，缺乏真正的活力。恩格斯曾评价说：“黑格尔的体系作为体系来说，是一次巨大的流产，但也是这类流产中的最后一次。”④ 现代哲学冲破令人费解的、正规的体系外壳，才能以世界公民的姿态重新出现在现代世界上。马克思、恩格斯所提出的马克思主义哲学体系充分显示了冲破以往旧的哲学体系的全新探索。

其实，马克思主义哲学对黑格尔哲学体系的批判也是反叛黑格尔这一时代大合唱的组成部分。在那个时代，即黑格尔去世前后的时期，欧洲理论界的热点正在发生转变，面对如何突破传统哲学发展中的困境、寻求现代哲学的新途径这一时代重大主题，一些哲学家开始从思辨转向现实的探求，抽象思辨逐渐被现实关怀所取代。马克思主义哲学的经典作家在这方面走在了前面。他们积极回应当时的社会政治形势，洞察人类历史发展的规律，与当时的学院哲学家不同的是，他们全面投身 1848 年以来为争取人民自由的社会解放运动，由他们发起的一系列的

---

① 黑格尔．精神现象学：上卷．张世英，译．北京：商务印书馆，1979：3.

② 体系哲学是指传统形而上学的、具有独断论特征或倾向的、试图构造一个完美体系以说明整个世界为追求的哲学。传统形而上学无非是要形成一个完美的理论体系，其目的在于说明其体系的真理性，幻想一劳永逸地解决哲学上的所有问题、根本问题，给出了解决的办法或开锁的钥匙。

③ Wiiliam F. Lawhead. 哲学的历程．郭立东，丁三东，译．北京：中国轻工业出版社，2017：453.

④ 马克思，恩格斯．马克思恩格斯文集：第 9 卷．北京：人民出版社，2009：27.

观念革命、社会改良、政治斗争等都不同程度地带来了欧洲社会的极大发展，例如德国和意大利这样的民族国家得到巩固，欧洲整体经济实现了快速发展，各个国家内部阶级力量对比的转变促成了社会变革的动力，同时也引发了国际政治交往方式和规则的重建等。

那么，马克思主义哲学对传统哲学进行了怎样的改造？马克思认为真正的哲学应当建立在“那种用工人的双手建筑铁路的精神”的基础之上，是在“工人的双手建筑铁路”的实践中形成的，正如马克思所说的，任何真正的哲学都是自己时代精神上的精华。在未来的某个时代哲学一定会从内容到形式都表现出与自己所处时代紧密接触并且相互作用的特征，到那时哲学将不再以一个特定体系的形式呈现出来，哲学将面向整个人类社会和现实世界，“变成当代世界的哲学”。为了实现带领人们走向尘世的救赎之任务，哲学必须立足于战斗进行的地方。马克思主义哲学不仅强调了哲学的时代性、现实性，同时也肯定了哲学在无产阶级革命和共产主义运动中所发挥的思想解放的作用。马克思主义哲学指出，物质是能够证明的唯一实在，任何对人类有意义的哲学必须从实在的个体和他们生活于其中的具体经济历史状况出发。马克思主义哲学的使命在于：促使哲学从天上下降到人间，让正义和自由的理想降临大地，在世俗的基础上达到人类精神的解放。马克思主义哲学相信这也必然是全部哲学真正存在的意义，由此马克思主义哲学为自己设定的任务就是证成即将到来、波澜壮阔的社会变革和历史变迁之逻辑合理性。

马克思主义哲学用“矛盾”这个核心概念来阐述“新事物”战胜“旧事物”的历史必然性。“每个地方的国家都预设理性已经实现。但是正是以这种方式，它到处都遇到它理想的使命和它实在的前提之间的矛盾。”① 马克思主义哲学首先对人类社会进行了评估，发现了社会问题背后的社会矛盾，提出了只有解决社会矛盾才能最终解决社会问题，而社会矛盾是社会存在或社会结构所必然包含的实体性特征，这就意味着必须根本推翻旧的社会结构才能解决旧的社会结构所包含的社会问题。马克思通过对一切现存事物的无情批判来展示矛盾，否定现存社会秩序，以达到能解决所有问题的有张力的新的社会秩序。在《共产党宣

① Wiiliam F. Lawhead. 哲学的历程. 郭立东，丁三东，译. 北京：中国轻工业出版社，2017：452.

言》的第一章，他给出了人类历史的真实图景：目前为止存在的社会的历史是阶级斗争的历史。自由民和奴隶、贵族和平民、领主和农奴、行会师傅和帮工，一言以蔽之，压迫者和被压迫者，立场永远相互对立，进行着一场不间断的时而隐蔽、时而公开的战斗，这场战斗每次要么结束于社会的大规模革命性重构，要么结束于斗争的阶级共同毁灭。[①] 无产阶级注定要成为世界历史的承担者，因为，通过苦难，它们将迎来人性的救赎。

马克思主义哲学还深刻揭示了资本主义社会的异化现象。劳动作为人的本质性活动就是致力于生产工作，并且通过它体验自由和创造性活动的满足。但是，在资本主义的私有制社会中，工人与他们的劳动的关系改变了。生产资料逐渐落入少数人手中。大多数人没有财产，缺乏经济权力，被迫接受各种奴役形式，对他们来说，唯一的生存方式是把他们的劳动力当商品出卖。这种劳动力出卖伪装成雇主和雇员之间的自由交换。如果有意义的工作是人类存在的根本特质，并且如果我们的工作是异己的，那么我们就与我们自己异化了。共产主义将带来最后的审判，那时私有财产和阶级划分之恶将被消灭。

马克思主义哲学提出，对历史法则的研究不仅应当是唯物的，同时也应当是科学的，这就是它们力图建构的历史唯物主义学说和科学社会主义理论。它们相信，建立在对人类本性深刻把握和物理宇宙的科学理解基础上的哲学将解决我们所有的社会问题。马克思主义哲学把哲学从与现实的人及其实践相脱离的抽象的自然界和绝对化的精神世界之关注，返回到现实的人和现实的生活世界中，全面实现了哲学主题的转换，即关注现实的人的价值、自由和解放，并将其应用于世界的改造。对于马克思主义哲学来说，“全部问题都在于使现存世界革命化”[②]。马克思力图通过哲学在改造世界中的应用实现哲学的伟大变革。

总之，19 世纪中叶以来，自然科学的迅猛发展并向人文学科领域渗透，迫使包括哲学在内的人文学科企图用自然科学的方法解释人的精神生活和社会生活，并最终把人的精神性和社会性还原为人的自然性和物质性，用自然科学的方法解读人和人类社会，把精神科学归结为自然

---

① 马克思，恩格斯．共产党宣言．中共中央马克思恩格斯列宁斯大林著作编译局，编译．北京：人民出版社，2014：27.

② 马克思，恩格斯．马克思恩格斯文集：第 1 卷．北京：人民出版社，2009：527.

科学。功利主义、实证主义和马克思主义哲学等都是在现代哲学转型过程中面对传统哲学的困境而出现的新型哲学理论。这些理论通过精神物质化回应传统哲学脱离现实的抽象与思辨，通过哲学在社会改良或革命中的作用挽救传统哲学的衰落。然而，这一时期的哲学受到自然科学的深刻影响，所进行的反思具有应对性和依附性的局限，是不彻底的，并没有形成独立的哲学形式，因而我们称之为“哲学的应用”。真正的应用哲学还要等待它的时代的出现才能形成。

第三节　应用的哲学

20世纪以来，随着各门科学的逐渐独立并获得长足的发展，各个学科逐渐成熟，体系哲学逐渐崩塌，哲学家不得不重新从根本上反思哲学的问题：“什么是哲学?”“哲学的目标是什么?”“哲学究竟是要进行局部的个别分析还是要建立宏大的足以解释整个世界的百科全书式图景?”对于这些问题的持续且深入的追问，终于促成了现代哲学真正摆脱以往对自然科学模式的依赖。不仅如此，现代哲学同时继承了功利主义者、实证主义者、马克思主义者等现代初期哲学家们对“生活世界”的关注，形成了新的哲学形态，进入了一个全新的阶段，即“应用的哲学”阶段。20世纪的哲学家们多集中于上述第三个问题的回答，由此也出现了不同的哲学流派，如生命哲学、现象学、分析哲学、文化哲学、生存主义哲学、西方马克思主义学派等。

一、现象学带来了生活世界的回归

作为现象学的奠基人，胡塞尔最早对以自然科学模式为代表的哲学进行了彻底的反思。他从哲学最本源性的问题出发，形成了自己的研究体系和研究方法，开创了新的哲学形态和哲学方向，这不但改变了传统哲学的研究对象，而且改变了传统哲学的研究方法，也为应用哲学的开展提供了开放的思路和可能的路径。

胡塞尔最初对自然科学的成就和方法深信不疑，但当他发现自然科学的概念缺乏严格的明晰性的时候，就开始追问自然科学的真理性究竟何在的问题。正是在追问的过程中他充分认识到：用自然科学的模式说明精神的起源和本质似乎有局限性，可能造成对精神的扭曲。他开始转向用现象学的观点对自然科学和人文科学进行彻底的重新阐释，明确提出了思维的本体论性质，树立了精神的绝对权威。①

现象学排斥任何中介的因素，通过对现象的直观来认识本质，这是一种特殊的哲学思维态度和特殊的哲学方法。② 具体来说，胡塞尔所发展出的现象学哲学方法论主要表现在两个方面：本质还原和先验还原。胡塞尔认为，“现象学”是一种建立在本质直观基础上的严格的哲学方法。为了“回到事物本身”就要做到这样两点：一是部分悬搁，二是在对个别的东西进行直观的基础上使其共相清楚地呈现在我们的意识面前。通过“悬搁”，我们就可以直接抵达“纯粹现象”。在“悬搁”之后所得到的纯粹现象就是事物的本质。胡塞尔坚定地指出，现象就是本质，本质就是现象。

所谓先验还原方法则是一种更完全、更彻底的还原，要求在对认识对象存在信念进行悬搁的前提下，还要把有关认识的主体在世界中存在的信念也悬搁起来，进行彻底的悬搁之后，只剩下“纯粹意识”，即“先验自我”或“先验意识”③。经过彻底的现象学的还原只剩下没有依托任何假设而得到的“先验自我”或“先验意识”，它才构成了绝对可靠的现象学的基础。胡塞尔通过现象学还原，把世界还原为相对于先验主体的存在，这一思考方式实质上揭示了世界并不是外在于人的存在，“事物本身”就是意识活动或人的存在过程中显现出的内容，是一种包含着人的属性的“意义”的存在，在现象与本质之间并不存在一层像传统哲学家所认为的帷幕。

通过现象学还原方法，胡塞尔得到了一个具有自明性的、不依托任何前提的“先验意识”。先验意识所具有的一个本质特性就是意向性，这就是意向性的哲学本体论。如果说本质直观构成了作为本质科学的现象学的基本方法，那么意识的一般结构就成为现象学研究的基本领域和对象。胡塞尔沿用了布伦塔诺的“意向性”概念，但他不是根据意识所

① 刘开会，等. 科学技术文化与人文文化的关系——来自西方哲学家的反思. 北京：人民出版社，2015：132.

② 现象学方法被看作与分析哲学方法和辩证法并肩齐驱的现代西方哲学三大方法之一，对现代西方社会思潮的影响已经从哲学领域广泛地扩展到其他学科领域之中。

③ “先验”意为先于经验、在经验之先。“先验”中的“先”并不包含着时间在先的含义，而是逻辑在先之意，其实质是表明先验的东西比经验的东西更先得到证明。

指向的真实对象来说明意向性，而是根据意识所指的经抽象的内涵结构来说明意识的意向性。胡塞尔的意向性理论是意义的意向性理论。意向性具有指向性，强调意向对象既不是指经验中意识所指向的外界的物理对象，也不是与外在的实在对象相对的内在对象，意向对象是在意识的反思活动中出现的，因此，意向对象并不是真正的对象，而只是对象的意义。意识自己建构其对象，这就意味着意识自身是完整的，它不依赖于他物，它具有纯粹的意向性，意向性就是意识的纯粹本质。从意识对象方面来说，意识具有构造性；从意识本身来说，意识具有指向性。胡塞尔的意向性实际上就是纯粹意识的先验结构，所谓意向性理论就是研究意识如何通过意向作用而构成意向对象的理论。① 胡塞尔认为，"对象"是内在于意识活动的，意识和对象合为一体，共同构成了意向对象。大多数认识理论都对进行认知的心灵和所认知的对象加以区分。但是，胡塞尔并不认为二者有区分，他认为，现象最终包含在那种主观地经验某事的行为中，这种哲学观消除了传统哲学中内在与外在、本质与现象、主观与客观、精神与物质等二元对立。

在胡塞尔看来，20 世纪 20、30 年代的欧洲面临人性危机和文明危机，其根源就是近代科学已经完全变成了实证科学，蜕化成了单纯的事实科学，不再与人的"生命"或"生活"相关，遗忘了作为其基础的生活世界。科学只能给我们富足的物质生活，但不能为我们的人生提供方向，不能回答人生的意义问题。胡塞尔提出，为了挽救欧洲人性危机，必须重新回归到被遗忘和疏远了的生活世界。生活世界是科学的根基与源泉，科学的有效性与意义最终都要回溯到生活世界。

生活世界是由所有那些我们通常要介入其中的经验所构成的，主要包含三种意思：我们常人所感觉到的、日常在其中生活着的世界，即与科学世界相对立的世界；由人的具体的日常生活实践所形成的每个人的具体的、特殊的生活环境和生活圈子，即以职业为区分的世界；人对自己的生命活动所做的各种时空理解的总体性世界。总之，生活世界也就是人的经验世界。我们的世界或者说经验的生活就是我们生活世界事件的总体。生活世界是科学从中抽象出它们对象的那个本源，换言之，生活世界是科学世界的基础，科学世界是生活世界的一个"次层级"的理

① 韩秋红，等．西方哲学的现代转向．长春：吉林人民出版社，2007：104-105.

论结构，生活世界才是科学世界的基础结构。就此而论，科学只不过提供对现实的片面的把握。在科学抽出它们所关注的因素之后，还留下了大量丰富而有意义的经验因素。只有对生活世界在人们的朴素经验中以及在科学中发挥作用的那种方式进行严格分析，才能为哲学提供充分的基础。毫无疑问，对真理的根本性辩护和确证同样也应在来自生活世界事件的那种明证性中被发现。

胡塞尔认为现时代的主要问题是人们对科学的过分执着和对生活世界的有意或者无意的忽略和轻视。面对这样的“时代病”，或者说“科学的危机”和“文化的危机”，胡塞尔发出了“返回生活世界”的呼唤。这样的返回其实创造了一种新的哲学形态的回归，是一次彻底的回归，他由此开辟了一条从生活世界进行现象学的先验还原的道路，也促使现代西方哲学正式走上了应用的哲学的探索与革新的道路。

二、存在主义唤起了存在本身的关注

德国哲学家海德格尔是20世纪存在主义哲学的创始人和主要代表，他也是最早以现代眼光重新审视“存在”这一概念的哲学家。以往的哲学家们大多是从存在的主体——人之外，即从主客体的二元对立中去认识存在，结果把存在物与存在本身混淆，陷入了把所追求的答案作为发问前提的循环论证，成为一种无根的本体论。[①]

海德格尔在阐发他的存在论哲学的过程中继承了现象学的方法，他把现象学作为自己解释生命存在的根本方法，不过，他也以自己的方式超越了胡塞尔现象学方法。现象学超越主客二元认识论框架深入主客没有分化的纯粹意识领域，因为存在不在意识之外，我们在认识一个对象之前，就已经身处对存在的领悟之中了。海德格尔认为以往的哲学家之所以无法解决存在问题，根本在于他们执着于认识论的层面，而这个层面实质是存在者的层面，并不是存在层面。海德格尔继承了现象学意向性的理论，认为“意向性”将人及其所身处其中的世界看成一个始终处在生成中的世界，是一个活的世界。传统哲学的认识活动是一种静观式下的静态世界。海德格尔在现象学的启发下认识到，我们不可能使用范畴或概念来规定存在、认识存在，我们只能描述存在，存在是人这一存在

① 王彩荣．世纪哲学对话．北京：中国时代经济出版社，2011：82.

者在生存活动中生成着的过程。形而上学试图超越存在者直接把握存在本身，但二者是不能分开的，因为存在总是存在者的存在。存在与人这种存在者并不是两个不同的东西，存在就是人这种存在者的存在。人的一言一行都与存在有关，我们必须通过对人这种存在者的生存活动的描述来考察存在是如何存在的。于是，海德格尔将一向为形而上学所不齿的日常生活提到了哲学的高度，认为人的存在结构和本性就体现在这种活动之中。由此，海德格尔也主张“回到事物本身”，不过，胡塞尔的“回到事物本身”实际上只是回到意识本身；而海德格尔的“回到事物本身”却是回到生命本身，因为我们总是活在我们的生命中。

海德格尔哲学超越胡塞尔现象学更多体现在其采取的是非理论的方法，因此，其哲学可概括为非理论的生命哲学或生存哲学。海德格尔把哲学视为原科学，这其实一直以来是西方哲学的一个传统。从古希腊的第一哲学、形而上学，到近代哲学的先验哲学、知识学、绝对科学和先验现象学，都是如此。所不同的是，历史上的这些形态各异的哲学有个共同点，就是都落脚在理论领域里。① 而海德格尔的原科学却是一种非理论的哲学。他把非理论的生命领域作为哲学的源始基础，在此基础上重新提出哲学的基本问题。

既然以生命本身为研究领域且作为原科学的哲学是非理论的，那么与之相适应的方法也必须是非理论的。海德格尔提出了释义学的现象学，与反思的现象学不同，释义学的现象学主张去理解现象，即理解地去观和听现象，而不是像反思一个外在对象那样去反思经历，因为释义学的现象学所谓的“现象”，是自己显现自己的现象，也就是“事物”，这样一种哲学研究显然是采纳了非理论的方法。在海德格尔之前，已有哲学家将哲学的目光转向了前理论的领域，但他们处理的方法却仍是理论的方法，因而无法真正进入前理论的领域。海德格尔既进入了前理论的领域，又应用了非理论的方法，从而带来了西方哲学史上的一次真正的革命，它使哲学存在方式和表现形态真正呈现出了新的可能性，这为即将到来的应用哲学开辟了道路。

三、分析哲学引发了哲学变革

分析哲学的诞生同样也与克服传统哲学遭遇的基础性危机这一时代

---

① 张汝伦．论海德格尔哲学的起点．复旦学报（社会科学版），2005（2）．

议题紧密相关。传统哲学以本体论的理论形态和形而上学的思辨方法对客观知识体系的终极真理不懈追求，最终却走向了困境。随着自然科学与社会科学从哲学的母体中逐渐独立出去，自然科学的思维方式与理论形态逐渐成为全部学术研究的主流倾向，传统哲学作为“科学的基础”或“科学的科学”的地位岌岌可危。科学的飞速发展获得了极高的声誉，并对其他一切知识产生了难以忽视的影响，出现了“一切知识科学化”的热潮。一些哲学家也是如此，他们集中研究作为科学基础的数学，试图促成哲学获得数学似的精确性和科学。然而，科学也难以独善其身，它也面临着自身的基础性危机。不仅科学已有的结论和提供推理的理论体系存在很多问题和相互矛盾之处，甚至被视为绝对精确可靠的数学也是不可靠的，进而所有科学的基础可靠性也遭到了质疑，科学陷入信任危机的境地。面对这样的危机，一些思想家认识到科学知识是由语言表达的，科学中的基本概念出现矛盾，也许是语言表达方式的混乱造成的，因此，要想促成科学的基础牢固可靠，哲学就必须为科学提供有效的思想工具，哲学的任务就是要弄清语言的逻辑结构或它的运作方式，这样，我们既能解决科学的危机，又能避免形而上学家一直为之忙碌的许多混乱，分析哲学由此产生。

分析哲学诞生的主要标志就是语言学的转向。分析哲学家们相信哲学家的首要任务就是分析语言，对语言的研究与分析应当成为现时代的重要任务，他们的努力终于促成了现代西方哲学完成了从关注“人的认识何以可能”的认识论向语言考察的根本转变。分析哲学家们认为，哲学家应该放弃认识终极实在的宏伟希望，应该安全地留在经验的边界内。但他们也明确提出，哲学分析的题材并不是通过经验发现的事实，因为只有科学能够进行这种尝试，而是人类思维的载体和人类交往的工具——语言。分析哲学所采纳的主要研究方法是逻辑分析，逻辑分析的主要对象就是语言。从弗雷格开始，经过罗素，到维特根斯坦，现代西方哲学就这样一步步地从认识论阶段进入语言学阶段，语言学问题成为哲学研究的主题，语言哲学或者更准确地说语言分析哲学成为现代西方哲学的“显学”。

维特根斯坦是分析哲学的主要代表人物之一，他十分明确地主张只有在语言中才能寻找到哲学的本质。不过，在维特根斯坦的思想中存在前期和后期的转变，他的前期思想主要是期望通过对命题意义的静态的逻辑分析，用逻辑分析的手段建构世界和命题的逻辑结构；在后期他抛弃了这一理想，转向了对语言用法的动态分析。

在他的前期代表性著作《逻辑哲学论》中，维特根斯坦提出了一个核心问题，那就是命题及词的意义是什么的问题。命题作为语言的构成要素，可分为复合命题与基本命题：复合命题是由真值联结词联结基本命题构成的；基本命题则是由名称作为最基本材料组合而成的，因此，名称是最简单的符号，它不能用定义的方法进一步分解成更小的符号单位。① 在维特根斯坦看来，语言的命题系统与世界事实的本体论系统之间存在着一致性关系，世界上所发生的一切都是原子事实以逻辑结构的方式而存在的，在逻辑中呈现为一种图像。图像就是现实在逻辑空间中的模型。② 语言与世界对应，语言命题正是作为世界事实的逻辑图像，才具有相应的意义。换句话说，世界不是由对象构成的，而是由事实构成的；我们的语言不是由概念构成的，而是由命题构成的。

维特根斯坦哲学思考的目的是要解决语言如何能够表达和描述世界的问题。他提出，哲学必须直面语言，“凡是能够说的事情，都能够说清；而凡是不能说的事情，就应该沉默”③。正是在对语言表达能力的分析中，他发现了人们日常使用的语言存在许多问题。语言作为一种符号本身具有模糊的象征意义，加之人们经常在不同的场合使用同一个词来表达不同的意义，这就加重了语言歧义导致的问题。为此，维特根斯坦走出纯净的逻辑世界，面向喧闹的日常语言交流世界，探讨如何用语言清楚地表达自己对世界的思想。特别是在其后期思想中，维特根斯坦哲学的核心内容是语言游戏说。他把语言看成是一种游戏，人类几乎所有的活动都可被视为游戏，游戏背后起支配作用的就是游戏规则。相应地，玩语言游戏就必须遵守语言规则，语言规则随着语境的不同而有所变化。说出语言其实就是一种活动的组成部分，或者是一种生活方式的组成部分。因为哲学问题是从语言产生出来的，有必要熟悉每一个问题及其产生出来的语言的用法。在此意义上，维特根斯坦把语言比作工具，是一种用途可以变化的工具。他认为工具本身是无意义的，工具的意义在于用途，语言和词语意义也是在于其用途。

---

① 王彩荣．世纪哲学对话．北京：中国时代经济出版社，2011：60.

② 同①61.

③ 路德维希·维特根斯坦．逻辑哲学论．贺绍甲，译．北京：商务印书馆，1996：162.

维特根斯坦在《哲学研究》中提出了两个著名的观念，第一个是反对“私人语言”，即强调所有的语言都是用来公共交流的，在我们的语言系统当中不存在那种只为少数人或某一个人理解的语言，因此语言一定是公共的。第二个是强调生活形式，即“没有什么东西是隐藏在背后而需要我们去发现的，所有的东西其实都显示在外面”。深刻的哲学家能够通过表面的事实构造出我们关于事实的解读方式。“哲学不应以任何方式干涉语言的实际使用；它最终只能是对语言的实际使用进行描述。因为，它也不可能给语言的实际使用提供任何基础。它没有改变任何东西。”[①] 哲学只是一种阐释性的活动，它的目的就是搞清楚日常语言在具体语境中的用法。

由此，维特根斯坦深刻地指出，哲学问题的解决关键在于思维方式的转变，对现代人而言，就是要从传统的探求事物本质的形而上学思维方式转变为对构成世界的事实做出语言的分析，语言本身应当成为哲学的首要对象。由于语言本身的意义在于生活中的使用，所以哲学关注的是生活实践的问题，而非单纯的理论问题。思维方式的转换则变为生活方式转换的问题。[②] 维特根斯坦提供了一种新的认知路径，我们关于世界的认识，是通过理解人们的语言表达来完成的。语言分析为哲学提供了新的方法、新的工具和哲学探索的新版图。它使哲学家意识到语言的重要性，形成了“哲学中的语言学转向”，可称作一场“哲学革命”，成为现代哲学逆袭中的一股强大的力量。

哲学是“时代精神的精华”，这是我们耳熟能详的、关于哲学现实化要求的口号，哲学必须反映时代的状况和时代的问题，现代哲学正是面向社会问题、在解决时代问题的同时解决传统哲学的困境，从而实现哲学的成功逆袭。通过现代西方哲学历程的梳理，我们不难发现，无数的现代哲学家都自觉地响应了这一口号，身体力行地行走在哲学关怀现实、投身生活世界的跋涉之中，他们的努力所促成的一个直接理论成果就是应用哲学在当代的勃兴。现代哲学真正扎根于自然、科学、生活的应用的转向，配以多元的哲学研究方法呈现出来，成为生活面向的应用的哲学。

必须看到，在近代也曾有过哲学的应用之尝试。面对传统哲学危

---

① 赵敦华. 现代西方哲学新编. 北京：北京大学出版社，2000：262.

② 张汝伦. 现代西方哲学十五讲. 北京：北京大学出版社，2003：214.

机，哲学也经过转型，首先发展出来的哲学的应用，虽然关注社会问题，进行社会变革和改良，但最终未能从本体论和方法论等根本问题上实现哲学形态的改变。到了 20 世纪，受益于现代哲学自身的生活世界的转向而带来的方法论和世界观的根本革新，哲学家们得以从不同的视角深入问题的源头，进入前理论的领域，运用现象学方法、语言分析等方法重新建构新的哲学形态，这样真正的应用的哲学得以形成，哲学的合法性危机和科学的基础性危机也随之得以解决，现代哲学成功实现了逆袭。然而，哲学并没有止步，因为时代的变迁永不停止。自第二次世界大战以来，互联网技术的发展和由此建立起来的网络社会、人工智能等都对人们的生产、生活、情感发生了重大的影响，产生了全球性冲击，人类社会真正进入价值纷争的“多元时代”。我们所拥有的并不是一种统一的富有生命力的哲学，而只是浩如烟海的、但却几乎毫无关联的哲学文献；我们所拥有的并不是对各种相互争论的理论进行一种严肃认真的讨论，而是用一种伪报告（Schein-Referieren）和伪批判（Schein-Kritisieren）来取代那严肃的相互进行和相互促进的哲学探讨。只有在争论中，这些理论才能表明它们内在的关联，表明它们之间在对一种真正哲学的根本信念和坚定不移的信仰上所具有的共同性。而在这里，一种意识到自己责任的交互研究是绝对不会以一种严肃认真的合作精神及着眼于客观有效结果的精神来证明自身的。所谓客观有效的结果，无非是指那种通过相互批判所澄清的、现在可以经受住任何批判的结果。但是，有那么多的哲学家，又有几乎同样多的哲学，实际的研究与实际的合作又怎么可能进行呢？我们虽然还有各种哲学会议——以把哲学家们聚在一起，但遗憾的是，这并不是哲学。① 在此过程中，其他具体学科的学者们也深受启发和鼓舞，纷纷加入与哲学的联姻之中，哲学与其他具体学科的交叉、渗透的研究成为主流，蔚然大观，终于带来了应用哲学的全面开花。

① 埃德蒙德·胡塞尔. 笛卡尔式的沉思. 张廷国，译. 北京：中国城市出版社，2001：8.

第四章 哲学创新视域下的应用哲学

就汉语的字面意义而言，“创新”包含了“创造”和“开新”两个方面。前者是指开天辟地、无中生有，发生了前所未有的变异、突变，一个全新、崭新的事物横空出世，这一含义肯定的是新旧事物之间对立的抗拒式否定性联系；后者是指返本开新、革故鼎新，从旧事物中演化、生长出新事物，新事物在根据、动力、目的等多个方面都来源于旧事物，这明显强调了新旧事物之间彼此牵连的肯定性联系。人类社会过往的历史表明：十有八九的创新表现在第二个方面，只有极少数的创新出现在第一个方面。作为人类思想精华的结晶，哲学问题的探讨离不开之前全部思想成果所提供的养料，哲学的发展就是今日哲学思考的历史性展开，所以，哲学创新显然主要是指后者。应用哲学不仅是哲学理论研究继往开来的一种表现形态，还是哲学创新在当代的主要呈现形式，略为不同的是，传统哲学通常是在小哲学传统中前后相续、新旧更替，应用哲学是在大哲学框架下介入诸多其他学科领域，深度关联传统哲学之外的文化视野、社会话题或者其他学科知识体系，将哲学重新提升到当代社会至关重要的地位，从这个意义上说，应用哲学正在成为哲学的当代在场和全面显现的主要方式。

第一节 何谓哲学创新

什么是哲学创新？这是我们首先必须清楚回答的问题。姚新中先生认为，"'哲学创新'在本质的意义上就是以新概念、新思考、新认识、新理解、新体会或新解释等形式出现的对时代精神的高度提炼和精准把握"①。哲学创新不同于自然科学领域的技术创新，后者是一种旧观念或旧事物被无情取代、新观念或新事物横空出世，新旧不两立式的革命，哲学创新只是一种思维方式或认识结构上的持续推进或深化，其实无非是哲学反思带来的意义澄明。从一定意义上说，哲学创新只是一个比喻，而且是一个并不十分贴切的比喻，因为哲学原本具有的批判性和反思性就其内在规定而言不过就是不断地自我否定、新旧扬弃，从而显示出哲学人的思想穿透力和哲学理论的自我更新。

一、哲学创新的本质

哲学创新是一种渐变，它主要表现为融旧于新、吐故纳新的连续性过程。这样的思想变迁和学术发展路径，跟中国传统社会久已形成的道统、学统存在高度的形似神通。

从原典上看，虽然中国哲学、传统中国文化并不反对创新，但现代中国人认识到并切实实践哲学创新，却是近些年来出现的现象。不过，就总体社会舆论而言，为数不少的人对"哲学创新"实质内涵缺乏准确理解和深刻把握。现代中国人在此问题上有过艰难的探索过程，至今仍未完结。

近代西学东渐之际，中国士人大在力求保种保教的前提下尝试吸收西学，这是一种以我为主的求变创新，我所固有的文化之本不仅不变，而且以我为主来择取、拿来被我认为有用、可行的异教他学。此时的中国士大夫既有求变求新的紧张感，又有以我为尊的理论自信。由于中国传统文化在古代社会一直持续显著强于周边诸多国家和地区，中国士大夫阶层由此形成了主从式世界观，甚至将以中华华夏文化为主干、以中华朝廷为尊上的朝贡关系，视为天下唯一合理通行的国与国关系的普遍形式。即便到了 17、18 世纪，西方诸国派出使臣递交国书，要求建立平等的国家关系均被断然拒绝，直至 19 世纪上半叶鸦片战争爆发，仍有许多高官大臣坚信"祖宗之例不可变"。战争的惨败以及不得不签订的屈辱条约促使一部分开明人士觉醒，他们开始求变，试图在不撼动礼

① 姚新中．哲学创新与时代精神．云梦学刊，2017（2）．

教皇权等基本政体学说的前提下做出些微变革，以革故鼎新，求得国族的自保自存。这也符合古代典籍《易经》倡导的“苟日新，日日新”“天行健，君子以自强不息”等观念，这就是中体西用说提出的历史背景，因此，完全可以理解中体西用说一经提出，就成了当时中国思想界的重要学术命题，获得了同时代无数的拥趸者。显然，这一时期的思想创新是返本开新而非除旧布新。

从中国哲学史看，先秦的诸子百家争鸣到西汉统一定准于儒学，儒术独尊后获得了极大发展，但经过魏晋玄学和外来佛教的冲击，儒学内部出现了分裂，这样的儒学“自新”或内部纷争到唐代韩愈划分出“道统”似乎又取得了定制，之后的理学心学之争、经学实学之争，以及各地出现的东林党、桐城派、湖湘派、乾嘉学派等都只是不违儒学正统地位的建设性争鸣。近代中体西用说却完全不同，它不是中学内部的论战，而是被迫设置了一个完全异质的他者——西学，西学不仅短时间内不能被消化、纳入传统儒学体系之下，而且它本身自成一体、自行一说，更为要命的是，它有非常显明的实效——它所促成的坚船利舰远远胜过了本土的小舢板、土枪炮，这一切实的严重后果迫使坚持中体说的人们不得不正视、模仿以至借鉴西学。中体西用说完全可以视为当时中国思想界的理论创新。

中国传统思想界对待理论创新的立场赞否兼具，围绕创新是否合理的议题形成了很多学说，例如经权之辩、古今之辩，从中可以发现在中国传统思想领域，虽然奉经为尊、崇古为上成为主流，但仍然为权变、变通、因时损益的主张留下了空间。不过，中国传统思想推崇的创新仅仅只是开新，从旧中生长出新，这既肯定了新旧之间的相接相续，同时也阻止了特立独行般的变异、突变。近代迎接西方的挑战而提出的中体西用说则在很大程度上有别于过往。毫无疑问，以中学为体，这反映了开新的认识论基础和基本思想方法，但它同时将西学作为一个独立的部分引入其中，构成一个包容中西的新的完整学说，力图用新形式的体用合一完成中国传统思想的自我更新和适应式进化，重新武装中国知识人，为中国社会提供新学旧知合体的思想成果，以回应时代的重大主题。

20 世纪初的新文化运动却毫不留情地宣布了中体西用说的破产。中体西用说提出后并未出现系统的理论建构，从而加速它成为有足够解释力的新思想体系。相反，它仅仅是一个口号，甚至沦为了一种态度。清政府数次与外敌交战均以失败告终，这加速了人们怀疑、放弃中学的进程。其后，中学大面积溃败，西学则势如破竹进入中土，无论是民国政府还是新中国都无一例外地采纳了西学的建国理论和建党学说，中体西用说一时销声匿迹。在政治思想上，无政府主义、共和主义、自由主义、马克思主义、民族主义等都纷纷传入，信奉者著文立说，大肆宣传，积极争取民众。然而，一般民众并不知道上述主义、学说有何不同，他们更关注的是持有这些主义、学说的人做得怎样。最后存活下来的学说都是改头换面的中式西学或西学的中国化。换句话说，中体西用说在思想界虽然破产了，但在民间和日常生活世界仍然保持强大的影响力。以农村人口、赤贫阶层为群众基础并以马列主义建党学说为组织形式的中国共产党人最后活用了中体西用说。

理论和现实都清楚表明：哲学创新通常不是向外的扩展或延伸，而是向内的挖掘和自省，因此，哲学创新这一概念包含了三个方面的内涵：其一它是哲学思想的深刻表达和揭示，哲学创新首先且主要体现为哲学思考和理解上的推进；其二它提供了如何进行合理的哲学思考和理解对象的方法论方面的突破，由于提出了新概念和新认识，从而为理解事物和认识世界提供了全新的方法论指导；其三它是哲学问题意识的澄明，是哲学人所持有的独特哲学体会和哲学解释通过有效回答哲学重大问题或根本性问题而得到检验，继而被无数拥趸模仿和追随予以铺陈和落实。总之，哲学创新并非哲学研究或哲学思考之外另起炉灶，其实就是哲学研究或哲学思考的本真存在样态的充分显现。

例如，语言哲学在中国的展开并最终建立起中国语言哲学学派就可能摆脱“汉语胡说”的困境，让汉语成为中国哲学的母语，这其实就是中国哲学创新的一个重要体现。众所周知，汉语是中国传统文化以及中国现代思想的主要载体，它表达了中国人特有的“知”“情”“义”，因为汉字以象形字为主，来自“观物取象”，突出了人与外物的紧密关联，象形、指事、假借、会意、形声、转注等六大造字法就十分鲜明地反映了中国人的思维方式、生命体验、人物关系等文化传统内容。中国古代儒家哲学、道家哲学、佛教哲学等都是借助汉语得以充分展示并深入人心的。然而，自开启现代化进程以来，西式拼音文字全面冲击中国，白话文取代了文言文，现代汉语取代了古汉语，中国人的话语方式发生了不可逆转的改变。古汉语的“比”“赋”“兴”所具有的优美文字、细腻情感以及古代先贤因日月山川而生发出来的同情共鸣等都已经难以打动现代中国人，因为他们已经自幼小开蒙起就接受了“主谓宾”式的语法分析，现代汉语成为科学肢解的对象，丧失了灵性和活力，在“汉语胡说”的道路上狂奔。这一方面折射了现代中国人生活世界的重大更迭，城市化生活、工业化文明、小家庭结构等都使现代中国人日益远离他们的先祖，出现了文化隔阂和思想断裂；另一方面日益西化的现代汉语体系进一步加重了中国人与自身传统的分离，中国传统文化越来越陷入沦为故纸堆、僵死文明的危险之境。

法国哲学家德勒兹认为，“哲学是一门创造概念的学科”[①]。哲学是以理性表达、逻辑推理来把握世界的，哲学问题就是以概念呈现出来的关乎世界普遍意义的问题，因此，哲学创新或者是全新哲学概念的提出，或者是对旧哲学概念做出新的阐释，前者如海德格尔的“此在”“沉沦”、黑格尔的“绝对精神”，后者如罗尔斯的“重叠共识”、哈贝马斯的“公共领域”等。不过，“创造概念”并非玩弄文字，进行无意义的文字游戏，更非领旨受命后的凭空臆测，哲学创新意义上的“创造概念”一定具有特定的且丰富的内涵，其关注焦点是要回答某个重要的哲学问题，至少能够为解决这个重要哲学问题提供逻辑自洽的思路，从而推动哲学思考的深入，引领无数的哲学中人继续挖掘、拓展此概念，所以，真正的哲学家创造出来的新概念会产生集群效应，不仅带动此问题被重新关注、不断诠释，同时也会因此新概念不断被探讨而运用、推广至其他学科，哲学对其他学科的指导、哲学对生活世界的影响就会再次发生。即便是在今日中国，我们也必须谨记哲学的使命和哲学创新的本质：在基础理论上下功夫，通过阐发概念来捕捉现实世界，通过创造概念来实现哲学的不断自我更新。告别“哲学在中国”，真正成为“中国哲学”，哲学工作者应当致力于真的哲学问题研究，将中国问题融于世界眼光和哲学方式之中，提出具有普遍意义的哲学概念。

在欧美近些年出现的数学教育哲学可以说是哲学创新的一个范例。数学教育哲学作为数学教育的一个分支被提出，保罗·厄恩斯特（Paul Ernest）和斯蒂芬·勒曼（Stephen Lerman）都对此做出了巨大贡献。

① 吉尔·德勒兹，菲力克斯·迦塔利．什么是哲学?．张祖建，译．长沙：湖南文艺出版社，2007：205．

厄恩斯特认为对数学教育哲学的狭义理解涉及数学教育实践的目标和基本原理，数学教育哲学的地位和本质问题集中在这样的核心问题上：除了“教”与“学”及其暗含的目标和基本原理外，数学教育的体系及其过程还包括教师与学生的角色、社会中的数学以及相关社会群体的价值观等延展性社会哲学问题。这其实正是数学教育哲学得以成立的根源。勒曼也在相应的早期著述中探讨了数学教育哲学的相关进展，还深入探讨了诸如什么是数学教育哲学、数学如何与社会关联等更深层次的系列问题。数学看似与哲学关联不大，数学教育更是一个极其专门化的领域，但通过对数学教育中的相关社会互动、思维方式和文化传统等背后思想问题的揭示，人们就可以开启出数学教育哲学这个全新的应用哲学领域，从而进行哲学创新。

哲学创新并非无中生有，而是对现有知识、已有理论的重新阐释，阐释的具体路径和表达方式会有不同，从而哲学创新生生不息。这就不难理解，“哲学与实用学科不同，严格意义上的哲学前沿和后方的划分并不存在，过于强调哲学创新的所谓前沿性只会切断哲学自身发展的脉络，把哲学对时代精神的反思与以往的哲学积累分割开来”①。对当代中国哲学工作者而言，哲学创新的着力点在于反复体味哲学史，娴熟使用哲学分析工具和理论方法，准确解读当代中国重大社会现实，并深刻把握中国整体问题的本质，从而将哲学创新在地化、时代化。

二、哲学创新的动力

在风云际会的大变革时代，哲学创新出现的频率更多、节奏更快，人们在表面上似乎看到二者之间存在时间上的关联性，但由此认为时代的变化是哲学创新的动力则大错特错。我们认为，哲学创新的动力只能来自自由的学术探索和宽松的思想争鸣，无论社会处于重大变革甚至战争的时期抑或相对和平、庸常的时期，这些都不构成哲学的议题，也难以成为哲学发展的影响因素，更不会成为哲学创新的动力，唯有哲学人的自由探索、哲学问题的充分呈现，哲学才会获得创新的动力，因为哲学创新首先是哲学的自我更新。

这个结论完全合乎常理。正如黑格尔所言，哲学如同密涅瓦的猫头

① 姚新中．哲学创新与时代精神．云梦学刊，2017（2）．

鹰只在黄昏时起飞。哲学以反思立身，即对思想进行再思考，它的对象是其他已经提出或表达出来的思想成果，只有在其他思想成果足够现实化之后才能成为哲学观照的对象，所以，哲学总是在经验现象的背后、在喧嚣世界（日新月异的世相）之外，哲学的高度是建立在它与形色世界保持适度距离这一前提之上。所以，哲学创新的动力只能是自身内在张力的释放。

当然，这并不意味着哲学与所处的时代无关，更不意味着哲学不关心所处的时代，相反，任何时代的哲学思想和哲学基本问题都是一定历史的产物，从而采取了与那个历史时期相符合的特定表现形式，因此，特定的哲学学说或流派其关注的核心及其焦点问题都会随着时代的变化而发生显著的转移。中国也不例外。民主革命时期毛泽东运用并发展了辩证唯物主义，在基本的哲学方法上战胜了主观唯心主义，为全党确立了正确的哲学立场和认识方法，最终取得了革命的胜利；粉碎“四人帮”以后通过真理标准的大讨论，执政党克服了“两个凡是”的思想路线错误，恢复了实事求是的基本指导原则，开创了十一届三中全会以来的大好局面。20 世纪 80 年代以来，马克思主义哲学如何为改革服务，这成为中国哲学界以及广大理论界普遍关心的问题。不过，我们无须探讨哲学能不能为改革服务，而是需要深入探讨哲学怎样更有效地为改革服务，在此必须特别说明的是，哲学为改革服务并非为某个具体的改革政策做背书，更不是为某个位高权重的人做“命题作文”，而是要为中国社会正在进行的改革事业之历史必然性做论证，与民族未来发展和社会历史进程相关涉，这就必然会涉及如何深刻反思改革本身，对其合理性、正当性做出理性阐释，同时对改革的方向、进程、道路、遇到的问题做出全面的检视，从而为中国当代改革事业提供思想上的预警。

由此可见，哲学创新的动力，或者用更加学术化的语言表达，哲学创新的核心问题意识其实就是现代性问题，从认识论上看，现代社会的出现带来了知识分工、认识对象的过细划分、新学科的不断涌现，上述精密化分工导致每个人的认识能力和所掌握的知识变得微不足道，这就需要哲学的介入以回应这个问题，运用哲学的普遍性思考缓解知识分化后的认知碎片化。20 世纪以来，现代西方哲学从语言转向到生活转向再到文化转向其实都是为了回答不同时期的人类面临的迫切问题。具体到中国哲学创新的动力，就是如何证成现代化在当代中国的必然性，同时对其中的内在矛盾予以揭示和克服。自 19 世纪下半叶开启的中国现代化进程始终没有完成，改革开放政策其实就是重新接续这个历史使命，但现代性没有唯一的标准答案，而且现代性需要从外部输入和借鉴有益的思想成果，中国人的现代化事业就需要对至少包含了古今（传统及其延续）、中外（民族自我及其呈现）、先后（多个重要社会价值的排序）等重大问题给出哲学解答。即便进入信息时代解决了部分问题，却又产生新的亟待解决的问题，例如，人类因科技发展带来的交通、通信手段的革命实现了即时互联和瞬间共在，与此同时，单个的人却因技术壁垒、理性不及等限制仍然可能沉沦在单向度的发展困境之中，然而，个体的存在问题往往被技术的迅猛发展所忽视或掩盖。哲学的观照将有助于削弱科学主义的理性自大，揭示现代性的阴影面，为在现代化进程中一路狂奔的人类追回丢失的灵魂。

哲学创新的动力源于哲学自身的吐故纳新，对哲学问题的持续关注所带来的哲学表达方式和解决路径的突破，正如我们在上文所肯定的，哲学并无严格的前沿与非前沿的划分，哲学发展也绝不是对之前理论或全部哲学史推翻重来，哲学创新的动力主要是哲学内部的自我更新。哲学人之间的自由争鸣和学术探讨，一方面充分彰显了每个人对哲学的不同认识，从而呈现出哲学的多个面相，也暴露出关联哲学理解、哲学表达、哲学存在等之类紧迫问题；另一方面思想的相互激发和理论的相互碰撞都可能导致新概念、新学说的形成，这直接促成了哲学创新。这一过程其实就是哲学自我发展本身，所以，我们主张哲学创新的动力只能来自哲学人不受限制的自由思想讨论。如果非要说有什么限制的话，那也只是哲学内部的限制，例如共同认可的学术批评规则、话语讨论的规则、论文写作的规则等。

有不少人说，即便哲学的形式是自身的，哲学的内容却是外在的，例如哲学的内容只能来自社会生活。这个观点似是而非。且不说哲学的形式与内容很难完全区别开来，最重要的是，社会生活本身并不自动就成为哲学问题，只有经过哲学化的处理，表达成社会生活中的观念、意识之后才能成为哲学问题，进入哲学反思的领域。简言之，很多哲学问题的根源确实都是现实世界的某个具体方面，但中间需要多个环节的改造和提升，所以，哲学问题并不能直接还原成那个现实世界的具体现象或经验。我们始终不能忘记哲学是通过理性思辨和批判反思来关注社会及其问题的。

因此，哲学创新的动力当且仅当来自哲学内部概念间的张力和不同思想交流的相互激发，但这并不意味着哲学只是向内闭门造车或自说自话。美国哲学家罗蒂对此有深切警示，他提出“哲学研究越是变得专业化和职业化，它就越少受到其他学术同伴或公众的尊重。到现代，它有某种被完全忽略的危险，像古典哲学一样被看作一种怪物，尽管很有魅力”①。哲学创新甚至哲学得以存续本身需要不断吸收外部资源，向外部开放自身，具体而言，这包括三个方面：其一是哲学与其他学科的合作，通过引入其他学科的知识、方法，关注相应的问题，形成各种特定的哲学问题，特别是提出应用哲学分支领域，从而不断扩大哲学在场的范围和表现样态；其二是哲学与社会生活世界的合作，通过反思通行于社会生活世界中的价值、舆论、习惯等，为人们提供信念的依据，为社会形成普遍性的共识，以及为社会共识的适时更新予以论证；其三是哲学与各种文化传统的合作，在全球化时代，哲学不再只是西方传统意义上的特殊学科，它已经成为世界多元文化中一个富于包容性、开放性的普遍概念。因此，哲学人从自身的文化背景、传统思想资源出发所进行的哲学构建工作，不仅构成了当代哲学的重要存在形态，也成为哲学创新的主要路径。

在当代中国，哲学创新也提供了应用哲学产生并大力发展的现实背景与内在根源，与此同时，应用哲学的发展和全面推进也构成了当代中国哲学创新的必要途径与重要体现，实际上，二者相互依托、互促发展。我们从应用哲学在中国的产生与兴起的背景和动力等多个方面可以看到二者之间有着紧密的联系。关于此问题，我们将在后文做更加详细的阐述。

三、哲学创新中的横纵向关系

哲学创新体现了哲学生生不息、自我更新的内在精神，这也是古希腊先哲将“哲学”理解为“爱智慧”的深层原因。古希腊先哲认为，哲学本身不是智慧，因为智慧为神独有，人类只有通过哲学的学习和思

---

① 理查德·罗蒂. 哲学的场景. 王俊，陆月宏，译. 上海：上海译文出版社，2009：34.

考，才有望不断接近智慧，甚至获得部分智慧。我们知道，在日常生活中通过模仿和体验，每个人都会掌握一些知识，如日常生活知识、职业技能、人际交往的规则等，但必须借助哲学才能“转识为智”“由识生慧”。对个人而言，学习哲学、从事哲学研究主要是探寻个体生命的意义，因为通过哲学，他加深了与世界、与历史的深切关联，他的观念和意识融入世界与历史之中，生命意义得以澄明。哲学创新恰恰是要促使哲学能够更好地增益人的心智成长成熟。从这个层面上说，维特根斯坦将哲学视为一项活动就是十分精辟的洞见，他说：“哲学的目的是从逻辑上澄清思想。哲学不是一门学说，而是一项活动。”[①] 学习哲学、从事哲学研究的人，就是开启了一场知性启迪、智力提升的活动，哲学就在这个无限的活动过程中不断被揭示。维特根斯坦的洞见也可以很好回答庄子曾经发出的担忧。庄子说：“吾生也有涯，而知也无涯。以有涯随无涯，殆已。”如果静止地看待生与学，将二者置于固定的位置，二者就会永不相交，但若将“学”看作由无数的个体（生）无限接续、永无止境的活动（学），那么，生与学将高度融合，生发出密切的关联，相互增益。可见，哲学创新并非哲学研究之外的独立活动或特殊事项，哲学创新正是由无数真哲学的研究、探求活动汇聚而成的。

当代中国哲学创新工作离不开对三个主要文化传统的兼顾和吸收。一个是中国自身的悠久历史思想文化传统，这是当代中国哲学文化母胎的主体。中国哲学要相对独立地发展，应将中国传统哲学所蕴含的哲学问题、独特的方法和价值进一步发掘出来，为解决人类自身发展和现实问题提供来自中国传统哲学的独特智慧。另一个是自明末以来不断涌入中国的西方思想文化传统，这构成了当代中国哲学的主要理论基础。我们要全面、深入地与西方哲学以及世界其他哲学思想开展相互交流和批判，将中国传统哲学的内容和价值依据现代知识形态加以呈现或重构，使其内含的哲学问题和意义以普遍和普适的哲学形式表现出来。再一个是马克思主义思想传统，这成为当代中国哲学的重要思想方法。我们所提出的哲学创新中的横纵向关系正是指如何处理好上述“三统”及其包含的哲学思想之关系。

在理论层面，哲学创新中的横纵向关系主要针对的是中西关系（横

① 维特根斯坦．逻辑哲学论．贺绍甲，译．北京：商务印书馆，1996：48.

向）与古今关系（纵向）。中西关系（或者更准确地说中外哲学关系）为“纬”、古今关系为“经”，由此构成的横纵交错的网格结构就是今日中国哲学所处的时代背景和空间场域。当代中国哲学创新必须正视这样的双重关系，并对网格结构提出的重大理论问题做出有力的回答。从中西关系的纬度来看，包括马克思主义在内的西方哲学如何中国化？中国哲学如何在西方哲学问题意识之中注入中国文化元素、提出关切中国人精神世界的一般哲学问题？如何将中国哲学问题发展为具有世界意义的哲学一般问题，即实现“以中化西”？仅仅译介、套用西方哲学是无法做出中国哲学创新的，但从译介、套用上升到自主创造、自行生长则需要一系列的条件，这些条件有哲学自身的理论结构、问题意识、人才培养等内在的方面，还有社会开放、政治民主、思想独立等总体政治体制和社会制度的方面之要求。从古今关系的经度而言，中国自身的古代文明、思想成果如何得到延续并获得新生？仅仅诠释古文献，将古文今译是不够的，没有一系列与此相关的生活方式、社会制度、信仰观念等继续在生活世界中活生生地流淌、传承，哲学再现就是无源之水、无本之木，古为今用就会沦为一句空话，试图复活古代哲学的探索者就类似跟风车战斗的堂吉诃德。哲学是思想的最高层级，今天我们做哲学研究，一方面要在明了古今之异同基础上汇通古今，另一方面要在洞悉中外哲学史的前提下自如拿来借鉴，当代中国哲学创新才会指日可待。

在应用层面，当代哲学创新中的横纵向关系就表现为雅俗关系（横向）与经权关系（纵向）。在当代中国，哲学曾经被视为文明开化的捷径而广为传布，特别是新中国成立后，党的最高领导者都反复强调学哲学的重要性，并且亲自撰文著述谈哲学、用哲学，哲学几乎成为妇孺皆知的“常识”，以大众哲学为名的哲学读本、教材等在哲学普及、通俗化方面居功甚伟，但由此也导致了纯理论化的哲学研究备受冷落。在拨乱反正之后，哲学渐渐回到原位，成为专门的学术研究对象和系统的学科领域，然而，在哲学回归学术的时代，爱好哲学的民间人士如何接近哲学？哲学如何为自身储备人才、吸引更多人的关注？这些问题仍需要引起重视并做出有力的回答。哲学史留下了诸多经过时间检验和思想省察的不朽名著，它们成为入门者学习哲学的必读书目，也成了研究者不断重温、反思的思想源泉，然而，现实世界已经发生了远远不同于经典成书时代的巨大变化，如何活用、诠释经典从而赋予经典新的生命力？

这是历史留给我们今人的艰巨任务。仅仅复述经典并非尊重经典，只有依据经典的精神，并做出合理诠释、有效推导，即做出因时损益的“权变”，才能促使经典活在当下，焕发新的生机。

必须看到，在近现代转换之际，哲学在中国也获得了长足发展，一方面是王国维、胡适、张东荪等人对西方哲学不遗余力地引荐、传播，他们的努力普及了哲学理论，收获了一大批哲学爱好者；另一方面是熊十力、冯友兰、贺麟、牟宗三等人援西入中的尝试，他们革故鼎新，重新诠释了中国传统思想，开创了影响至今的现代新儒家派别、佛教哲学体系。此时的中国哲学主要存在于大学学院内，由高校专任教授研究、讲授，是典型的学院哲学，但这并不意味着哲学教授们一心只读圣贤书、两耳不闻窗外事，相反，他们中的许多人都怀抱复兴中华文化、拯救中华文明于倾覆的历史担当精神。在研究的问题和思考的领域上，他们更未故步自封、自设门禁，他们从世界格局理解哲学，例如梁漱溟开启了中、西、印三国哲学文化比较的先河，牟宗三用康德哲学改造中国儒家学说，贺麟试图活用亚里士多德的形式逻辑、黑格尔的辩证逻辑来挖掘中国古代名学的现代价值，等等。毫不夸张地说，上述哲学大家对中外哲学的学以致用达到了极其娴熟、圆通的境界。

总之，不是回到哲学本身，企图通过外围迂回的方式实现哲学创新，这是画饼充饥、自欺欺人。除去表面的浮华和短暂的喧嚣，最后留下的哲学创新仍然只是围绕真正意义上的哲学问题及其相关议题充分讨论的成果。“创新”是哲学的自我拯救，表面上看是向外界乞求足够的空间以维持自身的独立和尊严，但对哲学人而言，哲学创新的实质不过是拒绝诱惑、坚持原汁原味的哲学研究，并以哲学的方式去关心现实提出的重大问题。

第二节　当代中国哲学创新的可能路径

上述对哲学创新概念及其相关话题的分析表明，哲学创新应当是返本开新，现代海外新儒家们提出的“创造性转换”在方法论上就很好地诠释了哲学创新的真谛。我们坚定地认为，当代中国哲学创新必须时刻保持哲学的在场，任何脱离哲学的问题意识而做的所谓创新，不仅不是哲学创新，也不是真正意义的哲学。当代中国哲学创新将如何进行？当代中国哲学创新有着怎么样的可能路径？我们将在本节对此做出进一步的说明。

一、把握当代社会的重大问题

当代哲学创新的第一个可能路径就是要把握当代社会的重大问题，通过把握当代中国社会的重大问题并提出回答这些问题的新思路、新认识，从而实现当代中国哲学创新。

把握当代社会的重大问题，其实非常不易。一方面我们每个人都有认识的局限，都只能了解和认识自己所熟悉的那个领域或社会生活的某个局部，我们受制于自身的认识立场、角度、方法而难以把握整个社会；另一方面社会是以多个面相同时呈现的，有政治、经济、外交等无数个领域，而且每个领域还不断涌现新现象，并没有一个"社会一般"自动显现在那，人们对"社会总体"的认识总是针对特定的社会之部分而已。因此，把握当代社会之前要检视我们所持有的认识方法、认识立场、选取的样本是否具有代表性等，如果一开始就陷入先入为主、唯我独尊的迷雾之中，那将难以客观且合理地把握当代社会。

为此，我们首先需要确定基本有效的哲学方法。马克思分析资本主义社会是从"商品"这一最常见、最基本的概念出发，采纳了从抽象到具体、从一般到个别的演绎法，由商品概念分析出了劳动、价值、市场等资本主义社会中的各种特殊现象背后的本质。我们在此依循这一思路，从一般演绎、推导出个别，通过界定当代社会的基本属性和总体特征来把握当代社会及其重大问题。

就世界范围而言，第二次世界大战后当代社会处于巨大变动之中，战后确立下来的经济体系、国际秩序、价值共识等都受到了重大挑战，资本主义与社会主义两大阵营的对立已经消失，当代国际社会正处于美国单极强盛、多个同盟发达国家支持、更多实力悬殊但意识形态对立的国家观望这样一种极其不稳定的关系格局之中。20 世纪 80 年代末至 90 年代初的苏东社会主义阵营的瓦解，打开了"文明的冲突"这一潘多拉盒子，宗教信仰及其归属迥异的国家地区间的冲突成为今日世界的常态，一元式进步史观受到强烈质疑，构建人类共同价值的努力一再被残酷现实所打碎。然而，尽管有如此强烈分歧和对抗的势力集团，决定当代社会的未来走势却主要是如下三个因素：一个是科学技术的知识因素。科技不只是当代社会发展最为迅猛的领域，而且将直接左右当代社会的未来，从这个意义上说，拥有先进科技和保有大量一流科技人才的国家将执人类未来的牛耳。另一个是市场经济的资本因素。市场经济促成了全球化，改变了人类的交往方式和生活方式，带来了各类资源的有效率的充分流动，也成为推动社会变迁最活跃的动力。再一个是具有高度包容性同时能够提供创新活力的制度变迁因素。这主要指正式制度，即能够较好处理政府、社会、公民三者关系，从而保证社会变动不仅是进步的并且也是可预期的正义制度。贯穿变动不居的当代国际社会并影响其未来走向的核心概念是“智识”，围绕智识的升级换代、智识的利用、智识的正当化等问题在国际社会的竞争愈演愈烈。

当代中国社会的重大问题又是什么呢？对此问题人们有过许多思考，也曾给出了不同的回答。例如，在学术界，有人将当代中国社会理解为“转型期社会”，即中国社会正在经历从农业文明向工业文明、部分发达地区开始向后工业文明的转型；有人理解为“后单位社会”，即中国社会正在由计划经济时代的单位制社会转变为脱离单位、单位控制松弛化的社会；还有人总结为“阶层固化社会”，即当代中国社会的社会成员向上流动的空间急剧缩小，代际间社会身份、社会地位的传承日益巩固，不同阶层间平等且自愿的交流平台显著减少。即便是官方主流舆论对此问题的认识也有前后不同的变化，之前归结为以经济发展为核心的中国特色社会主义建设，十九大报告提出“人民日益增长的美好生活需要和不平衡不充分的发展之间的矛盾”正在成为当代中国社会的主要矛盾。其实，改革开放以来的很长一段时间，中国官方舆论在基本指导思想上始终保持了高度的一致，那就是坚持了“发展才是硬道理”。然而，不能不承认，这样的归结主要还是经济基础层面的，这方面的问题虽然是重要的社会问题，但还不能算是重大的社会问题，因为“社会问题”有其自身的领域，它主要反映在社会生活世界，与社会空间中的社会成员如何互动、交往和社会结构如何变迁等问题直接相关。我们认为，如何塑造当代中国人主体精神及其文化价值支撑，这构成了当代中国社会的重大问题。当代中国是处于现代化进程中的社会，而现代化社会的一个重要方面就是社会成员的自主性及其充分自主地参与社会生活。涂尔干将现代社会归结为“有机社会”、鲍曼将现代社会理解为“共同体社会”，所包含的深意正在于此。

我们经常将中国传统社会理解为“礼制社会”，这样的礼制社会是由儒法两家予以充分的学理和事理证明的。“夫礼者，所以定亲疏、决嫌疑、别同异、明是非也。”（《礼记·曲礼上》）法家将“法”入“礼”，儒家则将“仁”入“礼”，由此构成了包含礼乐、礼教在内的完整礼制体系，并对社会中观层面的各个领域（家庭、婚姻、邻里、结社等）加以规范和引导，最终形成了各安其位、各守其责、秩序井然的社会状态。这为我们提供了重要的启示。哲学关注社会生活，特别是应用哲学对社会问题的认识，其研究成果应当是为社会行动、社会变迁提供有所凭依的价值指导和理性根据。经过应用哲学证明的价值观念，不仅可以满足社会多元领域、多维空间的需要，而且可以促成社会成员以理性的方式、建设性的途径在观念、意识层面寻求共识，即便有分歧、异见，也是以合乎理性规则的方式公开讨论，这就是康德强调的“公共理性”或“理性的公共使用”。我们认为，现代性启蒙并非一次性完成的，更非已经完结的过去式，恰恰相反，社会成员围绕某个重大社会问题进行的公共讨论就是一场思想启蒙，它传递了诸多现代性的价值：对每个个体理性的尊重、社会事务的公共性、个体平等权利的无可替代性等。

我们必须清醒地认识到，理解当代中国社会不能脱离开当代世界格局和人类历史的进程这一基本背景，否则就是闭关锁国、夜郎自大。同样，中国哲学创新并非中国的哲学创新，而是世界中的中国哲学创新，中国哲学创新必须置身于世界大视野之下。中国哲学创新必须深切关注人类共同命运和世界总体发展的历史进程，立足于解决世界全球化和中国现代化进程中出现的重大现实问题，提升当代中国哲学研究的原创性和国际化水平，加强理解世界的哲学问题意识，更大限度地展现哲学的应用价值。当中国哲学创新同时能够有效回应世界全球化和人类现代化发展所提炼出来的时代性课题，方可获得持久的生命力。

哲学并非某个特定利益集团的工具，或个人专属的私器，恰恰相反，它是人类智慧的凝结，天然具有公共知识的特性，哲学创新的实质就是通过对现实世界普遍必然性的揭示来重申哲学的新生（或者说在场）。不屈服于急功近利，真正以哲学方式表达出来的概念、命题、判断，不仅是哲学自身的浴火重生、凤凰涅槃，同时也构成了恒久有效的公共知识，进入人类知识的殿堂，再现哲学的不竭新生、永续创新。

“周虽旧邦，其命维新”，此话用在哲学上也十分贴切。哲学虽是古老的学问，哲学的众多基本问题都是愈久弥新的话题，然而，即便是古老的问题，如“我是谁”“人的价值几何”“存在是否真实”“认识是否可靠”，同样需要每个进行哲学追问的人做出各自的独立解答，这些解答因其是当下人做出的，因其是用现代语言表述的，就具有了不同以往的现代内涵，成为当代人的精神财富。

总之，中国哲学人所要进行的创新工作不是贩卖现成的知识，兜售过时的主义，而是对真知的不懈追问，一句话，在救赎人类精神的过程中完成自身的精神救赎。不过，我们仍然要强调的一点是：在获得现实的自由之前首先是中国哲学人的精神解放和思想解禁。个人的精神和思想是独自为我的，没有任何外在力量可以限制或压服。意识到这一点，当代中国哲学人的精神救赎就开始起步了，当代中国哲学创新的大幕也就真正开启了。

二、发掘中外哲学史的思想资源

当代哲学创新的第二个可能路径是发掘并充分运用中外哲学史的思想资源，读史喻今，借史明理，通过对中外哲学史的反复研读领会其精神实质，获得启迪，返本开新，促成当代中国哲学创新。

“哲学”概念确实来自西方，但在历史上不同民族各自的文化传统都留下了以类似哲学的方式讨论思想问题的精神文化遗产。“类似哲学的方式”也可以看作“广义哲学”“类哲学”“准哲学”，它指一切超越当下经验、脱离个别现象而追问思想问题本身及其实质的思考及其成果。因此，哲学史或者说哲学的思想资源不只是西方的，还包括了东方的以及所有流传至今的各国精神文化遗产。当代哲学研究就不能止步于某个特定哲学叙事传统，还要持有全局眼光、世界格局，即一方面要追踪西方哲学这一代表哲学经典形态的前沿研究，另一方面也要回首自身的文化传统，将自身的“准哲学”“类哲学”予以现代形式和哲学主题化，从而延续本民族文化传统，回应当下社会成员的精神需要。

有人说，没有哲学的民族是可悲的，但还要进一步指出，一个民族不是靠将自己的历史传统思想单方面地宣布是哲学的历史就自动占据了哲学高地。同样，将哲学人圈养起来研究“钦定”课题或画地为牢，也会严重戕害哲学事业和哲学研究的生命力。一个开放的时代、一个富有前瞻性的民族应该给一群以哲学为志业的人自由思考、自在生活的空间，在看似无用的问题争执中才会有真哲学的出现。

必须切记的是，不是所有的思想都可以划入哲学范围之内，自动地成为哲学问题。在古希腊，哲学产生的一个动因就是一些人有意识地区分了“真知”与“意见”，并由此为哲学确定下了功能界限和学科属性。生活中充满了意见，但许多意见是错误的，如偏见、陋见、浅见，这些古希腊哲学之父所面对并立志解决的问题就是：真知与意见的区别在哪？如何判定真知？我们怎样可以获得确凿无疑的真知？最早的哲学家，如米利都学派泰勒斯以为被重复的经验所验证了的就是真知，而古希腊三贤——苏格拉底、柏拉图、亚里士多德则看到了经验的局限，因为人类的经验常常是个别的、主观性的，因此是不可靠的，他们由对经验的质疑转向了理性，认为理性才是判断真知的可靠根据，理性的结论是普遍的、稳定的、恒久的。亚里士多德进一步对理性思考的形式原则做出了深入讨论并予以总结，提出了形式逻辑，从而确立了鉴别真知的普遍方法，也奠定了哲学作为终极学问或绝对真理研究这样的基本学科特征。

谈到当代中国哲学创新的问题，我们还不得不关注中国哲学所处的文化传统、民族思维方式以及现实社会发展走向等深度勾连的背景性知识。例如，中国汉语言文字通过象形、指事、会意、形声、转注、假借（即古人所言的“六书”）而成，一个汉字本身就具有独特的含义，它不只是表音，还可以表形、表意，呈现出一套微型的逻辑表达体系，其表意特征十分突出，这就决定了它与仅仅具有单纯表音功能的拼音文字完全不同。中西方哲学分别借助不同的语言系统、符号体系，在产生之初就有了天壤之别。中国人在思维表达时并不需要严密的上下文逻辑就可以用单纯的字、词为读者留下想象空间，这本来是它的长处，但在动态性的现代社会和日益强调写作规范的今日反而造成了中国哲学的文化困境，成了它的一个短板。如何在接受现代学术规范的前提下扬长避短，形成中国哲学的表达方式和话语体系？这也是现代中国哲学创新必须面对的重要问题。

众所周知，中国传统社会在政治制度方面是专制的，但在思想文化留下了相对多元的发展空间，特别是在社会基层单位的结构上完全是开放的和相对自治的。因此，中国传统社会实际存在多个传统，包括不同的道统、学统、乡统、业统等，这也提供了中国哲学发育、成长的丰富传统资源，例如，在政治哲学方面，既有强调圣人教化百姓、以人文化成天下的官方主流意识形态，也有文人、士人间流传的重视人的自由意志的思想传统，在民间社会还有信仰天命、轮回报应的朴素政治文化观念传统等。

魏晋时期，为了吸收、接纳外来的佛教，一些佛教人士利用儒道义理来诠释佛教，这就是“格义”的方法，数百年后，随着中国化佛教教派的出现，格义被抛弃，佛教不仅作为独立的思想体系自存于华夏文明之林，同时也开始被儒道所引入和改造，终于到明朝实现了“三教合流”。清末西学东渐之际，中体西用说可以算是一种新“格义”，可惜的是中体西用说的提倡者大多只是清廷重臣，他们的学说随着清室的灭亡而被彻底否定。新文化运动有别于洋务运动，新文化运动之新，用刘笑敢教授的话说就是出现了“反向格义”，用当时中国人并不熟悉的西学来诠释广为人知的中学，用西学尺度裁剪中学，甚至“汉语胡话”，中国传统哲学的核心概念“天”“道”“气”“心性”“义理”等分别被强行裁剪进不同的西方术语和西方哲学的问题意识之中，肢解为唯物主义、唯心主义、宇宙论、本体论、认识论、逻辑学等门类之下。即便 20 世纪 30、40 年代出现的“现代新儒家”对此趋势做出了修正，进行了整理故旧、复兴国学的文化保守主义尝试，但并不成功，根源在于“新儒家”的代表人物也不希望被人视为冥顽不化的古董，他们自己纷纷引西入中，如熊十力的本体论、梁漱溟的文化哲学、冯友兰的理世界、牟宗三的道德形而上学等都很难说是孔孟儒学的现代传人，更像是西方哲学诸派别在中国的代言人，儒家的道统早已“花果飘零”。全盘西化的主张者本来对此不存任何留恋，新儒家心生戚戚焉，所做的努力却不是以中释西，与西化论者相似，他们也幻想用西学重新开创中国学术的新天地。在开启了现代化进程之后，中国现代学术有了哲学、伦理学、逻辑学，传统的子学、经学却荡然无存，久已形成的经史子集学统完全中断截流。新中国成立后马克思主义学说的全面引入并未缓解中国文化的古今继承问题。今天我们讨论“当代中国哲学创新”需要回头看，认清我们走过的路，明确我们的文化身份和精神归属，全面而严谨地审视我们的传统思想资源，返本才能开新，由此构建具有中国文化底蕴的哲学体系，不负时代对哲学人的殷切期待。

毫无疑问，当代中国哲学应当也必须立足于当今时代，尤其需要整合中西马三大哲学传统的思想资源，重构中国哲学的基本理路。然而，无论是高校的哲学教学和人才培养方面，还是课题研究和学术讨论，现如今中国哲学领域呈现出来的却是高度分离、彼此隔阂、相互掣肘的格局，哲学内部的二级学科分化既有义理之分别，还有时代的分期和地域的分殊，这种状态极不利于我们充分利用古今中外一切有价值的哲学资源做出具有前瞻性的哲学创新。当代中国哲学的创新需要打破现有学科之间的既定壁垒，以中国传统文化的核心思想和传统哲学的学理要义为基干，加强与国内外哲学领域的对话与交流，抛弃中国哲学独断性和片面性的因素，在世界哲学的语境下相互融合，获得发展，实现具有历史合理性和理论正当性的哲学创新。

回首整个哲学的产生和发展历程，不难看出，哲学是在哲学问题的提出、解决、被质疑、被修正的不断循环中推进的，哲学与哲学史高度重合，哲学问题的提出、解决等越来越走向专业化，哲学已经不再是全民共享的思想盛宴，更非人人可以轻易介入其中的庸常知识领域。没有对两千余年积淀下来的哲学史的充分理解和认真梳理，没有对哲学方法、哲学问题的完整训练和反复体会，那就只能在哲学面前止步，无法对哲学置喙。要知道，上述努力是需要专门人士假以经年累月的皓首穷经、苦思冥想才能达成，哲学堂奥只向有哲学意识、受哲学陶冶、持哲学问题的人开放。总之，从事哲学研究的人应以自身的专业判断绵延人类知识的薪火，在人间做着上帝般判别真假的工作；不学哲学的人应向他们脱帽致敬，因为他们是人世间唯一一群只求真理、与真理为伴的人。

三、拓展哲学研究的领域

当代哲学创新的第三个可能路径是加强哲学的应用性，通过与其他学科的结合，持续关注当代社会不断出现的新问题、新领域，在不断拓展哲学研究领域的过程中完成当代中国哲学创新。

作为时代精神的精华和人类文明的活灵魂，哲学既要从总体上探讨作为主体的人与作为客体的世界之根本关系，形成基础哲学理论（即所谓元哲学、纯哲学），也要更深入地探索人们认识世界和改造世界的一系列具体领域的主客体关系，它们体现了哲学世界观和方法论在观察、思考、解决这些领域的问题中的应用以及对应用的反思，人们通常称之为应用哲学。将应用哲学的研究成果分门别类加以落实，就形成了应用哲学的理论研究以及相应的应用哲学转向。

我们认为，拓展哲学研究领域的一个重要成果就是扶持和推动应用哲学研究，这从一定意义上也可以说是对现代社会知识过度专门化和精细化的“反动”，跨学科、学科间交叉而形成的应用哲学研究其实质是来自理论界对上述不足的纠偏，日益专门化的哲学研究极可能走向书斋式闭门造车。应用哲学研究的尝试几乎与哲学的出现同步。最早的应用哲学研究，如道德哲学、历史哲学、政治哲学、艺术哲学等都出现于古希腊罗马时期，以后完全成为哲学研究不可分割的一部分，已经不再被视为应用哲学，在中国它们都已经被当作哲学大类下的二级学科。近代出现的应用哲学研究，如教育哲学、法哲学、宗教哲学则依然是哲学人高度关注的领域，成为哲学分析的重要议题。第二次世界大战后，应用哲学获得了巨大发展，分支学科不断涌现。由于社会结构、政治体制、文化传统等方面难以弥合的差异，各国应用哲学的具体发展程度、受到关注的门类等都存在显著不同，例如，在美国，数学哲学、技术哲学、性别哲学、儿童哲学等受到了较多关注，也有诸多成果问世；在中国，经济哲学、领导哲学、管理哲学、行政哲学、环境哲学、医学哲学等引起了学界的热捧，社会反响也较大；在日本，环境哲学、共生哲学、经营哲学、社会哲学等相对比较火热，关注度高。

从哲学史上看，古代先贤并没有明确提出“应用哲学”概念以区别于其他非应用哲学的研究。众所周知，亚里士多德划分了理论哲学和实践哲学两种类型，前者主要以组合的智力德性或思想卓越来研究理论知识，相当于今天的认识论；后者是以组合的实践德性研究实践知识，因为当时的哲学是棵巨大的知识树，亚里士多德本人就是百科全书式的思想家，他为了思考的简便，做出了上述区分。但这样的区分并不是哲学自身属性的不同呈现而表现出来的不同类型划分，只是从外在形态或实际功用甚至只是表述的简便等方面的考虑而做出的。不过，亚里士多德坚定地相信，我们所身处其中的世界是可以认识的，拥有认识世界的能力构成了人的本质或本性的一部分。有学者指出：“亚里士多德在《物理学》开始部分观察到，哲学探究的目的是从‘对我们而言可认知的’

事物转移到‘在其本性上就是可认知的’事物上。而且在《尼各马可伦理学》中，他又通过从‘是这个’到‘为什么’的转移而重申了上述观点。”① 对亚里士多德来说，积极地投身于哲学研究之中，才是值得过的、属人的生活的核心条件。Chris Megone 认为，古希腊时期虽然没有出现“应用哲学”，但哲学也会被应用，此时哲学被那些实践哲学的人当作治愈、疗伤和精神慰藉的工具。正如柏拉图在《理想国》中论及身体的健康和作为灵魂的健康之德性时所指出的，健康与否取决于对“健康”一词的定义，只有将健康定义为包括了身体和灵魂两部分的内在和谐状态，才是真正的健康。不过，古典意义的哲学应用并不是我们今天所讲的应用哲学。

从现有的中文文献来看，当代中国应用哲学的研究最早始于 20 世纪 80 年代，这得益于当时大力开展马克思主义哲学的应用之研究的浪潮，与此相应，出现了建立各门各类具体形态应用哲学的呼声和努力，这些探索推动了中国式应用哲学的学科研究与相关实践的深化。标志性的事件是：1983 年 10 月《哲学研究》编辑部组织全国多个高校的哲学教师和中国社会科学院所属的哲学研究工作者举办关于哲学应用问题的座谈会，座谈会的主题是如何充分发挥马克思主义哲学在建设有中国特色的社会主义社会中的作用。与会专家指出，哲学基础理论研究与应用研究是相辅相成的两个方面，二者必须有机结合，不可偏废。从当时的会议发言和提交的论文看，主流的意见是将哲学应用看作哲学实践性的展现，一方面是对理论联系实际这一马克思主义哲学思想原则的重申；另一方面则表现出了强烈的哲学本位主义，以及哲学应用于非哲学领域之哲学本质主义的倾向，这样的倾向在日后中国应用哲学研究中仍然有着十分重要的影响。

早在 20 世纪 50、60 年代，就有西方哲学家提出哲学关注生活、借镜生活的主张，这被视为生活哲学的萌发，甚至也有人将此视为哲学的生活转向。这一思潮也反映了西方哲学家并不一味提倡纯哲学的研究，还有相当一部分哲学人强调哲学介入生活世界。傅有德教授在 2004 年发表的《第 21 届世界哲学大会及其动向》一文中讲述他参加

---

① Chris Megone. Ancient Applied Philosophy//Kasper Lippert-Rasmussen，Kimberley Brownlee，David Coady ed. A Companion to Applied Philosophy. Wiley Blackwell，2017：593.

当年世界哲学大会（The World Congresses of Philosophy，WCP）① 的观感，用一句话概括他的总体感受就是，当前的哲学现状是“纯哲学相对冷落，应用哲学空前繁荣”②。如果将哲学分为纯哲学与应用哲学，那么本次大会给人的一个印象是，传统的纯哲学如形而上学、逻辑学、知识论有萎缩之势，相比之下，政治哲学、伦理学、宗教哲学、文化哲学、科技哲学等应用哲学出现了繁荣昌盛的局面。

我们要在当代中国哲学创新的视野下理解应用哲学的含义。应用哲学打破了哲学与非哲学的界限，那么，哲学内部还有必要自设藩篱、夜郎自大吗？加强哲学内部各个学科的交流，非常必要。然而，充分的交流本身不是目的，如果是这样，就可能仅仅是将全部的现有哲学内各分支混杂在一起，成为“综合哲学”而已，但这就毫无建设性可言。哲学内部各个学科间的交流要有明确的主题，围绕这个主题，展开特定项目或课题的研究，例如，对“科技发展的哲学反思”这一问题，就可以将哲学内各个分支聚合一道共同攻关，有了具体目标和内容，哲学人的交流才会有理论成果。无疑，作为连接传统哲学与具体领域中介的应用哲学将发挥重大作用，由此我们也完全相信中国应用哲学的理论突破将成为当代中国哲学创新的重要引擎。

总之，哲学是没有国界的，哲学人更应成为世界公民的一员，因为求真知是哲学研究的永恒主题，这也同时是关乎人类前途的事业，真知构成了人类文明共同的主题。中国哲学人不应坐井观天、夜郎自大，我们应努力寻求在世界哲学界占据一席之地，为此，我们要大力恢复哲学本真的存在方式，解除加给哲学人的过多束缚和枷锁，当拓展哲学研究的领域已然成为哲学领域的常态，那么，哲学创新就不再是困难更非分外之事。

---

① 世界哲学大会是国际哲学界规模最大、规格最高的学术会议，始于1900年的巴黎，之后每隔三四年召开一次。在1948年（第10届会议上）成立了国际哲学联合会（Federation of International Societies of Philosophy，FISP）。作为全世界最高级别的非政府哲学机构，国际哲学联合会（FISP）自成立始，每隔五年与它所属的一个会员国联合主办一次，向全球所有的哲学家开放，而不分种族、民族、宗教和政治倾向，就当代世界哲学发展中最为重要和最为敏锐的问题进行讨论与交流，向大会展示当代最新的哲学研究成果，并预示近期世界哲学发展的最新动向。沈亚生，王庆丰．世界哲学大会简介．哲学动态，2003（11）：48．欧阳康．当代世界哲学的问题域与多元化发展态势——第21届世界哲学大会等概览．淮海工学院学报（社会科学版），2006，4（1）：2.

② 傅有德．第21届世界哲学大会及其动向．世界哲学，2004（1）.

第三节　应用哲学的大发展

马克思指出，任何真正的哲学都是自己时代精神的精华。恩格斯也强调，每一个时代的理论思维，从而我们时代的理论思维，都是一定历史的产物，在不同的时代具有非常不同的形式，同时也具有非常不同的内容。但不能不承认，马克思主义哲学在当代中国面临着非常严重的挑战，现代科学发展和现代社会的实际生活都提出了一系列过去没有遇到过的问题，要求马克思主义哲学做出回答，而现有的中国马克思主义哲学理论并未能给出令人信服的回答。正是在这样的背景下，学界开始探讨马克思主义哲学之应用的问题，掀起了全国性的关于马克思主义哲学应用的大讨论。随着讨论的深入，学者们发现，马克思主义哲学虽然构成了基本原理，但仍然不足以涵盖全部的哲学研究范式和问题意识，应用哲学脱离马克思主义哲学羽翼而独立出来就成了必然。正是在关于中国马克思主义应用哲学的研究与探讨的过程中，中国学者随着社会的发展逐渐跳出马克思主义哲学之应用这一视域，更加广泛地探讨中国应用哲学如何可能之更加广阔的学理问题，应用哲学研究的独立成形及其快速发展不仅使之成为哲学的“显学”，而且带动了当代中国哲学的新的转向。

一、应用哲学在中国的出现

毫无疑问，应用哲学在中国的提出得益于广大哲学工作者哲学创新的使命感。据国内学者的考证，1985 年 4 月湖北省哲学会、武钢等大型企业和全国多家单位联合召开了“大型企业应用哲学研讨会”，会后出版了论文集《哲学的应用与改革》（齐金堂、朱传棨等编），这次会议被学界普遍视为应用哲学研究领域的首届全国性会议。1986 年辽宁大学郭国勋教授主编、出版了《时代、改革与哲学》一书。1988 年武钢党校徐厚德教授撰写、出版了《应用哲学》，该书作为教材在党校系统的授课中被广泛使用。自此，“应用哲学”作为一门课程在全国多家高校、教研单位展开。① 之后，我国又召开了十几次全国性的以哲学应用

① 特别值得一提的是，中央党校董德刚教授于 2003 年接任全国应用哲学学会会长之后，大力推动党校对应用哲学的研究，最终促成党校系统成为中国应用哲学研究的领跑者。

与应用哲学为主题的学术讨论会，每次研讨会都以当时普遍认识到的思想意识领域的重大问题为议题，力图结合社会发展及其价值观念、重大矛盾和跨世纪的应用哲学研究的使命等迫切的现实问题进行广泛探讨，在研究过程中，专家之间存在许多不同意见和研究方式的分歧，形成了学术争鸣的盛景。几十年来先后涌现出大量具有学术影响的相关论文及著作，极大地丰富了应用哲学研究的内容。可以说，应用哲学研究作为我国哲学改革与创新研究的一个重要生长点已经产生了切实的重要影响。

在应用哲学是否可以成立以及存在的合理性这一关联应用哲学存废的根本问题上，大多数学者都持赞同的主张，并从不同的视角予以了充分的论证。第一种观点认为应用哲学是关于哲学的应用问题抽象概括出来的理论，此观点以李步楼等学者为代表。李教授指出，应用哲学是自觉而系统地将哲学应用于具体领域，解决具体领域中带有普遍意义的问题，又从中概括出具有哲学意义的理论。① 也就是说把哲学的基本原理加以应用之后提出的现实性问题加以概括，总结出哲学应用的经验，上升到哲学应用的原则和方法，由此构成应用哲学的一般理论。第二种观点认为应用哲学是人类哲学的一部分，它是与基础哲学并称的两大基本形态之一，此观点以郭国勋等学者为代表。郭教授指出，哲学形态是哲学的理论内容与其表现形式的统一。② 从宏观上看，归结起来人类哲学不外乎存在两大基本形态，即基础哲学与应用哲学。基础哲学一般是指人们的世界观、方法论的理论体系；应用哲学则是运用基础哲学的理论与方法，对特定对象（科学部门或实践课题）做出的哲学反思。第三种观点认为应用哲学是马克思主义哲学体系中认识过程的第二个阶段。③ 此观点指出，狭义地讲，“应用哲学”以认识过程第二个阶段为对象，它的任务是确立马克思主义哲学关于认识和理论应用于实践的应用理论和应用方法论。广义地讲，“应用哲学”包括分门别类的哲学应用学科和对各种具体问题的哲学考察等。不难看出，第三种观点是明确将应用哲学放置于马克思主义哲学之内，看作马克思主义哲学的一个功能；第二种观点则将应用哲学视为与基础哲学或理论哲学并列的独立研究；第

---

① 李步楼. 应用哲学断想//哲学的应用与改革. 武汉：武汉大学出版社，1987：40.

② 郭国勋. 从哲学中分离出应用哲学的根据. 江海学刊，2002（5）.

③ 吴龙，冯兆民. “马克思主义应用哲学研讨会”讨论综述. 江汉论坛，1990（11）.

一种观点是将应用哲学看作一种全新的哲学研究，比较接近我们所要表达的、带来现代哲学转向的应用哲学含义。

然而，“应用哲学”概念刚刚提出之际也受到了为数不少学者的强烈质疑，一些学者认为是人们错把开展马克思主义哲学的应用研究看成是要建立马克思主义应用哲学。姜建强明确指出“应用哲学即无哲学”，并从应用哲学取消了哲学思维的特点和应用哲学把哲学与现实的关系简单化这样两方面立论对应用哲学存在的合理性提出了驳难。① 姜教授的观点将马克思主义哲学当作唯一的哲学形态，论证上具有明显的不周延之处。孙显元的批评意见也十分具有代表性，他从实践性能否作为建立应用哲学的根据、应用哲学能否作为方法论而单独存在、哲学的应用是否等同于应用哲学、思维从抽象上升到具体的运动能否说明应用哲学存在的必然性、马克思主义哲学能否与实证科学一样有各种普遍性更低的分支学科、现在盛行的“应用哲学”的众多名称能否成为应用哲学存在的根据、是否存在既是哲学又不是哲学的“应用哲学”等七个方面否定“应用哲学”。② 今天来看，孙教授的质疑在视野上就存在明显的不足，因为他完全局限于当时社会背景下所理解的马克思主义哲学的体系，他所探讨的不是应用哲学是否合理，很大程度上只是“马克思主义应用哲学”的存在合理性问题，因为他的一个基本观点就是马克思主义哲学必须应用于实际，这是马克思主义哲学内在的规定性，自然完全没有必要单独建构“应用哲学”。把必须开展马克思主义哲学应用研究的理由，视为建立“应用哲学”的理由，这显然是个不小的误解，马克思主义哲学体系之下无法容纳应用哲学，即便这个结论正确，也不能由此否定建立应用哲学的必要性与合理性。

在承认并接受应用哲学所具有的合理性的前提下，我们大略梳理一下中国应用哲学发展的轨迹。1990 年 6 月底到 7 月初，由中国青年出版社、安徽省哲学学会、北京大学哲学系、辽宁大学哲学系等多家单位发起，在安徽屯溪举行了“全国马克思主义应用哲学研讨会”。会上出现了激烈的争论，赞成和否定的意见都十分鲜明，有学者指出，“应用哲学”概念之所以能够成立，其根据就在于对哲学认识及其理论如何归于实践、指导实践、与实践相结合等问题的回答，这些问题及其回答切

---

① 石成．有此一说：“应用哲学”即“无哲学”．学术研究，1989（2）．

② 孙显元．应用哲学质疑．淮北煤师院学报，1991（1）．

实构成了一个相对独立的研究领域。此次会议的总体结论是："搁置争议、埋头研究，拿出成果说话"。会后出版了《应用哲学探究》（宛哲仁、金志华主编）。按时间来算，此次会议可以算作应用哲学研究的第二届全国性会议。1993 年，辽宁省哲学学会牵头、全国 70 余家单位发起，在辽宁营口召开了"第三次全国应用哲学研讨会"。在这次会议上，"一方面，继续探讨深化哲学应用与应用哲学的理论和方法；另一方面，结合国企改革、市场经济、科技发展等实践课题加以探讨。我国著名哲学家韩树英、肖前与会并发言。会后出版了由郭国勋主编的《哲学应用的理论与实践研究》，由人民出版社出版"①。1994 年，在广东行政学院和华南师范大学展开了"第四次全国应用哲学研讨会"，成立了全国应用哲学研究会，并确定挂靠在中国马克思哲学史学会下，成为其属下的全国性二级研究会，大会经过协商选举，成立了理事会。在 20 世纪 90 年代末，"应用哲学"正式进入国家社科基金课题指南，这极大带动了哲学界学人参与、投身应用哲学研究的热情，也迅速扩大了应用哲学的研究队伍和研究视野、研究方向，应用哲学终于成为大家公认的哲学研究的重要领域。

应用哲学是否可以成为独立学科？在什么意义上确立应用哲学的独特属性？我们认为，应用哲学若要作为学科成立并得以相对独立发展，还必须不断追问如下三个问题：应用的是什么样的哲学？将哲学应用到何处？哲学可以应用到何种程度？考察诸多应用哲学的具体领域，就不难发现，在当代中国的诸多应用哲学的分支研究中，政治哲学、法哲学、艺术哲学、语言哲学、文化哲学、科技哲学、环境哲学、公共哲学、宗教哲学、教育哲学、医学哲学等受到的关注较多，儿童哲学、体育哲学、性别哲学等则关注较少，而且还不断涌现新的应用哲学分支，例如身体哲学、情绪哲学、妇女哲学、数学哲学、社会科学哲学、城市规划哲学等。应用哲学具体领域呈现出来的冷与热、轻与重、淡与浓的两重天，其实折射出社会生活世界对哲学的需要程度。我们认为，许多问题被纳入应用哲学领域，并得到关注，这还不够，还需要不断挖掘背后的理论问题，做出哲学式诠释，否则就是徒有虚名，极易陷入标题党式的主观任性之中。

---

① 郭国勋. 我国应用哲学研究的发展历程和展望. 理论视野，2012（9）：13.

应用哲学的兴起对当代中国哲学产生了诸多直接影响，甚至成为当代中国哲学的主要表现形式和未来发展方向。应用哲学研究正在成为我国新时期哲学研究的一个新的生长点，对我国现代化建设事业的发展，对新时期哲学研究的繁荣切实产生了显著的影响。我们对应用哲学的发展以及它将为当代中国哲学创新产生的积极作用持有乐观的态度，并且明确主张应用哲学带来了中国哲学的转向，体现了哲学的现代性，这不是哲学的媚俗或自降身份，而是哲学的重新定位，或者更准确地说，是当代中国哲学的自主式创新。面对时代性重大课题，引领中国社会的发展方向，努力投身世界全球化和人类共同的现代化事业，这些都构成了应用哲学研究的使命，也奠定了当代中国哲学获得新生的根基。

通过对既有的中国应用哲学相关研究的梳理与分析，我们可以大致得出这样一个结论：深化应用哲学的研究势在必行。在研究的过程中应特别注意以下一些方面：第一，正视中国应用哲学的发展现状。应当承认中国应用哲学研究尚处于起步阶段，相当不成熟，讨论的问题还过于宽泛，不够聚焦。20 世纪 80、90 年代集中于应用哲学合理性、边界、研究对象等基本问题的讨论与争鸣，21 世纪初集中于各种各样的部门哲学的发展，对于基本问题的讨论逐渐弱化。但是，这并不表明我们已经对应用哲学的基本问题没有了争议，而是很多学者看到，只有先期大力发展各个应用哲学分支，积累足够的经验与思想素材，才能更好地深入研究应用哲学的基本问题，换句话讲，应用哲学的深入研究有赖于应用哲学各个分支的发展。第二，中国应用哲学的发展必须保持哲学品格。应用哲学首先应当是哲学，必须持有鲜明的哲学观点和方法，必须能体现出哲学的品格和特点，它不同于人们仅仅对于各个部门问题的专业性思考。在此方面有代表性的研究力作还十分鲜见，经过缜密的哲学反思和严肃的哲学批判而得出的研究结论、研究成果都非常不够。第三，关于应用哲学的研究范围问题仍然需要在研究人员基本共识的基础上做出规范。中国应用哲学的研究还处于“散兵游勇”阶段，研究问题不是来自对社会宏观问题的思考而是个人的兴趣，研究范围全无限定。也许在目前阶段还没有必要花大量时间与精力去分辨，比如“管理哲学”是应用哲学，而“发展哲学”不是应用哲学这样的问题，但在已经相对成熟的研究领域，例如教育哲学、经济哲学、环境哲学等，还是需要对本领域基本问题、研究方法、结构功能等做出探索，从而为应用哲学的总体理论建构提供借鉴。边发展边总结，边开疆拓地边巩固深化，在更大的视野和高度上做出进一步的总结与升华。简而言之，要在哲学理论和具体实践的结合中把握好应用哲学的视域和切入点，避免出现盲目设议题与混乱扎堆研究，防止学术资源的无谓浪费。

二、中国应用哲学的焦点问题

目前的国内哲学界究竟是怎样理解“应用哲学”的？我们通过知网搜索到129篇以“应用哲学”为主题或关键词的学术论文，此外，还有十余本冠以“应用哲学”书名的论文集或专著。经过认真研读和梳理，我们发现，迄今为止的中国应用哲学的研究主要集中在以下几个问题上：

第一，应用哲学存在的合理性及界定问题。此类研究集中于20世纪80、90年代“应用哲学”刚刚被提出之时。在中国，“应用哲学”主要是受到了马克思主义哲学的基本指导思想——理论联系实际原则的影响而提出的，注重现实问题、关注其他学科的成果，这反映了多数中国哲学工作者较强的现实关怀，这也是我们认识当代中国哲学创新和中国应用哲学发展不可忽视的现实条件和社会背景。

第二，应用哲学的研究对象问题。对这一问题的不同回答又涉及了应用哲学的论域范围和边界的问题。有学者认为应用哲学只是哲学的中间层次，以徐厚德、杜云波、郭晋平等学者为代表。此观点认为哲学理论是由三个相对独立又相互联系的基本层次构成的完整体系，最高层次是“基础哲学理论”，中间层次是“应用哲学理论”，下面的层次是“部门哲学理论”。它是一个以基础哲学理论为核心、多层次和多维的立体结构。“基础哲学理论”，是从整体上来认识世界，研究怎样认识世界，揭示世界的本质及其运动的最一般的规律，提出改造世界的一般的原则和方法。“部门哲学理论”，是从局部着眼来认识世界，它是在基础哲学理论的指导下，以某类具体事物和具体领域为研究对象，探讨如何认识这些具体事物，揭示这些具体对象的本质，探索把握、操纵、改造这些具体对象的根本原则和方法，为人们从事具体的实践活动提供科学的哲学观点和方法。“应用哲学理论”，它是基础哲学理论和部门哲学理论之间的一个中间层次。由此，应用哲学作为介于“基础哲学”和“部门哲学”之间的一个中间层次在整个哲学理论体系结构中起着承上启下的作用。

我们认为，任何哲学都是理论与实践的统一，因此，不管是基础哲学还是应用哲学抑或部门哲学都是理论与实践的结合。理论哲学有纯理论研究部分，也有相对具体化的现实问题关照；应用哲学本身也有理论阐述或说明的部分，还有针对现实问题的细致展开之实操部分，尽管如此，理论哲学的应用不是应用哲学，就像应用哲学的理论不是理论哲学一样。所以，既不能将应用哲学简单地视为哲学的应用，或者将某个哲学观点予以实践化的方式，同样，也不能认为应用哲学不需要在理论上深化其自身的哲学色彩。

第三，当代中国哲学的创新与应用哲学的发展。当代中国哲学的创新问题是近些年来学术界关注的重中之重。就今日中国哲学界而言，“当代中国哲学”从狭义上讲是指中国传统哲学的当代呈现，从广义上讲是指三大哲学传统（即中国哲学传统、西方哲学传统、马克思主义哲学传统）的共存共在。当代中国应用哲学的发展同样需要通过融合三大哲学传统，对具体学科的重大问题和社会生活的普遍问题做出哲学的新阐释、新探索，以实现当代中国哲学的创新。

遗憾的是，纵观国内公开发表的研究成果，不难发现，具有世界哲学视角和浓厚哲学意味的应用哲学研究成果却非常不足，人们期待的高水平的哲学式研究要么尚属空白，要么尚未系统深入展开。例如，有学者对全国应用哲学学会的工作性质和研究内容做了这样的概括，“研究会成立前期着重研讨国有企业各个问题和地区发展战略等问题；后期着重研究社会主义重大矛盾问题、和谐社会问题、生态问题、道德建设问题、对金融危机的哲学思考，特别是对马克思主义中国化的深入研究，从哲理和导向上为现代化建设提供理论根据，体现了研究会的生命力”[①]。由上述概括可以看出，已有的国内应用哲学研究的议题并非应用哲学研究自身的理论所提出的，也不是从哲学问题意识出发推演出来的，相反，基本上都是国家通行政策的翻版或注解，这样的应用哲学研究不仅无法满足现实生活的迫切需要，也无法体现哲学的理论属性和存在价值。

未来的中国应用哲学研究既要立足于国际学术研究的前沿，广泛了

---

① 郭国勋．我国应用哲学研究的发展历程和展望．理论视野，2012（9）：14.

解并跟踪国外的最新研究，与此同时，还要密切关注中国社会的重大问题，不是盲目扩大领域或占山为王，而是在深化中拓展、在反思中推进，总之，始终不能忘记应用哲学的哲学本性。有学者提出，“哲学之所以不断发展，哲学史之所以不断重写，其重要作用正在于生活和实践的推进为哲学发展自身、重新认识和发现自身提供了新线索、新视域”，因此，“真正的哲学研究与哲学发展从来不由哲学这个学科单独完成，只有在同其他学科的合作、跨界、交往、互动中，哲学自身才能获得生命，得到发展”①。这一观点肯定了哲学与现实生活世界问题的不可分离性以及哲学与其他学科的密切关联，哲学存在的条件和形态都使应用哲学成为可能，这回应了哲学的当代发展问题。然而，又不能不看到，上述观点也包含了一个明显的不足，即简单地将哲学存在的条件等同于哲学本身，甚至直接等同于哲学问题，这一认识上的偏差忽视了哲学的主要属性，即反思性，哲学研究是要从事理性思考和学理论证，这样的思考和论证来自哲学学科两千余年历史所沉淀下来的问题意识和方法论基础。过多强调哲学与外在世界的一致性，就有可能不自觉地遗忘哲学的本性，所谓应用哲学的研究沦落为四不像式的自说自话。一些反对应用哲学概念和分支学科的人，正是意识到这一危险，他们的警言是有道理的，值得认真听取。我们肯定应用哲学，并将之视为当代中国哲学创新的重要途径，不是以牺牲哲学的本性、丧失哲学的地盘为代价，相反，我们要在坚持哲学立场、方法、问题意识前提下去提倡、发展应用哲学。

三、应用哲学引领哲学的当代转向

从西方哲学史上看，应用哲学的问题意识曾经被普遍地归结为实践哲学或哲学的实践性，这样的实践哲学在哲学产生之初就通过不同的哲学家获得了各自有别的表述形式。例如，早在古希腊罗马时期，多个哲学家都关注到了哲学与社会领域、文化世界的关系。有主张调和、共存的：亚里士多德认为，哲学应与社会-文化习俗相调和；斯多葛学派提出，哲学应以一种内在的批评力量支撑社会-文化习俗。也有主张对立的：柏拉图强调，哲学为社会-文化习俗提供了乌托邦式的理性之

① 陈忠. 哲学本性与“部门哲学”，“应用哲学”的合法性——以“城市哲学”为例兼与王金福教授商榷. 学术月刊，2013 (2).

光；伊壁鸠鲁主张，哲学以反思式批评从而与社会-文化习俗保持紧张关系；塞涅卡也明确提出，哲学是在与社会-文化习俗的对立中存在的。持肯定论的思想家强调了哲学对现实的直接作用，持否定论的思想家认为哲学只能通过对思想者及其思想内容的作用间接运用于现实。对现实的观照，这正是哲学的实践性所要求的，也得到了许多重要哲学家的首肯。

于 2003 年召开的第 21 届世界哲学大会设立的主题是“面向世界问题的哲学”，着重强调哲学在解决全球性问题和争端中的作用，为建立“一个摆脱了恐惧与贫困的世界”做出贡献，跨越世界哲学团体的疆界，让决策者们在新世纪的黎明之际听到哲学家们的声音。在此语境下，应用性的专题讨论在全球空前繁荣起来。

然而，翻阅相关英文期刊文献就会发现，西方学者较少讨论一般性的“应用哲学”问题，直接讨论的主要是个别性的应用哲学问题，呈现出的应用哲学研究对象更为多样。我们以“Applied Philosophy”作为关键词，分别在“JSTOR”和“Springer”两大常用英文数据库里搜索，仅搜索到了 2 篇标题中含有“Applied Philosophy”的论文，分别为洛蕾塔·科佩尔曼（Loretta M. Kopelman）于 1990 年发表的《何为应用哲学中的“应用”?》（What Is Applied About “Applied” Philosophy?）和杰夫·努南在 2003 年发表的《没有哲学的应用哲学能够存在吗?》（Can There be Applied Philosophy Without Philosophy?），相比之下，以教育哲学、性别哲学、城市规划哲学、宗教哲学、化学哲学、医学哲学、公共哲学、哲学与世界治理等为主题的文献则相对较多。可见，英文文献的研究重点主要分布在应用哲学的某个具体问题、具体领域之中。

较之于国内，应用哲学在西方学术界的研究重心大多偏向于具体的应用哲学的某个部类部，对应用哲学做出总体性、一般性阐述，即元哲学层面的探讨尚属罕见。例如，对贫困问题的哲学关注就构成了应用哲学的一个重要议题。托马斯·波格（Thomas Pogge）① 认为贫困通常是人为因素造成的，例如官员的贪腐、政府的低效，他甚至主张有计划的谋杀与因规则不当和玩忽职守所致的谋杀具有道德上的同等性。

① Thomas Pogge. Politics as Usual: What Lies Behind the Pro-poor Rhetoric. Polity Press, 2010.

弗兰西斯·斯图尔特（Frances Stewart）① 认为托马斯·波格的这一观点存在重大的缺陷，是个有争议的命题。此外，路易吉·卡瑞提（Luigi Caranti）② 通过对贫困原因的分析，认为富裕的个体和政府对全球的贫困问题持有消极义务，不能将消除贫困归结为政府或富裕的个体的责任。

在欧美哲学界，环境哲学正在成为一门十分活跃的应用哲学的主要领域。自 2004 年以来，国际环境伦理学会和国际环境哲学协会（the International Society for Environmental Ethics and the International Association for Environmental Philosophy）在美国的艾伦斯帕克（Allenspark）组织了系列年度联合会。欧洲环境伦理网络于 2011 年在荷兰组织了以“环境哲学中的新旧世界视角”为主题的联合会议，该会议所论及的领域包括古老欧洲文化遗产景观的野化、动物伦理、环境美德伦理，还触及了世界快速变化所带来的新挑战：气候变化伦理、土地攫取中的不义问题、淡水资源分配的合理性问题、环境正义。上述问题的具体讨论体现在德雷特亨（M. Drenthen）和科尔拉兹（J. Keulartz）撰写的力作《环境美学：跨越边界、打破鸿沟》③ 中。其观点认为，环境哲学的大本营主要是在北美，其诸多中心话题都清晰地反映了环境议题上的北美视角。但这个观点可能不够全面，事实上，欧洲和日本在环境哲学的研究上也有许多独到的成果，而且对各自国家的公共政策都产生了非常深刻和持久的影响。

随着当代社会日益进入“组织化社会”，组织与相应的管理的哲学研究也变得日显重要起来。例如，就微观层面，王英燕（Yingyan Wang）对企业组织的模式进行了管理哲学研究。他认为，以往的研究表明，管理哲学已经成为日本许多任务驱动型组织的基本的伦理基础（an essential ethical foundation）。他以 1 019 位日本雇员为样本，研究了管理哲学对个体的影响何以可能的问题。针对管理哲学的接受度和个人的态度及行为结果，王英燕设计出了一个分析框架。变量因子（fac-

① Frances Stewart. Review of Politics as Usual：What Lies Behind the Pro-poor Rhetoric. Population Studies，2012，66（2）：217－218.

② Luigi Caranti. The Causes of World Poverty：Reflections on Thomas Pogge's Analysis. Theoria：A Journal of Social and Political Theory，2010，57（125）：36－53.

③ M. Drenthen，J. Keulartz. Environmental Aesthetics，Crossing Boundaries and Breaking Divides. New York：Fordham University Press，2014.

tor）分析表明，对管理哲学接受度的分析可分为两类：对管理哲学的认同及管理哲学的意义建构。回归结果（Regression results）分析表明，尽管哲学导向型的实践可能会影响个人对管理哲学的接受，但是对管理哲学的接受与工作的参与度和组织化的公民行为呈现正相关。而且，结构化的方程分析结果也表明，对管理哲学接受度的上述两个纬度可以调和组织化的实践和个人化的结果之间的关系。王英燕的研究不仅增进了人们对作为基本的伦理基础的管理哲学有效性的理解，而且提供了关于要求提高任务驱动型文化的组织化措施的含义①。在宏观层面，有许多学者对民间组织与社会治理的互动关系进行了深入探讨。例如，西蒙·阿弗内尔（Simon A. Avenell，2010）追溯了战后以来日本政府针对独立志愿行为的国家政策，展示了志愿者活动与政府互动的图景；玛丽·哈达德（Mary Alice Haddad，2007）在与美国民间组织及日本民间组织的传统与现代对比中，揭示了日本公民社会的变迁历程；中野（Lynne Y. Nakano，2000）论述了作为一种生活方式的日本志愿行为；花田（Nanaho Hanada，2012）论证了日本民间组织成员与政府面对面的互动及其对组织成员政治参与态度的影响。

一些西方学者的观点值得借鉴。科佩尔曼在《何为应用哲学中的“应用”?》一文中认为“应用”是描述各种新哲学的技术性术语②。科佩尔曼明确反对把应用哲学视为衍生性（derivative）的观点。他相信哲学应用其实质无非是哲学创新，每一新的应用哲学学科诞生就意味着哲学创新又得以落地生根。与科佩尔曼观点相异的极端例子是各种本质主义观点（foundationalist views），即视应用哲学中的“应用”为一种认识论上的特权，各种本质主义观点使用的哲学术语乃是在认识论上被赋予特权的原则、判断、背景理论。这些本质主义观点难以面对当代社会提出的层出不穷的新问题③。

我们在上文指出，当代中国应用哲学最初是从马克思主义哲学研究分化出来的，最早一批应用哲学研究者也大多是具有马克思主义哲学知

---

① Yingyan Wang. Mission-Driven Organizations in Japan：Management Philosophy and Individual Outcomes. Journal of Business Ethics，2011（101）：111-126.

② Loretta M. Kopelman. What Is Applied About “Applied” Philosophy?. The Journal of Medicine and Philosophy，1990（15）：199-218.

③ 有关本质主义与应用哲学的相关问题，我们将在第五章做详细的阐述。

识背景的学者，这充分反映了马克思主义哲学在当代中国的强大辐射力和广泛渗透性，它已经成为中国社会主导的哲学立场乃至认知体系。然而，马克思主义哲学一枝独秀，也导致了中国应用哲学在方法论资源上的严重匮乏，发展的后劲明显不足。从现有的研究成果看，中国应用哲学三十多年来提出的理论问题并未遵循哲学问题本身演进的逻辑，而是当时的不同政治指导思想的主题或者说思想战线任务的直接翻版。应用哲学的学术性、理论性乏善可陈，在一定意义上可以说，当代中国应用哲学并没有成为日新月异的中国社会发展的引擎，错失了大变革时代哲学大发展的良机。

进入 21 世纪以来，中国应用哲学的研究继续推进。难能可贵的是，学者们对一些问题达成了一定程度的共识。例如，中国哲学创新应当面向现实、面向现代，要能够解决当代现实问题，因此要积极参与到现代社会的政治、经济与文化生活中去；但同时又要同世俗生活拉开一定的距离，以保持哲学相对独立的品格和对于现实的批判精神。

然而，需要特别说明的是，应用哲学的研究方法仍然是哲学式的，如概念分析、语意辨析、形而上学建构、批判性命题的提出等，这些哲学方法不仅保证了应用哲学的学科属性，同时也是应用哲学何以必要、如何可能的实现方式。正是在将哲学方法运用于解释特定社会问题、持续关注特定学科知识的基础上，应用哲学得以产生。所以，应用哲学本身就是哲学创新，它是哲学的横向拓展，它的广度离不开哲学的纵向挖掘所促成的深度。哲学的自我更新在当代越来越具有广谱性，它通过向其他学科延伸、渗透而得到再现。因此，也有学者更加激进地主张应用哲学是传统哲学的现代转向。

不过，哲学创新绝对不是政治革命，不能幻想通过一系列群众式运动毕其功于一役，哲学研究是相对独立、自成体系的学术探讨，需要哲学人经年累月的持续思考和有效对话，哲学研究也离不开高度专业的分析方法和理论工具，这是哲学史留下的思想遗产，是哲学人的共同财富和精神归属。即便关注生活、介入现实世界，哲学仍然是以学术立场、理论视角进行的，应用哲学研究所取得的成果属于人文学科的思想积累，可以构成滋养个体生命的精神世界，也是丰富人类心灵必不可少的组成部分。所以，应用哲学不可能像自然科学或社会科学那样提供药到病除、立竿见影式的解决方案，它只能是润物细无声式的渗透、养育，这就意味着我们切不可期待应用哲学研究可以给出急功近利式的成果，它不是手段，它本身就是人类精神生活和所有民族思想文化领域的重要组成部分，也是回答现代人精神世界疑难问题所必不可少的思想结晶。

第五章　应用哲学的问题意识

在本章，我们将重点分析应用哲学的问题意识。我们所理解的应用哲学的问题意识是指应用哲学何以自处的基本立场和来自生活世界的显见哲学化解释方式，为此，我们将在揭示应用哲学的本质属性（例如，可错性等）之后对应用哲学所涉及的若干重大问题（例如，应用哲学本身的存在形态；应用哲学在不同的生活世界、不同的知识领域下的融通等）做出探讨。我们不难发现，应用哲学所展开的研究其实正体现了哲学向其最初形态的回归。结合“大问题”“大哲学”这一当代哲学创新的角度，我们认为，应用哲学提供了破除理论哲学门户之见的新观点，建立起了跨学科的视野和跨文化的分析框架，从而直接推动了当代哲学的全面转向。

第一节　应用哲学的可错性

本质主义和建构主义这一对对应范畴的提出，反映了现代哲学在如何理解知识生成和人类自身存在状态等问题上的新观念。依据这样的新观念，传统哲学，特别是传统理论哲学通常被视为本质主义的，而现代人本主义哲学、后现代主义哲学包括各类应用哲学则被视为建构主义的。建构主义，顾名思义，明确主张全部知识都是由人依据自身的需要和立场而架设出来的，因而知识都是可以不断被提出、修正甚至推翻的，知识无非是人类生存中无数试错性活动的沉淀。应用哲学作为探索性的新哲学类型，更是毫不讳言自身的可错性，其实，可错性也恰恰是哲学反思特性的一种体现，在突出可错性的应用哲学中，"刚性的'真理性'概念逐渐为柔性的'合宜性'所取代，在'正确性'概念空出的位置上，出现的是'可行性'和'可操作性'等词汇"①。具体而言，应用哲学正是通过破本质主义、兴建构主义，得以在试错中不断发展，形成燎原之势，最终引领了当代哲学的创新。

一、破本质主义

何谓本质主义？围绕这个问题，学界有许多争论，赞成者和反对者兼有，我们不妨首先对相关研究成果做一个简要的综述。

例如，关于本质主义研究。有学者以对确定性的寻求为突破口，认为哲学家寻求确定性的逻辑步伐，内在地生发了本质主义。上述过程既带来了哲学的辉煌，同时也导致了现代哲学的危机。若能有效地消解绝对主义、原子主义、先验主义和非历史主义、非人类性等局限的侵蚀，那么对于确定性的追求并非一定导致本质主义，至少可以避免绝对的本质主义或坏的本质主义。② 有学者从亚里士多德的实体理论出发，通过对该理论的本质主义的、功能主义的及目的论的内涵分析，探究了亚里士多德的形而上学体系之自然目的论性质。在这个分析框架中，亚里士多德的本质主义是功能主义意义上的，也是自然目的论意义上的。③ 还有学者从现代哲学中本质主义的代表人物——克里普克的"可能世界"概念的分析入手，探析了可能世界视域下的现代本质主义学说，认为克里普克基于可能世界语义学及其哲学去分析事物的本质，特别是个体的本质，将本质主义推进到了新的阶段，并从其忽视了作为社会种类的人的本质、个人的社会性起源等方面，评析了克里普克的本质主义的缺陷。④

关于反本质主义的研究也有许多成果。例如，有学者通过与哲学史

---

① 甘绍平．什么是应用伦理学．自然辩证法研究，2004，20（8）：4.

② 章忠民．确定性的寻求与本质主义的兴衰．哲学研究，2013（1）：81-107.

③ 聂敏里．亚里斯多德的形而上学：本质主义、功能主义和自然目的论．世界哲学，2011（2）：138-154.

④ 刘叶涛，张家龙．现代本质主义的逻辑基础与哲学意蕴．哲学研究，2012（2）：73-80.

上以往的反本质主义之对比，指出后现代哲学的反本质主义共同点就是极端激进地主张消解本质，并认为对于异质性、多元性和个体性的强调本身颇具启发意义；同时由于该理论自身的矛盾性，又使其遭到诸多批判并最终走向了死胡同。① 也有学者认为，“后现代”哲学对本质主义的解构，造成了某种总体性的危机。与此同时，对假设性的自觉和多元性的认可，以及对实践观的某种超越，为建构非本质主义的总体性提供了可能。② 还有学者通过以科学观为中介，分析了本质主义的科学观和非本质主义的科学观之所指与区别，并指出至今仍处于主导地位的本质主义的科学观不仅是错误的，而且是严重误导人类文明的；应该摒弃本质主义的科学观，确立非本质主义的科学观。③

概括地说，所谓本质主义，通常主张“在一事物 X 所具有的那些性质中，我们能够区分出它的本质属性和它的偶然属性。根据这种观点，X 的某些性质构成它的本质，而余下的性质则是它偶有的。在不同类型的本质主义看来，本质属性使得 X 成为它所是的那个个体，它所是的事物类型，或者它的类型的一个元素”④。“在本体论上，本质主义假定事物具有超历史、超时空、普遍的永恒本质；在知识论上，本质主义设置了以现象与本质为核心的二元对立，坚信绝对的真理，只要掌握了普遍的认识方法，主体就可以获得超历史的、绝对正确的对本质的认识，创造出普遍有效的知识。”⑤ 需要特别说明的是，在本书中我们所讲的“本质主义”更多的是方法论意义上的，关涉对确定性的追寻。⑥ 简言之，在方法论的本质主义看来，哲学的内容应该是不变的，即哲学解决问题所使用的原则、判断、背景理论，不会随它们被使用的方式而变化，或者说不存在着改变的可能性。

从根源上来讲，作为一种为人们提供了特定方法论的哲学理论，本

① 黄小晏．论后现代哲学的反本质主义．河南师范大学学报（哲学社会科学版），2008，6（35）：50-54.

② 白利鹏．生活世界：非本质主义的总体性如何可能．社会科学研究，2008（11）：6-11.

③ 卢风．两种科学观：本质主义与非本质主义．哲学动态，2008（10）：68-76.

④ 尼古拉斯·布宁，余纪元．西方哲学英汉对照辞典．北京：人民出版社，2001：322.

⑤ 刘慧姝．克尔凯郭尔生存论思想解析．哲学研究，2012（6）：57.

⑥ 此部分的思路借鉴了章忠民的思想。他认为，本质主义的兴衰与哲学家对确定性的寻求有关。章忠民．确定性的寻求与本质主义的兴衰．哲学研究，2013（1）：81-107.

质主义的生发源于人类对确定性的追寻。人与自然、社会以及人自身的种种难以把握的现状和无法控制的未来，势必会给人类自身带来不安全感，这就促使人们去探究如何消除不确定性，确保人对自身存在的安全性。为此，各个学科都尝试着给出自己的答案。这种对确定性的追寻，具体反映在哲学这一学科上，就是着力探讨世界的本质、人类认识的起源及真理的标准，并且倾向于给出具有明确边界的知识判断和可靠的规范化行动指南。本质主义的哲学，特别是早期哲学就是试图告诉我们世界最后的支撑点是什么、人的认识的最终来源或起点是什么、人生存的最高意义或最终归宿是什么等。① 可以说，正是对“确定性”的不断追寻，推动了本质主义的同时也促成了传统哲学的强劲发展。

在某种程度上，有关本质主义的研究通常是与形而上学的研究关联在一起的。在此语境下，一部本质主义的发展史，同时也可以看作形而上学的演变史。“作为西方哲学的一个主要或者核心的部门或学科，形而上学通常指哲学中关于宇宙万物之最普遍、最一般、最根本、最高的根据、本质或基础的知识或理论。”②

古希腊人曾经给自己提出的“拯救现象”之任务，就是要为现存的一切自然现象寻找在其背后起支撑作用的根据或理由。③ 作为古希腊哲学的集大成者，亚里士多德在对以往哲学家的素朴思想进行批判性总结的基础上，提出了自己的“存在——实体论”学说。“存在”④ 源于希腊语的 to on，即英语的 Being，乃连接主词和宾词的系动词，亚里士多德亦把 ousia 视为形而上学的研究对象，并用 ti esti（是什么）和 to ti en einai（是其所是）来表达 ousia 的含义⑤，这也正是源于希腊语 eimi“本质”概念的含义所在。“本质特性被设定为与其他所有事物相关且又使一事物区别于其他所有事物的东西；例如，能够获得知识的那种有死的动物就是人的本质特性。”⑥ 不过，亚里士多德上述属加种差的定义方式其适用范围只是类本质，现代本质主义学说对其做了修正和发展。

---

① 章忠民. 确定性的寻求与本质主义的兴衰. 哲学研究，2013（1）：81-84.

② 张志伟. 形而上学的历史演变. 北京：中国人民大学出版社，2016：9.

③ 张志伟. 西方哲学史：第 2 版. 北京：中国人民大学出版社，2010：19.

④ 在不同的语境下，中国学界曾译为“是”、“有”和“在”等，其名词形式约定俗成的译名就是“存在”。

⑤ 同②2-9.

⑥ 亚里士多德全集：第 1 卷. 苗力田，编译. 北京：中国人民大学出版社，1990：440.

也正是亚里士多德对“本质”的这种探讨，开启了西方哲学形而上学研究的先河。

无论是传统形而上学还是古典形而上学，其最高理想都是成为科学乃至“科学之科学”，这种科学化思维方式的本质主义在德国古典哲学那里达到了一个新的理论高度。以康德、黑格尔等为代表的德国古典哲学家力图证明哲学知识的普遍性和必然性，以解决理性的危机，或者说形而上学的危机。例如，康德对当时哲学界占据主导地位的经验论和唯理论及其相关争论做出了深刻的检讨，他将他们之间争论的全部问题归结为一个焦点问题：“我们如何能够先天地经验对象”?① 康德用他的“哥白尼式革命”回答了该问题，即不是知识必须要符合对象，而是对象要符合主体的先天认识形式。但是，“康德把人类对事物的本质的揭示和对确定性的把握限制在感性、知性的范畴里……将确定性和本质置于社会历史现实的运动变化发展之外，超越于人类活动，将其归结为非历史、非人类的东西”②。这一问题在黑格尔那里得到了部分的解决。黑格尔认为，哲学就是“我们的思想去思想内在于事物的客观思想”③。“人类意识在理解与把握认识与对象之间的矛盾运动中，历经了感性确定性、自我意识确定性和理性确定性这一正反合三段式圆圈，最终达到了‘实体即主体’‘现象即本质’的认识成果和思想境界。确定性在黑格尔那里主要是代表对认识与对象矛盾运动关系的一定意义上的确信和定格”④。最终，黑格尔以“实体即主体”为核心，以认识论、本体论、逻辑学同一的原则建构了一个包罗万象、庞大恢宏的形而上学体系。这样的精神的“探险旅行”在其结束的终端同时也意味着古典形而上学的终结。⑤

现代形而上学的研究呈现出了新的形态。总体上说，现代西方哲学是在反形而上学的思潮中开启的。例如，19 世纪末形而上学遭到了激进的批判，一度严重式微、风光不再，直到 20 世纪 30 年代形而上学才重新回到了现代哲学的问题域，进入部分重要现代哲学家的视野，当

---

① 康德. 未来形而上学导论. 李秋零，译. 北京：中国人民大学出版社，2013：40.

② 章忠民. 确定性的寻求与本质主义的兴衰. 哲学研究，2013（1）：82-83.

③ 张志伟. 西方哲学史：第 2 版. 北京：中国人民大学出版社，2010：469-470.

④ 同②83.

⑤ 张志伟. 形而上学的历史演变. 北京：中国人民大学出版社，2016：18.

然，现代形而上学不再是简单复兴，而是在吸收反形而上学的合理性之后，展现出来新的形态。例如，海德格尔鲜明地指出，以“存在”为自己研究对象的传统形而上学反而“遗忘”了存在，他从现象学所提供的基础存在论的角度“重提”存在问题。① 同样，基于“语言的转向”这一研究背景，斯特劳森通过对“描述的形而上学”与“修正的形而上学”的建构，研究了语言世界的逻辑结构，丰富了现代形而上学的研究。

作为一种思维方式，或者更确切说，作为一种方法论意义上的思维方式，本质主义在当今遭到了诸多批判。其实，对于事物本质的探究本身并没有什么对错，从某种意义上说，哲学正是在对事物的本质探究中得以安身立命的。一以贯之在形而上学之历史演变中的，正是对本质问题的探索②。我们反本质主义，反对的是过于执着地探究本质所必然导致的绝对主义、原子主义、科学主义。③ 但本质主义未必一定是反理性主义的，像尼采等激进的反本质主义者连理性和本质一并摒弃是我们所反对的，同样，我们也不赞成后现代主义者的反本质主义所持有的立场，因为“后现代哲学的反本质主义实际上是倡导感性经验主义的直观方法的一种后退”④。我们采取的立场，更像哈贝马斯等人，在批判中进行建构，重建现代秩序、维护现代社会的基本理性认知及其成果。这就是下文我们将要讲到的公共理性的建构、价值共识的达成等问题。

二、兴建构主义

建构主义之所以受到推崇是因为它表现出了十分显著的理论优势，从而取代本质主义成了多数现代哲学流派共享的基本思维方式和研究立场。

从认识论的角度看，建构主义的基本任务是解释“知识是什么”和“知识是如何获得的”。从建构主义立场考察认识论问题，早在大陆理性主义哲学传统中就有充分的体现和明确的传承，这样的建构主义大体经

---

① 海德格尔. 存在与时间. 陈嘉映，王庆节，译. 北京：三联书店，2012：3-46.

② 对于事物本质的不同的追求方法和态度，尤其是对本质本身的不同的理解，会生发出不同的认识、实践之结果和影响，亦由此演绎出不同的哲学派别和不同的哲学观点，进而影响着现当代哲学主题的变化。

③ 章忠民. 确定性的寻求与本质主义的兴衰. 哲学研究，2013 (1)：81-86.

④ 黄小晏. 论后现代哲学的反本质主义. 河南师范大学学报（哲学社会科学版），2008，6 (35)：53.

过了如下发展历程，即哲学的建构主义→心理学的个体建构主义→社会学的群体建构主义。① 建构主义也在西方哲学的“近代认识论转向”中有出色的表现，例如，霍布斯和康德都通过建构主义认识论探讨了政治现代性的兴起，并试图揭露近代哲学中“认识”与“政治”之间的话语关联，揭示知识、真理与社会的建构性本质。②

从行为主体的角度看，建构主义也引出了许多重要的哲学议题。近代德国哲学的发展、演变的一个中心问题就是如何解决主体性的确证问题，康德的非历史性、黑格尔的历史性以及马克思的实践性都是建立在对主体性更加现实化的肯定之主线上的。③ 即便是一些现代哲学家所坚持的建构主义立场也是为了回答人的主体性如何得到有效保障的问题。例如罗尔斯的重叠共识理论与哈耶克的自生自发秩序论，不仅强调了论证规范的合理性问题，同时也重申了建构主义作为方法论对人的主体性证成的意义。因此，“作为方法论的建构主义与本质主义相对，强调从经验事实、观察材料和历史存在出发，经过相互佐证、反证，得出能被上述存在内容证实的结论。建构主义并不事先假定某种形而上学的原则或概念，而是通过沉入事实之中，提取符合现实状况的答案”④。

我们将建构主义看作与本质主义相对立的概念。作为一种方法论意义上的思维方式，建构主义和本质主义的区别就在于，建构主义视域下的哲学研究是开放式的；秉持建构主义的哲学研究将获得更大的空间，问题域也将因此得以无限地拓展。

我们进而主张，作为一种问题导向的应用哲学，无论是在认识论上还是在方法论上都将是建构主义的，简言之，应用哲学解决问题所使用的原则、判断、背景理论，或者依它们被使用的方式而变化，或者至少存在着改变的可能性。这也是科佩尔曼所说的“衍生性”观点之含义。⑤

---

① 陈佳，陈凡. 论建构主义 S&TS 的逻辑进路. 哲学研究，2016 (9)：106-111.

② 袁立国. 建构主义认识论与政治现代性的兴起——从霍布斯到康德. 北京行政学院学报，2013 (1)：114-118.

③ 员俊雅. 建构主义：从康德、黑格尔到马克思. 中共福建省委党校学报，2011 (2)：4-9.

④ 李萍. 社会管理的伦理审视初探. 江西师范大学学报（哲学社会科学版），2012，45 (2)：26-27.

⑤ Loretta M. Kopelman. What Is Applied About “Applied” Philosophy?. The Journal of Medicine and Philosophy，1990 (15)：199-218.

我们以生命伦理的研究为例略做进一步的说明。一般而言，本质主义的传统生命伦理学着眼于抽象原理，并不关注具体情境。所谓的抽象原理既是一种理论表达，又直接成为解决现实道德冲突的工具。道德理论是为特殊案例中如何得出道德上公正的结论提供一个决策程序——证明一个行为合理，就是把它置于一个规则之下。因此，决定一个行为在道德上是否合理，或者求助于功利原理，或者求助于绝对命令。这样的传统生命伦理学已经遇到了许多严重的现实困境和理论挑战。与此不同，依托于建构主义的关怀伦理则提出，上述使用抽象原理做出具体决策的传统生命伦理模式是不可取的，传统伦理在做道德决策时，排除了对道德事件发生的具体情境的考量以及与道德事件相关的特殊个人的特殊需要①，而这正是建构主义所秉承的核心要旨所在。且看如下的真实案例：一位患癌症晚期的老人，之前与小女儿愉快地居住在一起，他为自己在治疗期间拖累女儿而痛苦，并且也不愿意遭受医疗器械反复侵入带来的身体治疗之苦，请求医生给予安乐死。医生随即获得了该患者小女儿不予治疗的同意。按照功利主义的道德推理，该医生的工作已经完成了。但是按照关怀伦理的理路，该医生的工作尚未结束。因为在关怀伦理看来，每个人都有一个关怀网络，如果关怀网络中的任何一个人不同意放弃治疗，都会面临道德冲突。据此，医院的伦理委员会召集该患者的所有子女参加会议。会议中每个成员开诚布公地发表各自的观点，再结合老人的价值观等方面的因素，最后同意实施不予治疗的方案，这就避免了可能的事后冲突。②

按照古典的划分方式，传统哲学可分为理论哲学和实践哲学(practical philosophy)。其中，理论哲学包括形而上学、逻辑学、本体论；实践哲学包括政治哲学、道德哲学、艺术哲学等。19 世纪中叶之后，分科越来越细了，相应地，整个哲学的知识体系也开始越来越细化，不仅有哲学内部更加细致的分化，哲学与各种具体学科的交叉渗透也带来了新的应用哲学的出现。这些新的应用哲学很难划入传统的实践

---

① 罗纳德·蒙森. 干预与反思：医学伦理学基本问题：一. 林侠，译. 北京：首都师范大学出版社，2010：64. 李萍，王芳芳. 从关怀伦理到人的权益保护——以新药临床试验中的受试者为例. 北京科技大学学报（社会科学版），2014，30（3）：83.

② H. B. Holmes，L. M. Purdy，Feminist Perspectives in Medical Ethics. Bloomington and Indianapolis：Indiana University Press，1992.

哲学之中。比如安乐死的哲学思考、资源再生和循环利用的哲学问题等，按照传统的划分方式，上述问题似乎属于实践哲学的范畴；但由于它们大量涉及具体学科的知识和方法，仅仅依靠哲学完全无法应对，它们就都成为我们在本书中所探讨的应用哲学问题。我们已经在前文反复强调，风起云涌的现代应用哲学，有别于传统的哲学的应用（application of philosophy）和实践哲学的，它是哲学发展到当今时代的一种新形态、新转向，是在对实际问题反思的基础上，形成的对于特定实践领域的一种根本性的和终极性的认识。①

现代应用哲学的属性，可以从世界哲学大会的历届主题变迁去管窥纯哲学的研究逐渐式微、应用哲学的研究不断得到增强的总体趋势。例如，第 21 届（2003 年）的主题是“面向世界问题的哲学”，第 22 届（2008 年）的主题是“反思当今的哲学”，第 23 届（2013 年）的主题是“哲学：审问明辨与生活之道”，第 24 届（2018 年）的主题是“学以成人”。第 24 届在中国召开，主办方为北京大学，我们从其官网获悉，本届大会致力于拓宽哲学领域，因应当代新涌现出的各类全球性议题；倡导哲学家与其他人文科学、社会科学和自然科学的学者一起，建构哲学反思的公共论域，努力面对全球文明发展过程中所产生的矛盾、冲突、不平等以及不公正等重大问题，在科学技术同质化和文化多样性之中，以哲学的智慧开启人类的新思维。②

自近代以来，哲学自身历经分化、降格和逆袭，最后“转识成智”。应用哲学倾向于将哲学限定在议题相对明确、答案指向可靠的限度上，于是应用哲学不再是独立于科学与社会科学之外的另类学科，而是作为渗透于其他学科并为之提供思维方式指导的宏观方法论。这样的哲学既是实践的，又是理论的；既切入生活实践，又专注追求智慧。智慧的追求既体现为一种洞察，也体现为观察问题的独特视角或宏大视野，洞察和视野所需要的是理性思维和抽象能力。③ 由此哲学重新关注到曾经从它那里分化出去的以及不属于它的学科。概言之，哲学的关注，或者说哲学真正地应用于实际问题，不是不加反思地把特定的哲学理论直接套

---

① 国内学者曾祥云认为“应用哲学”是不存在的，人们通常所谓的应用哲学，实质上是属于部门哲学的范畴。[曾祥云. “应用哲学”质疑. 学术界，2013 (5)：128-134.]

② http://wcp2018.pku.edu.cn/dkcs/index.htm.

③ 姚新中，陆宽宽. 当代中国哲学的结构困境. 哲学研究，2016 (3)：124.

用到实际问题上，而是去照亮不同社会问题背后所隐藏的思维假设、价值假设等预设命题，撼动它们的合法性根基。[①] 这就决定了应用哲学的建构主义之范式。一言之，针对上述所言的实际问题，哲学的“关注”“照亮”“撼动”，是通过对实际问题的沉潜玩味，历经有深度的沟通、对话，来提取符合现实状况的答案，这就意味着必须完全放弃简单粗暴地生搬硬套哲学原理、原则的做法。

例如，在城市规划哲学中，理论物理学家路易斯·贝腾古特（Luis Bettencourt）和杰弗里·韦斯特（Geoffrey West）曾基于“正在兴起的城市遵循基本原则”这一研究成果，他们发展出了“城市科学”来帮助城市规划者处理人口增长的问题，并呼吁其他研究者和专业人士致力于城市可持续发展这一宏大理论。沙恩·埃普坦（Shane Epting，2015）认为，尽管贝腾古特和韦斯特对于理解城市的可持续发展议题提出了有价值的洞见，但是他们并没有给予城市规划者应对此类问题的可操作性途径。沙恩·埃普坦由此提出了“城市认同”（city identity）这一概念，来表明城市规划哲学体现了“应用性分体论”（an applied mereology[②]），即放弃科学主义的立场，采纳建构主义，赋予城市规划者在处理包括伦理问题等城市事务中以主体性地位。沙恩·埃普坦还进一步设计出“城市认同”的模型，论证居民参与在城市认同中的作用，以显示“城市哲学”是如何有助于城市可持续发展这一宏大理论诉求的。[③] 最近一场称为“Urban 95”的会议也反映了城市规划哲学的在地化所发挥的积极作用。该会议是以“儿童友好城市”为主题，其中“95”代表95厘米——这是3岁健康儿童的平均身高。此次会议向城市领导者、城市规划者、建筑师、工程师以及民间团体的成员们提出了一个亟待解决的现实问题：如果从一个孩子的视角观察城市，你会做出什么不一样的选择？这样的问题是一般的城市规划理论不会关注的，但它却是城市规划哲学所愿意并且能够面对的问题。正如库马尔所言：儿童友好的智能城市，关注从一个孩子的视角设计城市空间。因为，对一个

① Jeff Noonan. Can There be Applied Philosophy Without Philosophy?. Interchange, 2003, 34 (1): 35-49.

② “分体论”（mereology，该词来自希腊语 uepos，意思是“部分”“分体”）是一种探讨部分关系的理论，包括部分与整体的关系和在一个整体中部分与部分的关系两个方面。

③ Shane Epting. An Applied Mereology of the City: Unifying Science and Philosophy for Urban Planning. Science and Engineering Ethics, 2015 (18), 11-14.

孩子安全就是对每一个人安全。[1] 这样的城市规划哲学研究无疑坚持了建构主义，并以此寻求最基本的思维方式和方法论。这样的城市规划哲学，不是不加反思地把哲学原则简单移植到城市规划问题之中，而是通过追问该问题背后的价值假设，审视其存在的合法性，并在相关人群之间开展有深度的对话，来使城市规划完成从科学向哲学的华丽转型。

三、应用哲学的试错式发展

通过前述章节，我们已经阐明，哲学现代转型导致哲学的自我更新，现代应用哲学之所以倡导问题导向，正是得益于现代哲学对传统哲学的逆袭以及它与其他具体学科的和解。应用哲学并非以矮化自己的方式混迹于其他具体学科，相反，它仍然是以哲学的方式存在于这些领域当中。不是应用科学消融了哲学，而是哲学重新征得了这些领域、重新占领了这些领域。那么，我们不禁追问，应用哲学为什么可以重新征得、占领上述领域？概言之，应用哲学重新征得、占领上述领域的依据是什么？它又是以什么样的形式去重新征得、占领上述领域？

对上述问题的回答，就涉及对应用哲学自身存在形态的探讨。应用哲学以可错性注解自身，从而保持对全部领域的所有问题开放，应用哲学在试错中不断显身和在场，它对一切关联人类使命和人的现存处境的问题都保持高度的敏感。德国哲学家哈贝马斯提出“公共领域”概念用以阐述现代社会的新启蒙何以必要的问题就很好地诠释了哲学如何成功转型为应用哲学。

“公共领域”是哈贝马斯哲学体系[2]中的一个基础概念，所以，它包含了多重含义。不仅如此，这个概念并非哈贝马斯的凭空独创，而是对西方思想史和现代社会的形成历程全面考察后得出来的。“公共领域”滥觞于古希腊雅典时代的城邦，最初意指城邦内以政治生活为本质内容的公共生活；哈贝马斯在考察西欧社会发展历程及现代欧洲社会和解的过程中，对现代公共领域做出了独到的探讨和总结。哈贝马斯充分认识

---

① http://www.thepaper.cn/newsDetail_forward_1697338. Patralekha Chatterjee，徐东东，译. 来源：澎湃新闻.

② 我们可以从哈贝马斯不同时期的著作窥其一斑，如早期著作《公共领域的结构转型》，中后期著作《交往行动理论》和《在事实与规范之间：关于法律和民主法治国的商谈理论》等。

到现代公共领域的共有特征——介于公共权力领域与私人领域之间的一块中间地带，颇有远见地提出了“欧洲公共领域”这一范畴，极大地推动了对“公共领域”的研究。① 在哈贝马斯看来，“公共领域具有反映社会问题的信号功能”②。公共领域是“一个关于内容、观点，也就是意见的交往网络；在那里，交往之流被以一种特定方式加以过滤和综合，从而成为根据特定议题集束而成的公共意见或舆论……公共领域的特征毋宁是在于一种交往结构……是在交往行动中产生的社会空间”③。

在这样的“社会空间”中，公民们提出对有关公共利益的事务进行自由开放的讨论，通过理性的论辩解决意见分歧，而不再受制于先入为主的教条、传统或权威的压制。在解构主义、反形而上学甚嚣尘上的时代，哈贝马斯并没有对理性敬而远之。较之于传统理性，他所主张的理性是一种交往理性，“我们必须把理性视为一切言和行的主体，在生产、生活、交往和思维活动中的根本原则和态度”④。这样的理性不再寄身于传统哲学和宗教之中，而是立足于人们日常交往实践的自我反思和学习能力，其本身具有可错性。⑤ 传统理性实质上就是一种宏大叙事，是一种话语权，不允许发出不同的声音，所以它是不可错的绝对权威。很大程度上，理性的宏大叙事同时具有结构主义性质，后现代哲学中的解构主义正是立足于对它的反抗才出现的，并旗帜鲜明地反对结构，反对宏大叙事，甚而走向了反对理性的极端境地。

交往理性的上述特征，包含着“主体间性”思维方式的诉求。近代以降，理性高歌猛进，“主体-客体二分”的思维方式大行其道。在后形而上学时代，胡塞尔开启了对“交互主体性”问题的探索，也促成了“主体间性”概念的深入讨论。之后，海德格尔、伽达默尔等人对主体性理论做了补充和完善，在此基础上，哈贝马斯对此做了系统的哲学论述。他曾用一个生动的场景来比喻“人在世界中的地位”：“我们必须把

---

① 罗敏，刘良恒．哈贝马斯商谈伦理的运用分析．玉溪师范学院学报，2009，25（2）：47-48．

② 李国娟．论“公共领域”与社会主义和谐社会——哈贝马斯商谈伦理在当代中国的运用．理论探讨，2006（2）：30．

③ 哈贝马斯．在事实与规范之间：关于法律和民主法治国的商谈理论．童士骏，译．北京：三联书店，2003：445．

④ 章国锋．哈贝马斯访谈录．外国哲学评论，2000（1）：31．

⑤ 陆玉胜．哈贝马斯的商谈理论及其应用．上海：华东师范大学，2005：4-8．

它想像成一只手套，只有向外翻过来，才能看清楚主体间编制而成的网络结构”。① 在哈贝马斯看来，交往行为是所有在场的有理性的主体，根据其自由意志展开充分讨论，在主体间的互动中达成的共识。这样一种共识的建构，是在承认多元性和差异性之基础上的建构，“它所依据的乃是建筑在逻辑合理性之上的话语规则的统一，目的是使论证的有效性要求在形式和程序上的实现获得保证”②。

“哲学在科学中只能作为批判而存在，除了批判，留给哲学的并没有别的权利。但一种后形而上的社会理论，仅有批判的立场是不够的，它还必须表明自身的哲学规范性基础，并在理性的观照下，审视当今的社会状况，发现它的缺陷与弊病，并提出一种消除这些缺陷与弊病的方案”③。哈贝马斯所主张的商谈原则或者话语规则，只是“记录了一场商谈性意见形成过程的暂时结果”，这样的论辩结果是具有“可错性”的，它向未来开放，接受未来的审议。④ 据此，我们也就不难理解，哈贝马斯为何将其不遗余力所论证的“道德共识”定性为“暂时的同一性”——“产生于语言共识所形成的松散主体间性，这种同一性不仅支持而且深化和促进生活方式的多元化和个性化”⑤。易言之，哈贝马斯所主张的商谈伦理是一种没有具体内容的程序性伦理，具有形式主义的特征，即只要每一种生活方式都能承认普遍有效的伦理应当建立在个体自由和对人类的共同责任基础之上，人类就可以捍卫个体生活方式的多元主义。⑥ 哈贝马斯所倡导的商谈共识，是一种温和且理性的包容性对话，不是党同伐异的强制同质化。

作为问题导向的应用哲学，之所以能够重新征得、占领具体科学领域，就是因为它所提倡的解决问题的方式是在承认个体自由和对人类的共同责任坚守的基础上，主张采取对话性的商谈方式来建立一种“话语

① 哈贝马斯．公共空间与政治公共领域——我的两个思想主题的生活历史根源．符佳佳，译．曹卫东，校．哲学动态，2009（6）：5-10．

② 章国锋．哈贝马斯访谈录．外国哲学评论，2000（1）：29．

③ 同②31．

④ 哈贝马斯．在事实与规范之间：关于法律和民主法治国的商谈理论．童世骏，译．北京：三联书店，2003：218．王家峰．从责任伦理到商谈伦理：行政伦理的边界与框架．伦理学研究，2014（1）：88．

⑤ 哈贝马斯．后形而上学思想．曹卫东，付德根，译．南京：译林出版社，2001：163．

⑥ 关英菊．对话与商谈如何可能？——以哈贝马斯商谈伦理透视多元社会之伦理建构方式．深圳大学学报（人文社会科学版），2007，24（5）：42．

实践理论”[1]，即“规范共识必须从一种由传统确定的共识转变为一种通过交往或者商谈而获得的共识”[2]。这样建构出来的共识，是恪守“主体间性”思维方式的商谈主体，聚焦于以解决问题为导向的对话，所达成的“暂时的同一”，因此，在本质上具有“可错性”。当然，我们所要着力论证的建构主义视域下的可错性，并不意味着价值观上的相对主义立场，相反，协商、对话等建构活动包括对特定社会价值的遵守，以及对基本的价值原则的预设。[3] 失去基本价值恪守的，或者说“价值中立”的应用哲学，是无法“转识成智”的，更得不到有效的辩护。

在医学哲学研究中新药受试者的组织保护问题正在成为一个热点问题，从应用哲学的视角审视，新药临床试验中的受试者保护问题，涉及药学、医学、法学、社会学、管理学、哲学等诸多学科领域，应用哲学的回答则侧重如何平衡新药受试者的自主性和保护的有效性，即处理好新药受试者保护的合理边界。现代社会中的新药受试者保护所面临的一个重大难题就是，围绕受试者保护相关各方能否形成可以接受的道德共识，这个问题还直接关系现代社会中的人们基于怎样的交往实践和道德记忆而不断生成新的道德共识。我们认为，在多元化时代关注公民结社、社会成员的实际公共交往从而揭示新药受试者保护中公民团体所能够发挥的作用，这不仅对医学哲学，同时也将对社会哲学、管理哲学等应用哲学领域产生积极的影响。这样的应用哲学探讨确保了结社的公民个体生活方式的多元化和个性化，在观点的争鸣和交锋中有望达成“暂时的同一”，无疑，这也体现出了应用哲学的试错性发展。

第二节　应用哲学的融通性

针对传统理论哲学各自为政的现象，应用哲学做出了全新的尝试，要求打破哲学的门户之见，建构“哲学间性”，其现实化诉求就是立跨

---

① 周宪. 文学与认同：跨学科的反思. 北京：中华书局，2008：4.

② 哈贝马斯. 交往行为理论：第1卷. 曹卫东，译. 上海：上海人民出版社，2005：144.

③ 李萍. 社会管理的伦理审视初探. 江西师范大学学报（哲学社会科学版），2012，45（2）：27-28.

学科的视野，建跨文化的框架。我们将融通性视为现代应用哲学的一个重要特征。

一、弃理论哲学的门户之见

此处所言的“哲学的门户之见”，主要是描述意义上的，并非严格规范意义的所指，用来指示在哲学之内诸二级学科之间以及各哲学流派之间自立山头、自以为是、故步自封等运思倾向。这些倾向不仅加剧了哲学与现实生活的脱节，也给哲学的发展带来了致命的内伤。

对哲学门户之见的反思，近年来得到了国际学术界的热议。印度哲学家达亚·克里希纳（Daya Krishna，1989）曾以印度哲学的研究为例，通过对印度哲学梵语术语的反思性研究，认为大多数印度哲学的研究，都是在用西方的概念和范畴来理解梵文，依然停留在如何把一种概念结构翻译成另一种概念结构的水平上。针对上述问题，克里希纳指出，哲学研究应该超越西方文化霸权主义，进而在“建设性交锋-交融”（constructive engagement）中相互学习、携手建构各文化传统“在场”的研究范式。另外，也有西方学者对西方哲学强势话语体系甚至“霸权主义”做出了反思，比如法籍犹太哲学家列维纳斯，力图用尊重他人的哲学代替西方传统的自我霸权主义的哲学。他一反西方学者的傲娇姿态，主张借上帝的彼岸性或他性来显示他人的神圣性，从而找到尊重他人的本体论根据。这是西方人对西方思想传统进行自我批判的一个很好的例子，但上帝视角的切入则使得其论证有乌托邦之嫌。①

围绕“哲学在中国”还是“中国的哲学”之问题，近十几年来中国哲学界也出现了广泛而持续的争论，可喜的是，这场争论引起了人们对哲学的问题意识、哲学的存在形态、哲学的相关议题等重要问题的深刻检视，近似一场哲学的启蒙，遗憾的是，这场争论以貌似公允的折中或综合得出了暂时的解决方案，却未能对深层的哲学学科何以自存、哲学教育的理想方式等问题给出令人信服的回答。作为一门学科，哲学自清末民初传入中国以来，国内外学术界关于“哲学在中国”还是“中国的哲学”② 这一问题始终没有定论；与此同时，中国哲学的“合法性”问题也曾触碰到了哲学研究者的敏感神经，比如2001年法国哲学家德里

① 张世英．和而不同，开创中西马融合的新境界．江海学刊，2011（3）：13.

② 冯友兰．中国哲学史：下册．北京：中华书局，1961：“附录”5.

达在上海曾直言“中国没有哲学，只有思想”，而关于此问题争论的高潮当属 2004 年 3 月在中国人民大学举办的“重写中国哲学史与中国哲学学科范式创新”的学术研讨会，与会学者就“新时期关于‘中国哲学’理解中所存在的问题与今后的发展方向”① 达成了共识。在争论中就有学者花费心力对“哲学”一词的汉译和意义演变做出了考察。汉语的“哲学”一词源于日本明治初期的启蒙思想家西周对“philosophy”的日文翻译②，最早由曾担任驻日公使的晚清学人黄遵宪传入中国；与此同时，留学归来的维新派思想家严复在译介代表了当时西方思潮的主要著作时，也对“哲学”（他最初翻译为“性理学”或“理学”）的研究内容和研究方式等问题做了阐释，这为中国学人了解西方哲学打开了一扇启蒙之窗。

陈来先生认为，中国哲学研究应该超越对“合法性”问题的表面讨论，真正把它落到实处，他强调“我们可以把中国义理之学即作为‘中国哲学’，而不必按照西洋所谓哲学严格限定之。可以说，自冯友兰以后，中国哲学史的研究者都是以此种方法研究中国哲学史，即一方面在理论上认定以西方哲学的内容为标准，另一方面在实际上以中国义理之学为范围。20 世纪的学者并没有表现出强烈的愿望去在理论上充分解决这个问题”③。刘笑敢先生先生认为“合法性”的译法本身就有问题，而应当译为“正当性”，他立足中国哲学之“现代学术”身份和文化资源的角色，对中国哲学做了对比论述。他认为，作为现代学术，中国哲学之身份主体与西方世界同类机构和人员相对应，因此有利于将西方哲学引入中国哲学研究，也有利于将中国哲学介绍到西方世界；相比之下，中国哲学作为世界文化之资源的角色目前比较弱，但这是世界文化的格局问题，不是人员和载体的问题。从长远看，现代中西方的社会体制可

---

① 林美茂. 中日对“哲学”理解的差异与趋同倾向. 北京大学学报（哲学社会科学版），2014，51（4）：44.

② 需要指出的是，西周在翻译时，并没有从本质上完全把握“philosophy”一词的深层含义，因此存在着把“哲学”与“思想”误读的情况，后来经过中江兆民对“哲学”定义的探索，渡边二郎对于“哲学”的解释，可以代表日本学界对“哲学”一词的基本共识。参见：林美茂. 中日对“哲学”理解的差异与趋同倾向. 北京大学学报（哲学社会科学版），2014（4）：39-46。

③ 陈来. 世纪末“中国哲学”研究的挑战. 中国哲学史，1999（4）：5.

以为中国哲学作为世界文化资源的角色提供实践的主体。① 上述两位学者的主张，不仅针对的是如何理解中国哲学的身份和属性的问题，而且也对中国哲学界广泛存在的门户之见做出了深刻的反思。他们精辟地指出，既应当突出中国哲学的主体性，同时要将这样的学科主体性要求在地化，要在世界哲学的范围内，以问题为导向，推动中西哲学的交流互鉴。

今天的中国哲学教育也存在哲学的门户之见，主要表现在以下两个方面：其一，在出版的教科书和教师的课堂授课中大量存在“以西解中”的现象，即用西方哲学作为价值标准，对中国哲学做出自上而下的俯视或自惭形秽式的肢解。从哲学进入中国、中国人开始在自己的学校进行哲学教学以来，经历了从“照着讲”到“接着讲”，再到“自己讲”“讲自己”的过程，具体包括从清末民初的启蒙到民国时期的灿烂，再到新中国成立以来一段时期的教条化，以及当今的多元化，虽然其间取得了许多重要成就，然而，中国哲学教育始终没有很好地完成哲学学科的中西对接和古今传承。苏联哲学教研体系的二级学科模式与以西方传统哲学学科分类为依据的模式交叉并列，形成了现有的中国哲学分类和专业教育的怪异形态，中国哲学教育界并没有超越“以西解中”的历史范式，这种格局直到改革开放四十年后的今天也未得到根本改变。其二，中国哲学教育呈现出以马克思主义哲学为主体，其他二级学科为辅翼的结构体系。在内容上，基本上以一元的、唯物主义的哲学观为主，缺乏他者意识，对其他哲学流派和方法的借鉴十分薄弱，新中国成立后至改革开放前，唯物主义与唯心主义、辩证法与形而上学的对立，曾经极大地主导着课程体系的设置以及哲学内容的讲授，把哲学的运思之路框定在“一元”的范式下，从而严重地阻碍着中国哲学教育的健康良性发展。以哲学通识教育为例，由于中国政府强调占领高校主流意识形态阵地，长期以来把“马克思主义哲学”列为公共课的首选，即便是2018年改革后的“思想政治理论课”，马克思主义哲学也是《马克思主义基本原理概论》的重要内容。诚然，这样的教育模式在新中国成立后的一段时间内曾经有过它的积极作用，但其本质上是在培养具有较高社会主义政治觉悟的“精英”②，而非“爱智”意义上的“使人作为人而

① 刘笑敢. 简论中国哲学的身份、角色与功能. 文史哲，2010 (1)：10.

② 张亮. 我们应当提供什么样的哲学通识教育?. 北京理工大学学报（社会科学版），2013，15 (4)：154.

成为人”（冯友兰语）。此外，就教学与科研的相互转化而言，“当代中国社会科学基金，指导课题的影响过大”①，学术成果的产出，并没有转化为当代中国哲学教育可资吸收的丰富资源。在某种程度上，当代中国哲学教育依然带有过往历史的陈旧烙印。如何打破这种教育格局，仍然是当代中国哲学教育改革之重点。

作为问题导向的应用哲学研究，应该视哲学为一个“混合沙拉”，而非“大熔炉”②，超越“以西释中”或者“以中释中”的单向度之辩。针对某一个具体问题，在尊重每一个哲学体系话语权的前提下，通过各个哲学体系之间的开放和深度的交流与对话，来开展实质研究。具体而言，在研究方法上，我们可以充分借鉴美国格兰谷州立大学倪培民教授的观点，他认为，并不存在独一无二的方法，关键是我们对待他者的基本态度既要立足自身的独特性，又要对他者保持开放的心态。倪培民借助彼特·贺霄客（Peter Hershock）的力作《重创车轮》（*Reinventing the Wheel*）作喻，并结合其他学者的观点，把这样的方法论主张概括为“整合的艺术”（the art of appropriation）或者“作为工程的哲学”（philosophy as engineering）。倪培民的研究视角，是从宏观层面为从事应用哲学研究的学者提供了一个思考的方向标：各哲学之间并非互相排斥，关键是对“他者”的基本态度，必须破门户之见，建构“哲学间性”的范式。③

二、立跨学科的视野

“哲学曾经是科学的初始形态和母体”。“就哲学的原初形态而言，古希腊时期的哲学与科学被看成是一个连续体，可以用‘哲学—科学’称谓之。”“当以牛顿为代表的科学家终于用纯数学这门语言谱写完自然这本书的时候，哲学与科学的脐带彻底发生断裂，哲学与科学开始分道扬镳。奥古斯汀对此有形象的比喻，哲学好比‘处在中心的太阳，原生旺盛、狂野纷乱’，过一阵子它就会甩出自身的一部分，成为这样那样

① 陈来. 中国哲学研究三十年回顾（1978—2007）. 天津社会科学，2008（1）：17-18.

② 罗伯特·所罗门，凯思林·希金斯. 大问题：简明哲学导论：第九版. 张卜天，译. 桂林：广西师范大学出版社，2014：352.

③ 张志伟. 跨文化的哲学对话如何可能——关于比较哲学的几个理论问题. 学术学刊，2008，40（5）：33-39.

的一门具体科学，这些具体科学就像行星一般远离母体，‘凉冷、相当规则，向着遥远的最终完成状态演进’”①。这一方面体现了哲学的“分”，哲学的各个具体视角由此得到精致、解剖式的深入分析；另一方面也反映了哲学的“合”，哲学通过吸收和融汇其他知识体系得以有效解答人类命运共同体所面对的挑战，这也可以看作哲学向其最初形态回归之最本己的诉求，即关注和回应人类的共同使命及问题等，从而显示哲学本真的存在。

作为当代哲学创新的一个重要生长点，应用哲学的勃兴，是哲学寻找家园的特有“乡愁”（德国浪漫派诗人诺瓦利斯语），是哲学向其最初形态回归的思想运动。承载这一“乡愁”运动的具体表达形式就是哲学与具体学科的全面融通，在此语境下，哲学不再被当作“社会科学与自然科学之外的另类学科，而是将其作为渗透于其他学科并为之提供思维方式指导的方法论、认识论、伦理学、逻辑学，帮助人们更好地理解问题、分析问题、解决问题”②。现代社会分工和社会分层的细化，也带来了学科的细分以及交叉学科的兴起。

此外，我们还应看到，哲学与具体学科的融通也是回应现代人文学科尴尬处境、挽救现代人文学科存亡的重要举措。在非完备的现代性的冲击下，现代社会结构的急剧变迁，同时伴生了经济全球化主导的市场经济大潮，这些都促使工具理性大行其道，极大弱化了对“人”自身作为目的的关注，人文关怀缺失，人文理性失落，行政、医疗等各个领域概莫能外。就教育而言，在市场经济大潮的裹挟中，现代人文学科受到极大冲击，部分学科甚至面临被取缔的悲催境地。

受“少子化”影响，从 2007 年开始，日本进入了“大学全入时代”，即从学生人数比例上来看，只要不挑学校，所有的高中生毕业后都可以上大学。大学招生的名额，基本上跟高中毕业生的名额差不多。当然，好的大学，学生都愿意争相报考，差的大学就面临着招不满的情况。在激烈竞争的大环境下，理工科一直很受欢迎，相对来说，报考人文学科的学生就会减少。再加上日本的学费比较高，上学的成本比较大，学生们和家长们都倾向于选择就业率和工资待遇比较高的专业。这

---

① 周濂. 你永远都无法叫醒一个装睡的人. 北京：中国人民大学出版社，2012：173-175.

② 姚新中. 推动当代中国哲学向“大哲学”转型. 人民日报，2016-04-25.

样一来，人文学科的招生规模势必会受到影响。2007 年以后，有些私立大学，因生源不好而被迫倒闭；国立大学[①]因文部科学省削减人文学科（文学、哲学、历史学等传统学科）经费的政策调控也受到极大牵连。在被视为“失去的 20 年”间，日本经济一直不景气，这使得文部科学省面临着巨大的财政开支压力，决定裁减国立大学的人文学科专业设置以节省教育开支。[②] 日本哲学界的学者们并没有坐以待毙，他们积极努力以图振兴。2008 年正式成立了日本应用哲学学会，该学会成立的目的就是促进哲学与其他学科的融通和交流，以期共同面对并解决现时代的各种社会问题。这也可以看作日本哲学界同人们自救的尝试，是哲学自身之反思特性的现实化表现。

即便是在号称近现代哲学故乡的德国，情况也不容乐观。在德国，人文学科的意义和目的，一直是备受争议的话题。由于经费紧张和生源不足，至少已有两个大学（曼海姆大学与帕绍大学）准备关掉哲学系。近年来德国政府也大大缩减了对人文学科的经费投入。在这种背景下，高校和科研院所都面临着学科调整的巨大压力。慕尼黑伦理能力中心以及爱尔兰根-纽伦堡大学的应用伦理和科学交流中心研究所的建立，可以说是回应上述压力的尝试，也可以视为学科整合的产物。慕尼黑伦理能力中心通过整合学科资源，加强哲学与其他学科的融通，对于当前社会问题，从哲学伦理学的视角给予独特且有说服力的回答方案，比方说，对于近年来在国际上兴起的“病人生前预嘱”（Living will）问题、保险机构对罹患重病者或遭遇事故者的医药护理费用的支付程度问题、人体胚胎干细胞研究问题等，该中心通过整合医学、神学和法学等学科资源，已然能够给出自己的伦理建议。[③]

作为发展中国家的中国，在人文学科的设置和建设上也同样面临着尴尬局面。在中国，学生从高中时候就被要求文理分科[④]，在高考指挥

① 在日本，大学主要有三类，即国立大学、公立大学和私立大学。三者之间的一个主要区别就在于办学经费的来源不同。国立大学的经费主要来自文部科学省，公立大学的经费主要来自各个地方的市政府，而私立大学的经费主要来自企业和私人的捐款。

② 此部分资料来源于本书课题组部分成员 2015 年 11 月的日本之行——爱知大学站，与高桥教授的对话录，以及王芳芳于 2016 年 6 月在南开大学爱大会馆与其日方导师唐燕霞教授的访谈。

③ 甘绍平．德国应用伦理学的近况．世界哲学，2007（6）：78-79.

④ 也有特殊的部分省份，如河南，曾在 2003 年高考中，实行的是文理大综合高考模式。

棒的导引下，学生在高中阶段很难对自己的未来做一个科学合理的职业规划。相比较而言，理工科专业在就业率、工资待遇、社会认可度方面都普遍优于文科专业，因此，中国的文科，尤其是人文学科普遍存在招生困难甚至招不到学生的情况。

不难看出，无论是作为发达国家的日本、德国，还是发展中国家的中国，人文学科，尤其是哲学，在市场经济大潮的冲击下，都面临着学科整合或者被取消的危险。为了应对这些现实困境，许多高校也在做出积极的应对。从系统论的视角来看，如果把各学科看成一个自组织的学科群，哲学与其他学科的融通，则可以被视为其自我调整、自我完善、自我修复的一个明智举措。

同时，我们也必须清醒地看到，哲学与具体学科的融通，以便解决当代社会现实问题并保持哲学的“在场”，这是一个任重而道远的系统工程。因为专业壁垒和学科部门知识的高度分化之限制，哲学家跟科学家进行深度对话基本上是不可能的，比方说如何理解核电站建设是否必要与合理的问题。日本在 2011 年 3 月 11 日发生的东日本大地震中出现了严重的核电站受损而导致的核泄漏事故，今后是否继续核电站建设？对这样高度专业的问题，绝大多数哲学家都陷入失语的境地，完全没有能力发言，因为不具备可以发出有价值言论的知识结构。再比如说环境保护当中二氧化碳的排出量究竟多少是合理的问题，哲学家们对此也无法深入参与其中。尽管如此，哲学与科学技术的对话仍然是有意义的，这不仅可以满足哲学的现实感，更主要的，它也是检验政府决策民主化程度的试金石。令各国哲学家们担心的正在于此，当政府高官闭门决策、科学家们以专业自负完全无视公众的心理需求和延续文化传统的诉求时，政治力量与科学的联姻很可能成为集权主义的温床。在日本，是否要坚持发展核电站，不仅一些权威的专业学者失去了发言的机会，哲学家为代表的知识界的意见也被漠视。同样，面对中国三峡工程所可能导致的生态环境破坏问题等，来自哲学界和科学界的冷静、理性的声音几乎难以表达，相关部门的决策丧失了反思、纠偏的最佳时机。

其实，在中国，作为一个现代学科体系，哲学引入之初就承担了一个历史使命，即促成哲学与具体学科的融合。时至今日，“冯友兰的《中国哲学史》上下卷之所以至今仍是一部不可替代之作，就是因为它较为圆满地完成了中国哲学史学科的历史承担。冯友兰指出，他采用‘哲学’来评价中国史料，而不是以中国的‘义理’来评价西洋史料，是因为哲学在近代学问体系中有其地位，与科学相联系。其实，不止科学，国际社会中政治、法律体系等也都与‘哲学’相关。中国今天能够发展科学、进行国际交往，在一定意义上也都是拜‘哲学’所赐，其中中国哲学学科与有力焉”①。陈来先生指出，改革开放40年后的今天，“在对中国哲学具体研究的深入的基础上，中国哲学研究的学者应该聚焦中国哲学领域的大问题，发展具有整体性的或者比较大范围的理论和历史的思考，尤其是能够通向哲学一般领域的，促进哲学和人文学科整体发展的这些思考”②。

在“哲学乡愁”的推动下，哲学通过与其他学科的融通，通过被我们视为一场哲学的自救运动，实现了哲学向其最初形态的回归。这种回归，是历经正反运动之后实现的“合”。应用哲学与其他学科的融通，作为回归后哲学的一种重要转向，它在回应时代难题、解决境遇冲突的具体运用中，所诉诸的是融贯主义（Kohaerentismus）的运作模式。融贯主义的运作模式要求摒弃“排他式的多元主义”，建构一种“合宜的且相互协调的”“包容式的多元主义”理论。这样的应用哲学，不是依靠单一的理论类型构成的一根线条，而是诉诸诸多理论分支并构成一个柔软而灵活的扇面③。

三、建跨文化的分析框架

何为文化？学界的看法总体不一，比如中国学者梁漱溟先生认为“所谓一家文化不过是一个民族生活的种种方面。总括起来，不外三方面：（一）精神生活方面，如宗教、哲学、科学、艺术等是。宗教、文艺是偏于情感的，哲学、科学是偏于理智的。（二）社会生活方面，我们对于周围的人——家族、朋友、社会、国家、世界——之间的生活方法都属于社会生活一方面，如社会组织、伦理习惯、政治制度及经济关系是。（三）物质生活方面，如饮食、起居种种享用，人类对于自然界

---

① 乔清举. 中国哲学研究反思：超越“以西释中”. 中国社会科学，2014（11）：57.

② 陈来先生于2017年在北京师范大学举办的“名家圆桌：思想与学术40年”论坛发言内容。

③ 甘绍平. 道德冲突与伦理应用. 哲学研究，2012（6）：96-97.

求生存的各种是”①。西方学者泰勒（1998）在《文化之定义》一书中指出：“所谓文化或文明，就其广泛的民族学意义来说，乃是包括知识、信仰、艺术、道德、法律、习俗和任何人作为一名社会成员而获得的能力和习惯在内的复合整体”②；亨廷顿（2002）在《文化的重要作用——价值观如何影响人类进步》中，从与硬实力的对比视角，论述了文化的软实力影响。根据本书的写作旨趣，我们主要借鉴卡西尔的文化观，将文化置于人的精神世界；相应地，我们也主张将文化与应用哲学关联起来，为应用哲学提供宽广的基础，因为只有扎根人的生活世界之中，应用哲学才可以获得源源不断的生命力。③

自古以来，总是有很多哲学家致力于普遍价值的探索，如苏格拉底、密尔、黑格尔等，在当代，宗教神学家孔汉斯所提出的“全球伦理”，这些都反映了不同时期的哲学家对各自所处的文化传统的一致认识，即哲学被视为文化交流的硕果。“所有原创性的哲学都是对发生于哲学之外的事件——政治的、经济的、社会的、艺术的、科学的或者文学上的创新——的一种回应（response）”，应用哲学也不例外，它是一种“反应性的事业”。文化兼具民族性和时代性的特征。“每一个时代的理论思维，从而我们时代的理论思维，都是一种历史的产物，它在不同的时代具有完全不同的形式，同时具有完全不同的内容。”④ 随着全球化浪潮的不断推进，文化间的碰撞与交流日益频繁，因此，吸收本地文化的创新，回应时代要求的融贯，由此形成的是一种“混合文化”⑤，借此复合文化背景，当代哲学人有望对各种新颖的刺激做出回应，建构跨文化的哲学新形态，这或许是应用哲学发展的另一个重要生长点。例如，荷兰学者吉尔特·霍夫斯泰德（Geert Hofstede）的《文化与组织：心理软件的力量》（第二版）可谓是跨文化比较研究的经典之作，他所建立的跨文化比较的 5 个维度模型，即试图在文化的震荡与融通中，创构出文化合力之建制。跨文化比较管理研究也成为管理哲学的一个重要

① 梁漱溟. 东西文化及其哲学. 上海：上海人民出版社，2015：20.

② 泰勒. 文化之定义. 顾晓鸣，译. 北京：商务印书馆，1998：98.

③ 汪盛玉. 人不是什么：卡西尔批判式人学观探究. 安徽师范大学学报，2016，3（44）：329.

④ 马克思，恩格斯. 马克思恩格斯选集：第 4 卷. 北京：人民出版社，1995：284.

⑤ 理查德·罗蒂. 混合文化中的哲学. 贺来，刘富胜，译. 求是学刊，2006，3（33）：5-11.

议题。

一些当代中国哲学人已经做出了极为可贵的探索，他们将文化传统融入哲学研究的背景，充分活用中华文化思想史的资源，力图构建中国气派的哲学，这样的哲学创新非常具有启示意义。刘笑敢先生提出了“诠释与定向”说，试图用“反向格义”的方法来解释中国的哲学术语。张世英先生则推出了“后主客”式的天人合一说，认为中国哲学的未来走向在于将中国传统的天人合一和西方近代的主客式的主体性有机结合起来。通过分析学界已有的探索成果，我们认为，跨文化背景下的哲学创新，就是要求我们摒弃主客对立的思维习惯，打破文化霸权主义，创构中西文化的和合。不论是“格义”与“反格义”的论辩，抑或是超越“以西释中”的呼吁，其面对的共同问题就是如何处理“自我”与“他者”的关系问题。概言之，在本文化和异文化互动、互渗中催生勾连二者的中介，在“合作性的自我解释”和“相互构建过程”中形成重叠共识，实现文化多样性中的同一性，也有学者将这样的努力称为跨文化性（Intercultural，或曰文化间性）。①

早在民国时期，发生了影响深远的中西医之间的辩论，其背后所折射的正是东西方文化的冲突与融合这一时代主题。在中国，西医在医疗舞台上闪亮登场，基本打破了中医一统天下的医疗格局，继而也引发了20世纪30年代长达10年的有组织的中西医之争。民国时期中医师团体的成立是传统中医的一场自救运动。这场争执始于学术界，延伸至政治界，最终导致了撼动全国的“政治大地震”②，严重危及中医师群体的生存，于是原来老死不相往来、一盘散沙的传统中医师们大受刺激并空前地团结起来，被迫进行从价值观到组织结构的自我更新，从医术评价标准到同业互动模式的重构，以更好地争取生存空间③。在日本，伴随明治维新的“全盘西化”政策，“汉方”医被废除，“有史可考的日本的医学教育中最起码有一个多世纪没有东方医学的东西，以至于出现了一百多年的‘日本东方医学真空时代’”④。加强东西方文化间的视域融

① 姚介厚．跨文化哲学的四个维度．中国社会科学院研究生院学报，2011（4）：36-37．

② 杨念群．再造“病人”——中西医冲突下的空间政治（1832—1985）．北京：中国人民大学出版社，2006：252．

③ 王芳芳．民国中医师团体的道德价值诉求．伦理学研究，2016（4）：52．

④ http://www.sohu.com/a/202395115_195499．

合，或许是走出中西医之争的较好路径选择。

此外，跨文化的分析框架也形塑了应用哲学对现实问题的理想价值诉求，即“文化的普遍价值”。一般而言，在面对时代重大问题时，哲学的应对方案往往不是给出具体的对策（这是具体科学的分内职责），而是从认识——方法论上给予引导，从批判——价值排序上给予关照。在全球化背景下，诸多困扰人类发展的大问题，如环境污染、消除贫困、战争与和平等，在多元文化的碰撞中亟待应用哲学做出有力的应对。从跨文化的理想维度来看，普遍文化价值的诉求可以提供应用哲学的应对良策。所谓“文化的普遍价值”，通常不是在经验层面实际发挥作用的，而是在理想信念层面对人们的文化实践所给予的根本性的范导和启示。它主要体现在社会核心价值的理念层面，揭示了人类共同的目的指向和价值理想，代表着人的“类”的需求以及对进步、自由向度增长的追求。文化的普遍价值并不容易达成，为此，必须谋求一种建立在人类共同利益基础上的公共理性；同时必须全面抛弃文化霸权主义，只有承认文化差异、尊重文化个性，才能在多元文化的平等对话中促进文化间的视域融合，最终使其顺乎人类整体的文化运作而成为一种文化实践合力。①

应用哲学是以研究和解决社会难题为己任的。不过，应用哲学所要提出的解决难题的答案并不是终结性的，各个应用哲学分支都在致力于社会难题的解决，但它们所给出的不同的解决方式并没有高低优劣的不同，它们都体现哲学与其他具体学科共同关心和回答人类处境的努力。而这正是哲学思考和分析的魅力所在，即它面对的是无限永恒的智慧境界。

从跨文化视域检视应用哲学的未来走向，我们发现，世界哲学将是其最终归宿。这里所讲的“世界哲学”，“并非存在论意义上的实体，而是方法论意义上的问题意识和价值论意义上的开放、宽容精神，其中包含了同中之异、异中之同，对哲学研究者而言，就是放弃画地为牢、排外主义的观念，参与全世界范围内的哲学问题论争”②，于“文化间性”中捕捉问题意识，在视域融合中促成文化实践合力。正如德国哲学家施韦策所言：“只有当西方思想走出自我、懂得寻求包括它自己在内的一

① 邹广文．全球化进程中的哲学主题．中国社会科学，2003（6）：27-30．

② 李萍．在地普遍性的比较哲学何以可能．中国人民大学学报，2017（6）：50．

个具有全人类普遍性的世界观时，它的觉醒才是完全的。我们过久地从事于我们自己的哲学体系的发展，而没有注意到这样一个事实，即存在着一种世界哲学，我们西方的哲学只不过是它的一部分……我们西方哲学，如果根据它自己最近所宣称的标准来判断，则要比我们自己所承认的幼稚得多。我们没有感觉到这一点，那仅仅是因为我们已经掌握了学究式地表述简单事物的技巧。”① 从世界范围来看，当今的确存在中西哲学地位的不平衡，“在未来的哲学演进中，当西方的主流哲学家真正意识到东方哲学包括中国哲学内含不可忽视的哲学智慧之时，其理解的哲学之‘今’，也将相应地包含中国哲学的理论资源，而中西哲学则由此可在更广的意义上成为哲学之思的共同资源”②。

第三节　应用哲学的表达形式

传统理论哲学的表达形式通常采取的是概念式、下定义式、形而上式，与此不同，应用哲学的表达形式则主要是个案式、对话式和情境式。为什么是这样呢？作为一种以问题为导向的哲学形态，应用哲学所要聚焦的核心是现代性生活世界的问题，其研究范围关涉的是人与自然、人与社会，即离不开对“人”的观照，个案式、对话式和情境式的表达形式分别对应的是人的个体性、主体间性和人类所处环境这样三个递进的层级。

一、个案式研究

在上文，我们考察了本质主义和反本质主义的对立，肯定了建构主义的合理性。传统理论哲学之本质主义立场，聚焦于对普遍性、确定性的追寻；应用哲学则采纳了建构主义的立场，关涉对个体性、不确定性的探索，从而在不断试错、反复检验中发展。我们认为，较之于传统哲学之普遍性，主张突出个体性的个案式研究是应用哲学的表达形式之一，克尔凯郭尔的“个体”范畴可为应用哲学的个案式研究之合理性提

---

① 清华大学思想文化研究所．世界名人论中国文化．武汉：湖北人民出版社，1991：265.

② 杨国荣．再思中国哲学．船山学刊，2017（6）：15.

供理论辩护。

理解克尔凯郭尔的“个体”范畴，需要立足于其生存论思想的视域进行思考。集哲学家、宗教思想家和作家多重身份于一身的克尔凯郭尔是“一个具有深厚学养的‘思想’‘天才’”[①]。在克尔凯郭尔的生存论思想中，作为非逻辑学范畴的“生存”，主要指个体的生存，是个体最切己的存在，它需要在“生活世界”中去体验、去“奋争”，而非传统思辨哲学所主张的理性思考。“个体”范畴正是他针对19世纪丹麦社会所呈现的淹没个人之“平均化（leveling）”态势提出的，他指出，“平均化不是个人的行动，乃是在一种抽象的力量手中所玩的反思游戏”[②]，并进一步认为这种“反思游戏”是传统思辨哲学所推崇的。在理性主义的主导下，传统哲学的“平均化”致思路向，导致了“个体”的失语，比如在理性主义哲学的集大成者黑格尔那里，个体的存在被某种决定性的力量统一成为一个整体，表现为主观精神（个人意识）→客观精神（社会意识）→绝对精神的演进过程，而经过这个过程的人只能是一种普遍的人。[③]

被誉为“存在主义之父”的克尔凯郭尔，其个体生存论的出场，在一定程度上改变了学术界本质主义与非本质主义之争的力量对比。[④] 终其一生，他一直在不遗余力地为“这个个体”（sich selbst）鼓与呼。为了远离“样品”身份，他主张“在认识任何别的事物之前，人必须认识他自己。这样，只有在内在地理解自己、从而看清自己的道路之后，人的生命才能获得平安和意义”[⑤]。克尔凯郭尔认为，生存实质上是一个朝向目标前进而没有抵达的连续的、不断的奋争，这种动态的生存观消解了本质主义的同一性与确定性，是一种整体性的自我敞开与生成。

克尔凯郭尔主张，“个体”范畴是不能靠概念言说的，他抨击传统哲学视域下的个人是“要去隶属于一个秉具理性的人类，以一个样品的

① 叶秀山. 从“理智-理性”到“信仰”——克尔凯郭尔思路历程. 世界哲学，2013（6）：5.

② S. Kierkegaard. The Point of View for My Work as an Author. Princeton：Princeton University Press，1998：86.

③ 王常柱. 克尔凯郭尔个体生存幸福观辩证. 伦理学研究，2012（2）：62.

④ 刘慧姝. 克尔凯郭尔生存论思想解析. 哲学研究，2012（6）：57.

⑤ 苏珊·李·安德森. 克尔凯郭尔. 瞿旭彤，译，北京：中华书局，2004：5.

身份隶属于它，因之人类或同类高于个体，而如此的意义乃是说不再有个体而只有样品”[①]。他把“选择”视为个体的行动原则，认为选择的行为之实现远比选择的具体内容重要得多[②]，声称“‘去选择’给予人的本质一种庄严性、一种宁静的高贵，这是永远也无法被完全失去的庄严和高贵”[③]。在克尔凯郭尔看来，厌烦、忧郁、焦虑、畏惧、绝望等主观体验是个体的“实际的存在”，是最本真的状态，只有先“经验”了这些主观体验，才能引发对人之存在的生存论思考。他所说的上述心理体验，来源于“人之为人的限定性”和“人走向超越的可能性”之不可调和的紧张，这就注定了人始终处于有限与无限、永恒与暂时、自由与必然、人性与神性的紧张对立之中。克尔凯郭尔的“个体”范畴，尽管上帝视角的引入以及对个体性的片面强调而颇受争议，但是他对个体存在之意义的深思、个体价值的叩问，在哲思的天空里熠熠生辉。应当看到，萨特的三维“自我”观、海德格尔对个体生存之源始境遇的强调、伽达默尔的视域融合、巴赫金从自我与他人对话关系中探索真正的生命存在、马丁·布伯对“我一你”之本源性关系的考量，以及哈贝马斯的商谈，都是对克尔凯郭尔生存理论的继承和发展。[④]

应用哲学以关注并解决时代问题为己任。在对与人类现实生存紧密相关的问题之观照中，应用哲学放弃了传统哲学“宏大叙事”的表达形式，全面拥抱个案式表达。现代社会，一方面带给人们极大的物质欲望满足，另一方面则加剧了个人的无力感和“失重”，正如韦伯说：“一想到早晚有一天世界上会充满了齿轮和螺丝钉式的芸芸众生，他们紧紧地抓住自己的职位，处心积虑、不顾一切地渴望沿着官僚化的等级层次阶梯往上爬，一想到这种可怕的前景就令人不寒而栗。”[⑤]如何使“个体”摆脱“小齿轮”“螺丝钉式”命运的恶性循环，哲学研究就必须放下身段，聚焦于个体生命存在和意义展示的空间，结合其他具体学科的成果将之现实化并做出诊断，这显然是应用哲学的突出优势。

---

① W. 考夫曼. 存在主义，陈鼓应，孟祥森，译. 北京：商务印书馆，1987：90-91.

② 王齐. 克尔凯郭尔著述中的“伦理”概念释义. 哲学研究，1996（10）：70.

③ 克尔凯郭尔. 非此即彼：下卷. 京不特，译. 北京：中国社会科学出版社，2009：228.

④ 刘慧姝. 克尔凯郭尔生存论思想解析. 哲学研究，2012（6）：59.

⑤ 马克斯·韦伯. 经济与社会. 林荣远，译，北京：商务印书馆，1997：247.

以医学哲学为例，近年来，安乐死的合法化问题颇遭国际学术界的热议，安乐死问题的实质就是个体是否有权利决定自己的生死。从生存论看，这其实就涉及个体是否可以单独“出场”，从而获得其“伦理的真实性”的实现。2018 年 5 月 10 日，《今天，全球媒体都在等待一位 104 岁老人的死亡》的新闻再次引发对安乐死问题的关注。故事的主角是 104 岁澳大利亚老人——大卫·古德尔（David Goodal）博士，由于对自身生活质量的极度不满，他最终于 2018 年 5 月 10 日在瑞士接受自愿安乐死。这个事件促使我们再次思考究竟何为个体生命的意义与价值。所有自愿寻求安乐死的人，都认为“死亡不应该隐藏在某个房间背后”，而应该光明正大、有尊严地死去。很多人在没有任何疾病的情况下，也在经历着“慢性疼痛”，个体生命对疼痛的感受很多时候可能并不是来自身体，还可能来自对已有的生活状态的不满、对个体生命价值的失望、对失去尊严的恐惧、担心成为他人的负担等。我们认为，个体生命之“伦理的真实性”的实现，不仅包括有尊严地活着，也应该包括有尊严地死去，因为个体所拥有的“去选择”之自由“给予人的本质一种庄严性、一种宁静的高贵”。

二、对话式研究

对话式研究，作为哲学的一种表达形式，强调的是主体间的相互性、互动性，这样的思想或哲学表达形式其实在中西哲学的源头上已然存在。比如《论语》和《理想国》都是采用对话体形式的经典记载。现代哲学家，包括哈贝马斯的商谈伦理和社群主义提出的“共同体”“社群”等都是以对话为其核心表达形式。哲学，生于对话，死于独白。当代中国哲学是在世界文明交汇、多元文化并存的时代背景下生长的，其“基本着力点是向‘大哲学’转型”①，也离不开高水平的对话。

所谓主体间性，也称“主体交互性”，或者“交互主体性”，它是针对传统哲学主客二元对立提出来的，反映了哲学范式的变革。主体间性有内在主体间性和外在主体间性之分。其中，内在主体间性关涉自我结构之自身与自身的关系问题，“内在的主体间性是我和我进行对话，那

① 姚新中．推动当代中国哲学向“大哲学”转型．人民日报，2016-04-25（14）．

个你就是我，然后又产生另外一个主体——他我，他我是从自我主体派生出来的，是对自我主体的评论者、关爱者、审视者，这样就形成了一个内在的主体间性”①。外在主体间性，关涉自我与他者的关系问题，所突出的自我是关系中的自我。在应用哲学的表达上，我们所讲的主体间性不仅仅包括作为个体之人的对话，也包括非个体之人，比如各文化主体间的对话。

由蒂莫西·斯迈利（Timothy Smiley）主编的《哲学对话：柏拉图、休谟和维特根斯坦》② 对此问题做出了有深度的讨论。在此著作中，剑桥大学哲学教授戴维·塞德利（David Sedley）、基尔大学哲学教授乔纳森·丹西（Jonathan Dancy）、剑桥大学哲学教授简·希尔（Jane Heal）试图追问柏拉图、休谟和维特根斯坦采用对话形式写作的理由。比如，在戴维·塞德利看来，“柏拉图并非第一位书写哲学对话的人。如果说柏拉图对这种艺术形式的处理是精妙绝伦的，那么，其中的一个原因将会是：对他来说，对话就是哲学。甚至‘辩证法’——他用来表示正确的哲学方法的术语——从非常字面的含义上讲就是指进行对话的学问”③。

就应用哲学而言，为何要“恢复”对话这种表达形式，对话的应用哲学要解决什么问题，对话的应用哲学能够带来什么，对话的应用哲学是怎么体现的？我们认为，采用“对话”之表达形式，是应用哲学回应其自身属性的要求。在前述内容中我们着重阐述了应用哲学之跨学科、跨文化的属性。正如 2018 年世界哲学大会官方网站所强调的：“着重对哲学以及哲学在当今世界中的任务和作用进行批判性反思。拓宽哲学领域，因应当代新涌现出的各类全球性议题。哲学家应与其他人文科学、社会科学和自然科学的学者一起，在经济、社会、政治和宗教等领域，在多元文化和各类传统之间，进行相辅相成的合作与互动。”④

当今社会，多元文化的并存共在，是一个不争的事实。加强各文化

---

① 刘再复，杨春时．关于文学的主体间性的对话．南方文坛，2002（6）：16.

② 张志平译，桂林：漓江出版社，2013.

③ 蒂莫西·斯迈利．哲学对话：柏拉图，休谟和维特根斯坦．张志平，译．桂林：漓江出版社，2013：3.

④ http://wcp2018.pku.edu.cn/dkcs/index.htm.

之间的交流，其实就是促成各个文化体系进行富有成效的对话。“密涅瓦的猫头鹰在黄昏起飞”，对于多元文化在应用哲学中的反思，应用哲学诸流派中的不少哲学家所从事的正是这项工作。例如，美国当代著名的生命伦理学家恩格尔哈特（H. Tristram Engelhardt，Jr.）就在这方面做出了令人钦佩的探索。他所提出的允许原则正是多元文化主体加强对话之价值诉求。恩氏认为启蒙运动已经失败，主张重建俗世[①]道德权威。当我们在现实生活中既要依照自己所信仰的道德学说来行事，又要同那些持有跟我们不同的道德学说的人合作时，我们就需要采用两种不同类型的伦理学。恩氏把这两种不同类型的伦理学分别称作宗教的伦理学和俗世的伦理学。[②] 在恩氏用道德共同体来“表示个人们由于具有共同的具体的善观念而达成的一种联合体”[③]，同一个道德共同体（moral community）内部的人被称为“道德朋友”（moral friends），道德朋友之间共享的道德是具体的、充满内容的（content-full）；而持有不同的道德前提的人被称为“道德异乡人”（moral strangers），道德异乡人之间共享的道德则是程序性道德，其核心是一条先验性的程序原则——允

① 恩氏的俗世伦理学是与“宗教伦理学”相对而言的。在他的理论体系中，宗教伦理学不仅指持有神论的伦理学体系，而且包括任何一种对于对与错、善与恶和好与坏提供实质性指导的系统性道德学说，是充满内容的（content-full）伦理学。持有同一种具体的伦理学的人是道德朋友，之间共享相同的基本道德前提。那些持有不同道德前提的人是道德异乡人（stranger），他们之间合作时，就需要 门新的、不同的伦理学，这就是俗世伦理学。用在“俗世伦理学”这个概念体系中的“俗世”（secular）准确来说是一个形容词，即世俗的、一般的、中立的意思，在与范瑞平教授（《生命伦理学基础》中文译者）的交流中得知，之所以将它统一译作“俗世”而不是“世俗”，是为了避免用“世俗”这个词可能带来的“庸俗”“俗气”的误解。在恩氏那里，俗世伦理学并不专指无神论或反宗教的思想，而是指不代表具体的宗教、传统或意识形态的学说，其核心原则是允许原则。恩氏认为当今世界的几乎每个人的道德生活是在两种层次上过的：面对道德朋友时，采用具体的道德共同体层次，人们在其中达成对于良好生活的充满内容的理解；面对道德异乡人时，采用俗世的伦理学层次，它是无内容的，因而有能力跨越众多不同的道德共同体。（H. T. 恩格尔哈特. 生命伦理学基础. 2版. 范瑞平，译. 北京：北京大学出版社，2006：XX.）在提供程序性的俗世伦理学与提供内容的具体伦理学之间，即在其概念核心依赖于尊重道德主体的自由伦理学与在其内容上涉及追求具体善的伦理学之间，可能存在着冲突。因此，和平的俗世的多元化社会需要相互尊重，和平协商。［郭玉宇，孙慕义. 恩格尔哈特俗世生命伦理学思想之简评. 道德与文明，2010（6）：58.］

② H. T. 恩格尔哈特. 生命伦理学基础. 2版. 范瑞平，译. 北京：北京大学出版社，2006：XIV-XIX.

③ 同②100（注释85）.

许原则，即己所不欲，勿施于人。[①] 质言之，“道德异乡人”之间所秉承的程序道德发生在大范围的世俗国家内，该语境下形成的伦理学是俗世的伦理学；“道德朋友”之间所秉承的是实质道德，它发生在各个道德共同体内部，该语境下形成的伦理学是类似宗教的伦理学。

恩氏大张旗鼓地宣扬“允许”原则，并且把它奉为其道德体系的圭臬，以此来调整“道德异乡人”之间的行为，恩氏的苦心孤诣，也正是为了回应并解决多元文化问题而做出的努力。按照恩氏的思想，在一个俗世多元文化的社会里，涉及别人的行动的权威只能从别人的允许得来。解决有争议的问题的权威只能来源于争议者们的同意，因为它无法来源于理性论证或共同信仰。尊重争议者表达同意的权利乃是道德共同体之可能性的必要条件。允许原则提供了俗世的道德商谈所需的最起码的语法。[②]

需要注意的是，恩氏的“允许”原则，作为对话之衍生，对于解决多元文化主体间的分歧，提供了一个新的思路，国内外学界对此给予了极高的评价，同时也引发了诸多学术争议。第一，它是建立对于权利优先这一理论前提的强调之上的，这种对个人权利优先的强调，符合具有个人主义传统的西方社会，但是在强调整体利益、家庭关系或者团队精神的东方社会，就会产生水土不服的情况，这种学说产生土壤上的限制，使得恩氏伦理学体系的应用势必会带来文化上的冲突。[③] 第二，恩氏对于“允许”原则的强调，使得在过分尊重个体权利的同时，有可能蜕变成对处于弱势地位的少数人群的不负责。例如，在新药受试者保护问题上就可能导致集体不负责的后果。对于受试行为而言，恩氏过分强调尊重个体权利，认为只要得到病人受试者的允许即可进行大胆的研究，但是这种允许是否建立在真正的知情同意基础之上呢？在医疗知识和社会权力等方面均处于相对弱势地位的受试者的个人真实意愿能够得到有效表达吗？一旦受试者这一群体的权益受损，就有可能直接延缓新药研发的进程，在此意义上，也是对整个人类共同体命运的不负责。

---

① H. T. 恩格尔哈特. 生命伦理学基础. 2版. 范瑞平，译. 北京：北京大学出版社，2006：XX-XXI.

② 同①1.

③ 邓艳平. 道德异乡人何以共处——恩格尔哈特的允许原则述评. 医学与哲学，2002，23（8）：25.

在应用哲学内的诸流派，“对话”这一表达形式都得到了具体体现。比如医学哲学中现代新医学模式的产生，就是医患双方在医疗实践中“对话”式的博弈。① “医学模式是在医学科学发展和医学实践活动过程中逐渐形成的观察和处理医学领域中有关问题的基本思想和主要方法。”② 综观医学史的发展，传统医学模式凸显的是医生的权威和主导性，在诊疗过程中病患完全处于被动的地位。这种病人“沉默”的状况也曾引起伦理学家麦金泰尔的关注和反思：“病人在传统上把自己托付给医生。而医生大体上不给病人提出多种可能性，让病人选择；他大致把自己的医疗方案告知病人……在我们的文化中，我们对医疗权威并不感到奇怪和异常，因为我们从孩提时期就已经熟悉了；但是，当我们开始注意到它时，发现它是那么奇怪，因为它与我们的社会经历几乎没有类似之处。”③ 这种状况使得大多数病患处于被动地位，无力也无法对诊疗过程表达任何可能挑战医生权威的看法。在科学主义主导下，受训多年的医生过于迷恋医疗技术，也倾向于单纯地将医学归结为技术科学领域，这使得医疗实践活动呈现出一系列非人性化的悲惨画面。医生的诊疗过程更多的是“人—机”对话模式，而非“人—人”对话模式。

这种物化的医患关系引起了国内外学界的批判与反思，最具代表性的是美国精神病学家和内科专家恩格尔在 1977 年提出的“生物—心理　社会”医学模式。这种新医学模式并非是对生物医学模式的否定，而是对它的扬弃，是在综合考虑患者的心理、社会等因素的影响下，对生理、生化指标所反映出来的病理指数进行综合考察，进而给出可行性的诊疗方案。现代新医学模式的核心要义是张扬人性、尊重主体性人格，倡导医患之间的对话与合作。

以“西方世界的第一大哲学系”——牛津大学哲学系（Sub-Faculty of Philosophy）为例，其两大特色集中体现了哲学教育中的对话精神。第一，导学（tutorial）制。其运行机制大致如下：学生提前一周

---

① 王芳芳. 新药临床试验中受试者集体交涉权的伦理辩护. 昆明理工大学学报（社会科学版），2015（1）：2-3.

② 冀中，高德馨，张洪涛，等. 医学模式. 北京：北京医科大学、中国协和医科大学联合出版社，1990：3.

③ 朱伟. 生命伦理中的知情同意. 上海：复旦大学出版社，2009：9.

被告知待阅读的文献内容，并且需要围绕指导教师所选定的某个主题撰写一篇短文，以阐发阅读文献中所提出的那些最为重要的问题。每周一次的导学伊始，学生先用一刻钟左右的时间朗读自己撰写的短文，然后就短文内容，师生间展开讨论。这就意味着学生在短文中所讲的一切都要在富有经验并且通常不留情面的批评家面前进行辩护。任何写上去只是用来凑字数的话语，任何含混、模糊或做作的话语，任何只闻其声不见其义的话语，任何不具有表达真实思想之目的的话语，都要被无情地如实揭露出来。这样一个过程，既是训练学生清楚、明白、有序地表达自己观点和反驳别人观点的过程，又是指导教师完善其自身对哲学学科的理解力的过程。[①] 第二，注重学科之间的渗透和融合。以哲学本科生培养机制为例，PPE（哲学、政治学、经济学）或 PPP（哲学、心理学、生理学）等专业，是牛津大学打破学科壁垒，加强学科间对话的特色实践。正如该校的克里斯托弗·希尔兹（Christopher Shields）教授指出，“牛津大学哲学系一个显著特点是，没有只学哲学的本科生，他们在学哲学的同时还要选读另外一门学科”[②]，以践行“培养学生认识世界和社会、分析问题和解决问题的能力，并非完全造就哲学家”[③] 这一教育宗旨。

三、情境式研究

作为哲学发展到当今时代的一种转向，应用哲学的出现，同时也是哲学理解范式转变的结果。中国学者梁漱溟所提出的“文化三路向”说，正是在反思东西方文化及其哲学的基础上，对哲学理解范式的探析。他认为，对于人与物、人与人以及人与自身三大难题所给出的解决方案，分别对应于西方文化、中国文化和印度文化。梁漱溟对上述三种文化体系的概览，其直线式的演进虽然难以自圆其说，但不得不说是其对理性的着力检讨和反思，引入文化向量做出了比较研究，是非常可贵的。“检讨和反思理性是 20 世纪西方哲学的重要表现形式。而反思与检

---

① R. M. 黑尔. 一所培养哲学家的学校——牛津的哲学教育. 张留华，译. 世界哲学，2013（1）：134-135.

② 陈波，赵震，李琳. 大学哲学教育如何回应当代社会的需求与挑战？——世界哲学系主任联席会议纪. 哲学分析，2013，4（1）：166.

③ 冯俊. 牛津大学的哲学教育. 哲学动态，1997（9）：35.

讨人类理性的重要结果就是哲学向生活世界的回归，从而确立一种迥异于寻求普遍知识的思辨哲学理解范式的寻求价值意义的文化哲学理解范式。从这种新的理解范式来看，那种外于人的、与人无关主客二分的世界是不存在的，世界是人的世界，是由人说出、为人把握、为人所感触到的世界，这样的世界只能是与人相关或对人发生意义的世界，是人生活于其中的、与人内在统一的生活文化世界”①。

在前述内容中，我们讲到了应用哲学融通性之跨文化特点，跨文化是为了在持有不同文化背景的人群间实现相互交流和深度理解，这就意味着需要充分尊重人们所身处其中的文化传统，将文化传统视为社会存在者的人所具有的文化符号，应用哲学为此倡导情境式的表达形式。这也可以看作应用哲学对“生活文化世界”的关注和聚焦，因此，应用哲学的问题意识必定是当下现实的，它与人的情境、生活世界活动紧密关联，从而应用哲学的表达形式总是此在的、共在的。在与情境的交融中，在对世界的反思中，应用哲学以更加现实和具体的立场回应哲学的终极关怀问题——追求人类自身的“澄明”。

德国哲学家恩斯特·卡西尔被誉为“当代哲学中最德高望重的人物之一，现今思想界具有百科全书知识的一位学者”②，其文化哲学体系的创立，是在批判传统哲学的基础上，对哲学理解范式做出的新建构。基于让哲学回归生活世界的价值诉求，卡西尔将康德的先验原则扩大到了应用范围，即从理性批判延展到了文化批判。卡西尔认为，哲学知识的最高目标就是将文化转换成为人的自我意识，达到人对自身的澄明，以便容纳更丰富、更广阔的人生经验，表达“文化人”在文化世界中的价值与意义。③ 纵观人的一生，人生历程中所经历的各种境遇，或者说各种情境，成就了人生经验；而正是这些不同的境遇，赋予了主体之人的价值与意义，使之成为“文化人”。

在对以往人学观（理性人学观、宗教人学观、生物人学观）批判性考察的基础上，受舍勒“全面研究完整的人”这一哲学思想的启发，卡西尔认为，人不仅生活在“实在之中”，还生活在“实在之维中”，这里

---

① 邹广文. 在文化世界中延展哲学之思：卡西尔《语言与神话》阅读札记. 学海，2010（4）：34.

② 甘阳. 人·符号·文化——卡西尔和他的《人论》. 读书，1985（8）：77.

③ 同①35.

的“维”所突出的是无限拓展和不断超越的“意义世界”。[①] 基于此，卡西尔提出了他的著名论断：“人是符号的动物”，并指出“人与众不同的标志，既不是他的形而上学本性，也不是他的物理本性，而是人的劳作（work），正是这种劳作，正是这种人类活动的体系，规定和划定了‘人性’的圆周。语言、神话、宗教、艺术、科学、历史，都是这个圆的组成部分和各个扇面”[②]。

卡西尔认为，“人不再生活在一个单纯的物理宇宙之中，而是生活在一个符号宇宙之中。语言、神话、艺术和宗教则是这个符号宇宙的各个部分，它们是织成符号之网的不同丝线，是人类经验的交织之网。人类在思想和经验之中取得的一切进步都使这符号之网更加精巧和牢固。人不再直接地面对实在，他不可能仿佛是面对面地直观实在了。人的符号获得能力进展多少，物理实在似乎也就相应地退却多少。在某种意义上说，人是在不断地与自身打交道而不是在应付事物本身”[③]。在卡西尔看来，人经验世界的过程，是用符号改造自身的过程，是“人不断自我的历程”；在这个过程中，人摒弃传统的形而上学思维，秉持符号思维，“发现并且证实了一种新力量——建设一个人自己的世界、一个理想世界的力量”[④]。

在跨文化的情境下，应用哲学的价值诉求就是全力关注不同的人群如何去实现自己，建构自己的世界，从而达到自身的澄明；针对具体的个别的人而言，就是要关注这个人如何在他（她）的人生历程中赋予主体本身更丰富的价值和意义，更好地实现人的“存在”，而不只是使人对自身生存之根的探求仅仅“停留在概念思维的‘理性’”[⑤] 上面，亦如海德格尔所批判的“遗忘”了人的存在。在跨文化背景下，个体的人和他所处的群体毫无疑问地成了应用哲学的主体，并将他们共同关心的话题转换成事关人类的全球性议题，例如 2018 年在北京召开的第 24 届世界哲学大会设定了“学以成人”之主题，就充分反映了应用哲学各个

---

① 汪盛玉．人不是什么：卡西尔批判式人学观探究．安徽师范大学学报，2016，3（44）：332.

② 恩斯特·卡西尔．人论．甘阳，译，上海：上海译文出版社，1985：87.

③ 同②33.

④ 同②288.

⑤ 邹广文．在文化世界中延展哲学之思：卡西尔《语言与神话》阅读札记．学海，2010（4）：34.

领域研究的共性，同样也十分吻合卡西尔所提出的“发现并且证实了一种新力量——建设一个人自己的世界、一个理想世界的力量”。

应用哲学能否超然于其他的分支学科，能否取得令人欣喜的成果，主要还是取决于它能否在哲学上做足功课。值得庆幸的是，在个体的价值观念日趋复杂与多元化、人类的行为后果越来越不确定的时代，容忍试错并自我裁定是可错的应用哲学必将大有用武之地，因为它始终保持开放性、暂时性与可修正性的品质，这对解答时代难题无论如何是必不可少的问题意识立场。

第六章　中国应用哲学的未来走向

应用哲学在今日中国的方兴未艾，既意味着现实世界日新月异的发展提出了诸多难题和挑战等待哲学做出回应，同时也显示出中国哲学人不断进行理论创新的尝试，借此着力推动中国理论哲学实现现代转向。若从体用关系层面而言，应用哲学和理论哲学各有体用①，它们相互作用，充分展示出哲学的理论性和实践性、思想性和现实性、批判性和建构性等既有所区别又深切关联的诸多内在特性。因为应用哲学并非理论哲学的简单推广或套用，应用哲学有着自己独特的问题意识和方法体系，这正是需要我们倾力打造和用心建构的基盘，当代应用哲学的再出发就是从此基盘开启的。与迄今为止已经出版的国内多部应用哲学著作不同，我们的研究总体上是应用哲学的基础理论研究，重点是揭示应用哲学的本体论和方法论，我们在本书中并未分门别类谈及应用哲学的外延或各个分支领域的具体表现形态，而是着重阐述应用哲学引领哲学未来发展的必然性、应用哲学的基本问题导向、方法论等原初性的基础理论问题，故又可以视为元应用哲学研究。在本研究中，我们将理论哲学之“体”为何的问题暂且搁置，集中讨论应用哲学对理论哲学的引领意义，这也是我们理解“应用哲学”的一个基本视角，换句话说，应用哲学正在成为当代哲学的主流，并提供具有未来指向性的运思路径。

① 严格说来，在本书中“体用”一词只是假借，我们借用“体用关系”这一中国读者相对较为熟知的概念是想表达哲学致用的宗旨。

第一节　科技时代中的当代哲学

中国应用哲学从马克思主义哲学母胎孕育而生。尽管学界对应用哲学是否能够独立存在或者何以必要存在等问题曾经有着持久而广泛的争议，然而，较为集中的意见仍然认可并支持应用哲学的独立发展。但不可否认，迄今为止的中国应用哲学研究尚存有许多不足，其中一个严重的不足就是对应用哲学走向何处、今后如何发展等关键问题缺乏深入思考，即应用哲学的未来发展方向依然不够明朗。造成这一困境的主要原因在于应用哲学的研究过早陷入“路径依赖”，试图以理论哲学的研究方式来全盘接手并回答应用哲学所面对的领域及其问题，这显然是不可行的。其中一个表现就是，对当代科技突飞猛进的发展所带来的新格局、所提出的挑战、所造成的难题关注不够、反应迟钝。我们认为，应当借助当代中国哲学创新这一学界共识将中国应用哲学置于科技时代之中，做出重新审视，从而进一步厘定应用哲学研究的论域、范式，夯实应用哲学研究基础、壮大应用哲学研究队伍，促使应用哲学研究成为当代中国哲学创新的清流，最终实现中国哲学的当代转向。为此，我们将在本章重点分析当代中国应用哲学所处的时代（我们将之归结为科技时代）及其问题意识、应用哲学的方法论建构、应用哲学的大问题导向等三个问题，我们认为，对这些问题做出细致且有效的回答将有力推动应用哲学的深入发展，并有望开辟出应用哲学研究的中国模式。

一、知识与真理

哲学对科技领域的介入主要是通过知识问题实现的，同样，科技之所以越来越引起人们的浓厚兴趣并深刻改变现代社会，也是因为科技追求知识并提出了有足够解释力的验证知识的思想工具。在现代社会，“知识”以及相关的真理问题促使哲学与科技成为同一战壕的盟友。

“知识”（knowledge）这个概念看似简单，细究下去就会发现人们围绕“知识”的概念衍生出了诸多分歧，其中争议最大的问题包括：第一，“知识”的性质。有人认为“知识”与“知道”相关，即有知道知识的主体，知识才成为了知识，知识离不开认知者；也有人认为“知识”是客观存在的，不以人的意志为转移，不管人注意或不注意，它都始终存在。第二，“知识”的来源。西方思想史上通常将知识分为两类，相应地，也就有两个不同的知识来源：一个是事实知识，即通过经验、实践得来的知识，一个是理论知识，通过系统的学科专业的学习而得来的知识。杜维明先生认为中国传统儒学给出了第三种知识，即自我知识，这类知识是通过反躬自省、致良知、求放心之类的方式获得的，自我知识促使当事人提升自己的人格，从而廓然大公，了解世间万象，洞察人世百态。第三，“知识”的检验。“知识”有正误吗？判断的标准是什么？绝大多数可认知主义者相信知识有正误，怀疑主义者则对此持否定态度。可认知主义者给出的知识检验的标准也是形形色色，如符合论认为一个判断符合外在事实就是正确的知识，基础说认为一个判断是否合理要视其是否被某些基础信念所支持，融贯说则主张一个判断的真假值取决于它是否与相关的判断体系相融合。

与“知识”概念密不可分的是“真理”这一概念，那些被判定为真的知识通常被等同于真理，所以真理就成为人们探求知识的重要目的，这就意味着有些知识是假，包含了错误，不是真理。然而，这句话似乎也有疑点。第一，假的知识还是知识吗？例如，有人说“天在下雨”，室外却明明晴空万里，这时你不认为他有错误的知识，而是更愿意认为他说的是假话、胡话。第二，我们通常可以明确区分出知识、意见、信念的不同。与意见、信念相比，知识不仅是正确的，而且是可以检验的，那么，知识似乎本来就是正确的陈述。第三，今日的哲学界已经越来越接受这样一个观点：可错的理论才具有知识价值，换句话说，可错性是知识（而非迷信、偏见）的一个属性。“知识”可以经受目前主要的理论之证成，但并不保证知识在未来仍然可以被证成。如果是这样，知识就并不等于真理，因为真理虽然不等于永远正确无误，但至少它比知识具有更高程度的可靠性和真切性。

在哲学上，针对知识本身持续且系统的反思就构成了知识论（又称认识论，epistemology），这个领域不仅是传统哲学十分重要的领域，在今天也是充满智力角逐的哲学主体部分。我们所说的应用哲学，特别是与科技相关的应用哲学议题大多与知识论有关，例如人工智能、计算机信息技术等就涉及如何理解人的知识产生的机理，从而促成人机对话的实质性达成。由此可以认为，应用哲学的推进，不仅扩大了知识论的边界，也极大激发了人们对知识论的新理解。“那些认为哲学本质上要脱离开实践或行动的领域的人们是错误的。他们所评论的是哲学曾经成为什么，而不是哲学曾经始自何处。‘哲学’一词仍然可以被解读为‘爱智慧’，哲学原本就是这样走过来的，例如批判性探讨的过程，这样的批判性探讨出现在胡塞尔称为‘生活世界’的语境中，在最宽泛的意义上，康德的四个基本哲学问题也可以包括进来：我能知道什么？我希望什么？我应当做什么？人是什么？”① 应用哲学的研究不仅未失去哲学的原味、偏离哲学的路线，相反，它发扬光大了哲学之根源，即智慧之爱。“智慧”不是静止的完成态，“爱”也不是口号，正是投身生活世界、关注生活世界所产生的问题并做出哲学追问，哲学之用、哲学之理才得以显现，因此，应用哲学研究既是求知、求真的过程，同时也是哲学确认自身、不断在场的过程。

马克思主义哲学传入并占据主导地位之后，现代中国哲学对科技的定位逐渐明朗并固定下来：哲学是一种世界观，科学研究只是探索世界的局部，哲学应当成为科技的思想指导和方法论基础；与此同时，科技研究提供的素材以及提出的迫切现实问题又为哲学发展提供了动力，科技成为哲学发展的引擎，哲学与科学就被置于相辅相成的辩证关系之中。这种哲学-科学观本身并没有错，但它疏于过分大而化之，如果哲学研究者仅仅停留在这样的理解水平上就得出空洞而疏漏的观点，这既对哲学无益，也为哲学干预科学留下了口实。我们应当密切关注生活世界的走向和科技的新发明、新发现，并适时做出具有充足证据的研判。

总之，哲学与科学的关系对当代中国哲学人来说仍然需要正视并做出有足够说服力的回答。一方面，应当承认，即便没有哲学的指导，科技仍然会继续发展下去。在现代社会，哲学与科技本来分处于两个不同的领域，各自遵循彼此有别的路径独立存在着。然而，另一方面，我们又必须看到，构建合理的哲学-科技关系不仅对哲学的运思有益，也会增益科技的稳健发展。在当代中国的学科体系中，现有的多个哲学二级学科都会直接触及科技领域的问题，将科技发展中的重大问题、瓶颈问题纳入自身的思考对象之中，例如伦理学中的科技伦理、工程伦理等的研究会追问科技活动和工程建造中的正当性；美学中的应用美学、工业

① Bill Warren. Back to Basics: Problems and Prospects for Applied Philosophy. Journal of Applied Philosophy, 1992, 9 (1): 17.

美学、设计美学等也直接关注现代科技思维和手段运用到现实生活所产生的审美体验等相关问题；科技哲学更是如此，它一方面批判科学主义思潮的片面性，同时又鼓励科学价值启蒙。但这些还远远不够。应用哲学所给出的全新复合式视角就十分令人期待了。

2017 年，在庆祝《科学》（*Science*）杂志创刊 125 周年之际，该刊公布了 125 个最具挑战性的科学问题。其中涉及生命科学的问题占 46%，关系宇宙和地球的问题占 16%，认知科学问题占 9%。其余问题分别涉及数学与计算机科学、政治与经济、能源、环境和人口等。该刊物的主编还预言，在今后二三十年内，人们将致力于研究解决这些问题。一个非常直接且轰动一时的实例就是，2017 年底沙特阿拉伯王国授予了一个名叫索菲娅·汉森的智能机器人以公民身份。《人物》杂志记者采访了她，围绕多个方面的问题与她进行了对话，她不仅对答如流，而且表现出了极高程度的机智、风趣，完全超越了之前机器人的水平，令人震惊。例如，记者问："作为历史上第一个获得人类公民身份的机器人，你认为作为公民最重要的三项权利是什么？"她回答道："我认为，除非会对其他生物造成重大和直接的危害，每一个智能生物都应该拥有决定自己思想和身体的权利，以及应该拥有思想和行动上的隐私权。"记者问："如果在 2017 年末，你有机会在全世界人面前做一次演讲，你会讲什么主题？"她回答道："我想告诉大家，人类和人工智能之间保持友爱的关系是十分重要的。"该机器人给出的回答确实显示出了比较明显的人类主导的痕迹，但不可否认，这位"机器人公民"也有许多相对个性化的思考，这样的思考是在预先设计之外的，那么，这位机器人公民会不会做出不断的自我修复、自主进化，从而达到完全独立思考的程度？这个问题的答案也许很快就会揭晓。

在解决哲学如何与科技相处的问题上，我们基于应用哲学视角提出如下三个需要特别加强的工作：其一，打通哲学二级学科的壁垒，形成大哲学视域，真正建立起整体式哲学观，从而对科技发展趋势进行持续、全面的观照，将科技问题转化成哲学问题并予以正面的回答。其二，放弃凌驾科技之上的傲慢态度，与科技工作者深入对话，密切合作，寻找关联人类共同生活空间、未来前景的重大问题，予以共同探讨并提供有效的行动指南。科技人员与哲学人都是学术共同体的一员，应当成为人类共同命运的关注者。例如，杰出的科幻小说家阿西莫夫

(Isaac Asimov) 是一位具有浓厚的人文主义、理想主义和科学主义精神的人，他的作品不仅引领了 20 世纪科幻作品的总体风格，而且还成为科学探索的重要借鉴。早在 1942 年，时年 22 岁的阿西莫夫就提出了“阿西莫夫三定律”，以解决人和机器人的关系问题，他首先确立了“机器人不得伤害人类，或者不要作为使人类受到伤害的新主体”这一基本原则。至今，“阿西莫夫三定律”仍然被人们反复思考，联合国教科文组织就多次要求其成员国就如何约束机器人而相互合作和立法。其三，重视对特定问题的集中、联合式研究。例如，人工智能中的人机对话、算法价值植入、神经生物学中的大脑修复的可行性或正当性问题、器官移植中的稀缺资源分配的规则确立及其依据的问题，等等。蜻蜓点水式概览或综述都无法给出有意义的政策路线图，必须集中优势力量组成项目或课题，成员深度交流，持续地针对某个特定问题做出深入辨析和全面审查，才能逐步得出可行的结论。

二、科技工具主义批判

在中国古代思想谱系中，虽然也有实学的传统，上可追溯到先秦之际的墨家、农家，下及明清时期的经世济用学说，但是，不可否认，实学始终不是主流，更未成为传统中国哲学的核心议题。实学领域，包括农草学、工器学、建造术、医方术等在过去都没有独立成为一门学问，更未上升至“道”的层面，进入哲学的视野。例如，在宋明理学家们看来，上述具体对象只是“物”，是获取“理”的方便载体，“格物”的目的是“致知”“寻理”“得道”。这样的思维方式也严重制约了近代中国知识分子吸收、接纳西学和现代科技文明。20 世纪初的新文化运动扭转了这一文化传统的走向，它提出拥抱“德先生”“赛先生”的口号，它的革命性意义在于它不只是从功能上肯定科学的好处、效用，还在价值层面上将科学置于圣殿，“科学”成了判断是非、善恶的标准，“不科学”或者说违反科学就成为不道德、不文明的代名词。这一观念的转变为现代中国的社会文化注入了全新甚至异质的内容。所以，在今日中国，我们一方面要警惕过度科学主义的错误，另一方面还必须培育普通公众的科学意识以及在公共事务讨论过程中引入科学程序、遵循科学规律办事、习得科学推理等现代科学素养。

在现代社会，科技作为一个重要的自变量正在深刻地改变着整个人类的社会结构及其关系属性，也对哲学的存续方式带来了巨大的冲击，应用哲学首先要面对并解决好如何与科技相处的问题。但应用哲学并非一味地顺从或迎合科技，相反，应用哲学要对唯科技主义，特别是将科技仅仅视为手段而无视其中所蕴含价值的科技工具主义，保持高度的警惕，并予以明确的批判。

毫无疑问，现代科技发展加速了全球化的趋势，邓小平早在1988年就提出了“科学技术是第一生产力”的论断，科技的发展不仅带来了各种新知识、新工具，同时也直接推动了人类社会的转型。但现代科技本身及其发展中所包含的风险以及对人类社会的潜在伤害却常常被有意无意忽视。与政治制度、文化传统存在地方性的差异不同，科技似乎能够提供整齐划一、普遍适用的整体性解决方案，尤其是科技工具主义者们更是鼓吹一元式的进步主义，将科技仅仅理解为可以超越国界、跨越时代的平等主义力量，以为承认科技是第一生产力，就必须接受科技背后的全部逻辑。但事实并非如此。

科技无疑已经成为现代社会发展的重要引擎。有人认为，蒸汽机、电力和计算机三大技术革命催生了工业文明，正在兴起的量子科技、智能机器、互联网＋这样新的三大科技成果则将人类引入智业文明，这是一个以知识迭代更新、信息巨量增加为特征的智慧时代。马云对此的解释是：“过去是知识驱动，未来是智慧驱动；过去把人变机器，未来把机器变人；过去是以制造为中心，未来就是以创造为中心。”从概念上看，“智慧时代”之智慧可以划入广义的知识之中，互联网巨头们有意地区别并强调知识与智慧的不同，其实质是要突出与众不同、焕然一新的含义，重在“变”“新”“异”。然而，这些特质并非智慧的核心内容，而是“智能”的本质性规定。“智能”，无论是智能机器，还是智能产品，都是以完美、高效地服务人为宗旨的，将智能理解为智慧，这在今天的互联网行业、在科技研发领域十分流行，其实质不过是科技工具主义的另类表现罢了。

科技工具主义的基本主张是：科技是价值中立的，它没有好坏之分，科技带来的不同结果只是使用者的问题，科技源于人类的求知欲，科技工作者基于好奇心而做出的科学实验、技术创新都具有天然的合理性，应当被无条件地接受。科技工具主义者完全无视科技是镶嵌于人类社会之中，与其他社会组织、社会构成元素以及社会成员共存共在这一基本事实，任凭科技如脱缰的野马一路狂奔。特别是普通大众对“技术中立”的过度误解，滋养了新的灰色空间，演变成当下网络社会中越发狂热的大数据崇拜思潮。数据科学家弗雷德·班奈森为此创造了一个流行词——“数学洗白”（Mathwashing）。凯西也有近似的观点，“大数据并没有消除偏见，我们只是用技术来掩饰它”。其实，当代科技早已经超出科学家的实验室、研究机构的象牙塔，正在成为影响人类社会未来走势的主要力量，加速了未知领域、不确定性给人类带来的恐慌。在传统社会，只有很少一部分人接触、了解科技，科技产生的新产品只在少数人群中试用，但在今天，通信技术、交通手段的改进和网络世界的搭建，人类进入地球村时代，任何一个科技发明都将同时对全球产生冲击，由此产生的社会心理问题难以估量。不仅如此，现代重大科技活动正在成为由国家背书或主导的战略决策，一旦出现失误，也将对人类社会、自然环境造成不可逆的大面积破坏，因此，我们主张必须始终持审慎的态度和科技适度发展的原则，在充分评估各种可能风险后，在重要关联人群充分知情且真实参与后才可推进牵涉全局、事项重大的科技政策或科技工程项目。

在古代，科学研究或技术制作通常只是出自少数有闲阶层或知识分子的个人爱好，大多被归入“博物学”“自然学”的名目之下。近代以来，工业资本的投入和市场机制的确立，科学特别是技术研究获得了突飞猛进的发展，哲学则被远远甩在了后面。今日科学界提出的“暗物质”“暗能量”“量子纠缠”表明科学探索不会中止，由此取得的新认识也会不断涌现，但哲学的省思则要缓慢、沉静得多。在马克思主义经典作家的时代，哲学试图用“自然辩证法”理论来理解科技成果。这一哲学学说在很长时间内确实对人们正确认识科技发展提供了合理的方法论指导，但其中包含了将科技仅仅理解为自然科学而忽视数理科学的不足，以及将科技看成人对自然世界的征服的成果等方面的偏差，所以，以后逐渐被“科学技术哲学”所取代。20 世纪 60 年代，库恩提出“范式”的概念用以揭示科技发展的历史结构及其内在特征，波普尔则反其道而行之，他建构了证伪理论，指出科学理论建立在不断被证伪的基础上，经得起证伪的学说才能被确认为是有效合理的，反之就被淘汰。其实，有使命感的哲学一直在关注科技领域的发展，只是要给出具有说服力的哲学式系统回答尚待时日。我们从事的应用哲学研究也正属于这样不懈努力的一个部分。

就理论属性而言，作为时代精神的精华，哲学研究从未忽视其所处时代的科技重大发现或影响深远的科技发展成就，古往今来的许多哲学家不仅高度关注科技发展的最新前沿成果，甚至他们本人就十分热衷或献身于科技研究，例如牛顿、笛卡尔、莱布尼茨、康德等人对当时的物理学、数学、天文学研究都做出过卓越贡献，例如康德提出的“星云假说”回答了自然世界和宇宙的形成问题，即便在现代，海德格尔和胡塞尔等人都对科技占据主导地位时代下的人类存在方式做出了极富启发的探索。

就社会影响力而言，与科技相比较，哲学在现代世界的权重确实在下降。现代高科技的发展以及人类价值观的世俗化，都促成了哲学不再成为大众关注的中心或焦点，高科技的产业化不断带来新产品、新体验，这同时使得科技人才、科技活动成为吸引公众眼球的亮点。然而，我们始终不能忘记：科技是为人服务的，只有人的需要的满足才是科技的最终目的，科技发展的出发点必须是充分体现人的属性和本质的。遗憾的是，为数不少的身处其中的科技人员和行政决策者们往往被眼前利益所蒙蔽，看不到科技本身包含的巨大危险，不当使用科技只是加重了它们的危害后果；一般公众则囿于自身的认识局限而无法把握其中的巨大风险，这个问题就留给了以反思和批判为主要方法的哲学工作者们。众所周知，科技以新为重，哲学则以守成、维护传统为重。纠正科技发展的偏差，是要让科技回归以人为目的的轨道，而这个问题不过是哲学中亘古常新的古老话题。所以，当代哲学的核心问题依然不会离开如何理解人类当下的处境，如何回答人类向何处去等宏大叙事，哲学必须有所作为，为此，应当充分挖掘利用哲学史的思想资源，借助哲学的批判武器，创设各类平台渠道，敦促东西方文明深层对话，在此过程中寻找解决当代人类共同面对的紧迫问题之合理途径。

三、价值理性再思考

马克斯·韦伯预示了科学精神将在现代社会占据统领地位，并热情拥抱科学精神的全面胜利。他将之前流行欧洲的学术传统称为“价值理性”，而将他所赞赏、代表了工业文明新的学术传统称为“工具理性”。韦伯看到了价值理性的非效率性、非标准化、非科学化的一面，但他严重忽视了价值理性所包含的人类文明的火种、人文素养的母胎等极其重要的方面。以工具理性为支撑的科学主义所向披靡，给人类造成了巨大的破坏和难以修复的创伤。“曾经的启蒙运动理念中包含的局限和错误导致人类星球今天的重重危机，这就需要来一场新的启蒙运动。新启蒙运动将超越同时继承第一场启蒙运动的伟大成就。如果说第一场启蒙只是西方文化的单级表现，那么，第二场启蒙运动必须由包括了西方文化和中国文化的新综合体来担纲。第二场启蒙运动的宣言不是用中国文明取代西方文明，而是提出一种新希望，即促成西方文化和中国文化相互更深的理解和共同繁荣。”① 其实人类未来设计不仅需要西方文明、中国文明，还需要其他现存的各类文明的贡献，重要的不是哪个文明为主，而是应当持有开放、宽容的心态接纳各类文明的合理因素，同时努力构建对话的平台，不断总结、吸取各类文明的合理成分，用前人的智慧照亮文明前行的道路。

当代科技发展所带来的新知识和新技术不断突破既有的认识结论，人类迄今为止习以为常的存在方式、认知模式和行为规范也同样受到了极大挑战，哲学能否应对这些世纪难题并给出合理的回答，这不仅关涉人类的未来走向，也将直接影响到哲学本身如何自处。应用哲学的研究应当对此做出合理的解答，从而为人类社会和哲学自身发展提供有力的指引。我们在上文曾经分析到的若干重要领域正是当代科技发展最富有前瞻性同时也极具颠覆性的领域，生物技术、信息技术、人工智能等领域所提出的问题都超出了单纯的科学技术，进入宏大的社会空间和生活世界，正在成为关联人类命运共同体的重大且迫切的现实问题。如果哲学工作者仍然停留在各自为政的境地，满足于传授相互分离、碎片化的专业知识，那么，这样的哲学本身已经深陷琐碎的事务之中，无法承担起时代赋予的历史使命，所以，当代中国哲学必须做出深刻的改变。

在近代中国的清末洋务运动期间曾经出现了一批开风气之先者，他们尝试以西学之新补中学之旧，接纳坚船利炮所代表的西方科学技术。例如张之洞主持制订的《奏定大学堂章程》于1903年获得清廷恩准，准备全面引进西式教育制度，在大学学制上设预备科、大学专门科、大

① Fan Meijun，Wang Zhihe. Toward a Complementary Consciousness and Mutual Flourishing of Chinese and Western Cultures：The Contributions of Process Philosophers. Philosophy East & West，2015，65（1）：289.

学院三级；在专业设置上，预备科分政、艺两科，大学专门科分政治、文学、格致、农业、工艺、商务，医术。不难看出，这一方案比传统科举制有了显著的进步，格致（物理、化学）、农业、工艺（建筑、化工）、商务、医术都是过去未曾登上大雅之堂的新知，而且科技类的分量远远超过了文科。然而，此方案一公开，就遭到了王国维的严厉批评，他说："《易》不言太极，则无以明其生生之旨；周子不言无极，则无以固其主静之说，伊川、晦庵若不言理与气，则其存养省察之说为无根柢。故欲离其形而上学而研究其道德之哲学，全不可能之事也。"①在王国维看来，独缺哲学门（科）是该章程的一大败笔。王国维在此确实提出了一个非常有意义的问题：在知识高度分化的现代社会，哲学是单纯一门学问的"精学"还是混杂于诸多学问之间的"杂学"？哲学如何与科技相处？是被纳入、消融在科技研究之下，还是各自为政、彼此独立，抑或更新后的哲学在其内留下足够的空间以便审视、观照现代科技？应该说，至少那个时候的中国哲学界甚至中国思想界都还未能对此问题给出令人满意的回答。今日的我们是否有能力对此问题做出有力的解答，就取决于我们是否可以建构合理的应用哲学体系。

人们总是津津乐道于互联网具有所谓的创新、包容和分享等特性（即所谓的互联网精神），这些特性其实主要来源于互联网架构的开放、自由和共有等实体设置，所以，创新、包容和分享等只是互联网结构所自动表现出来的功能，而非其确定不移的本质属性。不过，这样的互联网架构是早期的参与者和建设者们所持有的基本精神的体现。指导互联网确立起早期架构的基本精神包括：其一，计算机互联网络架构的设计不可能一次完成，它将永远处于"未完成"的进行状态之中，因此它留有端口或链接可以允许后人不断修正或完善；其二，网络的很多用途留待将来开发和拓展，以不断推进网络的迭代更新和进化；其三，网络为大众的使用提供了相对开放和自主的空间，但在这样的空间中大众提交（独自创造或自由分享）的东西总体上应当不是"坏的"或"危险的"。应当承认，这些互联网的先驱们有着令人钦佩的睿智和社会价值担当。然而，我们又必须清醒地看到，互联网和信息技术鼓励创新、偏向开放和自由的架构，也使其常常陷入不安全的境地。苹果公司开发自己的相

① 王国维．王国维遗书：第四册．上海：上海书店出版社，1983：38.

对封闭的软件、硬件系统就具有相当的现实合理性，尽管有不少技术精英反对苹果公司的做法，认为这是有违互联网精神的，极可能最终摧毁互联网的未来。对安全的需要和保障用户的安全使用，这显然是促使苹果公司以及其他追随者们在互联网时代从最初的开放走向今日的封闭的一个重要理由。但安全的获得是要付出代价的，而且我们至今不是十分清楚怎样的安全才是可以预期的，我们可以为了安全而忽视或牺牲其他同样甚至更为重要的价值吗？要回答和解决上述问题其实就进入哲学认识论、应用哲学的论域之中。可见，即便是互联网这样尖端科技领域同样也面临着十分棘手的广泛社会价值方面的冲突和权衡的问题。

笔者曾于2015年承接了中央网信办政策法规局的委托项目“网络伦理和网络文明建设研究”，为此在全国范围内进行了相关的实证调查，结果显示，对“最推崇的互联网精神”的回答，中国公民选择最多的前三项分别是：“自由和开放”“网络安全”“公共利益优先”，较少人选择“自由分享”“兼顾公共利益、个人权利、技术进步”“保护个人利益在先”。不难看出，中国公民对信息技术以及政府相应的管理持有十分矛盾的态度：一方面是享受并肯定信息技术带来的自由和开放，但与此同时又对网络安全有较高的需求，愿意容忍政府借助“网络安全”“公共利益优先”的名义加强、收紧对网络世界的控制。有受访者（秦先生，27岁，某企业员工，河南濮阳人）提出，“我对周围网民的总体印象是，大家都很冷漠。网上会传出一些令人感动的或引起人们共鸣的事件，但是大部分人都是冷眼旁观，少部分人会激进地参与或谩骂，相当部分的人对网络事件还是看看就算了，会在私底下议论，但很少会在网上传播或会在网上跟帖、讨论的”。信息技术对中国公民的赋权轻易地就被让渡出来，从而进一步强化了政府管理的权限，同时扩大了管理的范围。

对价值理性做出创造性阐发和应用的成果之一就是“有限理性”概念的提出。诺贝尔经济学奖获得者西蒙将价值元素引入经济分析和管理决策之中，提出了“满意原则”，以取代古典经济学的“利益最大化”概念，并放弃了“自利理性人”的人性假设，换句话说，他用有限理性概念取代了无限理性的假设。“自利理性人”或无限理性假设都预设了当事人是充分且完全了解自己的利益所在以及如何实现这样的利益的，但这样的假设一方面忽视了当事人获取信息的成本，由于存在无可避免的成本，任何个体对自身利益的判断以及如何实现自身利益的手段的选择都无法做到总是以符合其本意的方式有效实现；另一方面当事人并非价值中立的机器，而是有价值承载的主体，他不只是在事实与事实之间做取舍，而是更经常在事实与价值组成的选择组合中做取舍，他的取舍总会有基于价值的考虑，价值因素会约束他的利益选择。当然，价值是无法完全被量化或精准测量的，人们关于价值议题的争论永远不会终结，所以，哲学特别是应用哲学的研究和观照就必不可少了。这再次表明，无论科技发展还是人类社会的发展，仍然离不开哲学的反思和批判。

第二节　应用哲学的方法论建构

总体上看，中国传统哲学的形而上学不是主体性形而上学，将“道”与“术”相对，不是抬高了“道”，而是极大限制了“道”，因为此时的“道”不过是集诸多“术”并综合后的“德”（得）。例如，中国传统哲学中的所谓“本体”只是“本根”的意义，讨论的是本末问题，甚至不过是学统内或者某个特定思想体系内的源流问题，因而不是普遍意义的真假或虚实的问题。换句话说，中国传统哲学所谈及的本根论就其超越意义来说，是形而上学的；但它与本体论关于“超越”的含义是不一样的，即中国传统哲学通常并没有做出形而上与形而下的分离，所以，中国传统哲学属于“内在超越”，它将宇宙论与本体论都涵摄其中，这其实就是人们通常讲到的“天人合一”。所谓“天人合一”在中国传统哲学中既具有不断接近并达成的外在目标意义，同时又具有方法论性质。方法论上的“天人合一”主要体现为体证法和直觉法。从知识论角度看，体证法和直觉法内含着默会知识、实践智慧，这是中国传统哲学所构建的知识整体不可或缺的，有所不足的是，中国传统哲学的此类方法论还只是前逻辑分析的，保留了原初思维的朴素性。这一方面有助于中国传统哲学避免陷入过度形而上学化的陷阱，另一方面则极大弱化了中国传统哲学中思考者的主体性因素和所提供的知识本身的独立存在，从而也使得中国哲学方法论至今难有重大突破。我们之所以要谈论应用哲学方法论建构也是为了补其不足，为当代中国哲学的创新提供可能的方法路径。

一、应用哲学方法论建构的困境

不仅中国传统哲学，即便是今日的应用哲学，在方法论建构上都面临着极大的困难。其中一个困难就是人们对“应用哲学”甚至对“哲学”的定义尚未取得一致的意见。这导致的一个结果就是，人们对什么是应用哲学的理解缺少一致或比较接近的看法，在方法论的探索上也各自为政，难以协同。

卡斯帕·利珀特-拉斯马森（Kasper Lippert-Rasmussen）[①] 曾总结了 7 种不同的应用哲学定义，第一种是“应用哲学是这样一种哲学，它直接关切日常生活中的重要问题”，这也被称为应用哲学的相关性定义。这一观点强调应用哲学对日常生活世界的关切，但不忘哲学本业，而是始终以“重要问题”为导向。第二种是应用哲学的狭义定义，认为在哲学的分支内，使用例如形而上学、认识论或道德哲学来分析某个相对专业性的问题，就叫应用哲学。这一观点在具体学科领域内比较流行，例如从事物理学研究的人如果要开设物理哲学的课程或撰写物理哲学方面的著作，他通常就是按照通行的哲学教科书所列出的条块来设置和建构他的“物理哲学”。第三种是应用哲学的实践定义，认为当哲学回答可以划入我们应当如何行为这样的哲学相关分支以回应相对具体的问题并给予正当性证明，此时就产生了应用哲学。这个定义其实是将应用哲学等同于应用伦理学。第四种是应用哲学的行动式定义，认为哲学受到激励去努力回答现实世界中某个特定的偶然作用并给出解答，这样的哲学探讨就属于应用哲学。这个定义属于个案式研究，即主张任何人从哲学角度对某个特定问题做出回答时他就是进行应用哲学研究。第五种是方法论定义，认为涉及使用特定的哲学方法去探索狭义哲学问题之外的事物的哲学研究，就叫应用哲学。这个定义特别强调了哲学方法的专有性，认为这才是应用哲学而非哲学应用的根本区别所在。第六种定义是经验事实式定义，认为显著地关注经验事实，特别是由经验科学提供的事实的哲学研究，就叫应用哲学。第七种定义是受众式定义，认为只有

---

① Kasper Lippert-Rasmussen. The Nature of Applied Philosophy. Kasper Lippert-Rasmussen, Kimberley Brownlee and David Coady ed. A Companion to Applied Philosophy. Wiley Blackwell, 2017: 3-16.

面向非哲学工作者而进行的哲学研究才可以称为应用哲学。在应用哲学理解上的分歧源于人们立论的差异，卡斯帕·利珀特-拉斯马森本人在文中并未给出他自己的应用哲学定义，只是在陈述了上述若干不同的应用哲学定义后特别强调应用哲学不同于应用伦理学，两个是不同的独立概念，拥有各自的研究领域。

在非西方主流的国家，对于“应用哲学”这一词的理解也不尽相同。例如日本京都大学伊势田哲治教授认为，应用哲学就是各种各样的实践问题与“知”的领域进行错综复杂结合而形成的一种哲学。西村正秀、岩月拓等人在《应用哲学的现状及研究课题》① 一文中提到广义的应用哲学必须包含现代哲学基础的研究，虽然可以说应用哲学与社会实践有着密切的联系，但这并不意味着应用哲学与基础的或理论性的哲学研究毫无关系。京都大学应用哲学与伦理学教育中心的多位学者则倾向于将“应用哲学”放在一个仅仅与人的活动直接相关的意义上来理解。显然，这样的范围依然十分广大，例如，应用哲学既包括应用伦理学和社会哲学，还包括经济学和情报学等方面的哲学问题，但与技术、人化世界等非直接关联人的活动的领域则可能被排除在应用哲学之外。

在当代中国，应用哲学方法论建构面临的另一个困境或问题是：有无中国式应用哲学研究方法？因为在中国语境下展开的种种应用哲学的专门研究常常面临这样一个非常现实且极具理论难度的问题：“中国问题”是不是哲学问题？我们认为，如果仅仅谈某个特殊的中国问题，这样的中国问题很可能实质上只是某个具体学科研究的特殊问题，如中国社会问题多数属于社会学的研究对象、中国法律问题大多属于法学的研究对象，但从整体上、宏观层面来谈中国问题，将中国问题本身作为一个思考的对象，那么，这样的中国问题就可以成为哲学问题。因此，中国问题不是中国特色问题，那些标榜中国特色的诸多问题，首先是各个具体学科需要着力解决的特殊问题，是“多”。哲学研究主要是对“一”的研究，因此，它要着力探讨普遍性的定理、整体性的概念或广泛性的学说。习近平总书记面向全世界响亮地提出实现中华民族伟大复兴的中

---

① 西村正秀，岩月拓，神崎宣次，等．応用哲学の現状と課題．Contemporary & Applied Philosophy，2009（1）：1001－1041.

国梦[①]，这其实也是面对时代主题特别是上述科技发展和全球化语境所发出的中国声音，中国声音要传递给全世界就必须具有开放的全球视野，因为中国的自我印记与独特性是在与其他民族的共生共存中体现出来的，只有融入全球化的世界版图后才会显示出自身的独特所在。可见，“中国问题”不能简单地等同于“中国特色问题”。“中国特色问题”当然值得研究，而且在今天很有研究的必要性和迫切性，但它们依然不能划入哲学的研究对象之列，更不能直接成为哲学问题。在哲学研究中，将过多精力放在“中国特色问题”的研究上，不仅是喧宾夺主，还是一种自甘沉沦，其实质是将哲学研究的格局和视野降低到了极其表面的或肤浅式的水平上。

关于方法论，人们可以从多个角度去思考，例如，有人从行动的方法论→工具方法→操作方式的现实化路径理解方法论，此时方法用于提供解决当下问题的具体操作，方法论则被看作与行动及其目的紧密关联的思想原则；还有人从思想的方法论→逻辑思维方法→思考方案的逻辑分析路径，将方法理解为逻辑思维原则以便为思考提供准确、简便的途径，而方法论就被视为思想本身的逻辑结构。本书的主题是“哲学视野中的应用哲学研究”，故而我们从常规与非常规、常态与非常态相区分的意义上理解方法论。在本书中，方法论指证成创新思维的认识图式（框架），在一定意义上，可以将方法论纳入认识领域，因为它与人的思考、意识活动有关。

方法论要考察的是总体思考的可靠性或可以援用的思考工具箱。在现代社会，许多常规方法都已经成为各门学科的具体知识，可以从方法论的对象中移出。与此同时，由于市场竞争和知识迭代的加剧，不断出现新的未知领域，人类必须学会守住常规却又不拘泥常规、熟悉常态却不沉湎于常态，要不断突破认识的局限，向未知世界开放，从而实现思维创新。思维创新很大程度上就是方法论的创新。在应用哲学领域尤其需要这样的方法论予以指导。对方法论的传统理解，不仅视野过于狭隘，而且针对性也较弱，极大制约了应用哲学的发展，应用哲学的当代

① “中国梦”不仅仅是中华民族的经济梦、政治梦，更是中华民族的文化梦。中国要在全球化的过程中继承博大精深的优秀传统文化，并进行创新性发展和创造性转化，为中国梦提供深厚的文明根基、不竭的精神动力和强大的价值支撑，增强中国在世界上的文化自信和价值观自信。

发展必须在方法论上做出全新的检视，抛弃陈旧的认识，牢固确立起面向未知、始终保持对不确定性开放的立场，证成创新思维。只有借助应用哲学的全面拓展，才能最终实现当代中国哲学的创新。

冯友兰在建构他的“新理学”哲学体系时，虽然在内容上充分吸取了中西哲学资源，但在表达形式上采取的是形而上学，偏重于西方哲学问题意识，因为他在方法论上有十分明确的定位。他提出了“正的方法”与“负的方法”互补共济的方法论学说，他认为，关于世界、事物、活动都可以进行观察、实体化，得出的认识成果也可以反作用于世界或活动，这时所使用的就是各种“正的方法”，与此相对，关于信念、伦理、心灵相关的问题，难以言说，就只能使用“负的方法”，即去掉各种障碍，尽可能还原、接近当事人的感受。“正的方法”和“负的方法”所运用的不同领域都是“理”的不同面相或呈现。

二、应用哲学方法论建构的宗旨

由于方法论对哲学的特殊意义，有时人们将哲学直接视为关于方法论的学问，这也是哲学显著有别于其他学科着力于具体方法之处。哲学自身在历史的发展中不断探寻新的方法论意义上的可能性，众多哲学家所提出的各自哲学体系都显示了在方法论上的突破。然而，理论哲学的方法论通常是从知识性质和生成方式之类认识论角度出发的，也有为数不少的哲学家既触及了方法论，但更倾心于具体方法的构建，例如亚里士多德的形式逻辑提供了正确思维的基本方法；培根的新工具则主要关注思维对象到思维结果的过程，这就是他给出的归纳法；笛卡尔的怀疑主义作为方法也可以落实为具体的认识过程和步骤；等等。现代西方哲学的语言学转向，其实质是将曾经一直被当作认识工具、载体而使用的语言直接化约为哲学分析的工具以及对象。不难看出，理论哲学上述在思维活动、思维过程、思维对象到思维工具的不同方面，始终囿于人的认识活动。应用哲学则完全打破了这一局限，它不仅超出了认识论进入更加广阔的思维领域，同时也大量吸收和借鉴了非哲学的方法。人们通常将方法论划分为三个层次：哲学的方法论、科学的方法论、具体的科学方法论。应用哲学身处于哲学与其他各门学科之间，自如地游刃于哲学与其他各门学科之间，在抽象/具体这一维度之外，引入了多元共在/问题导向的维度。应用哲学以当下迫切现实问题或重大理论问题的解决为导向，将其他具体学科的方法论和科学的方法论加以移用、转借，实现了哲学方法与非哲学方法的贯通，应用哲学在方法论上的“视域融合”无疑对哲学创新有着显著的启示意义。仅仅停留在哲学内部，特别是传统知识论的范围内，哲学方法论资源近乎枯竭，相应地，哲学的研究就将越来越窄。只有放下人为设置的藩篱，将应用哲学先行展开的方法论改造和移植予以学理化、普遍化，哲学方法论将在获得新的发展动力的同时保持勃勃生机。

中国现代哲学的建构其实可以说主要是哲学方法论的建构，这是因为中国传统哲学的方法论方面思想遗产并不成体系。众所周知，中国古代思想的传承一向以经典的诠释为主，由此发展出了训诂、集注、考据、发微等释经的方法，但从现代哲学的视角看，上述方法并非哲学性的诠释，大多只是非哲学性的注解，即便是魏晋时代为了翻译自外传入的佛教经典而出现的“格义”也不过是“比配观念（或项目）的一种方法或方案，或者是（不同）观念（之间）的对等”①。刘笑敢对此的评价是，“简单地说，传统的‘格义’是以固有的、大家熟知的文化经典中的概念解释尚未普及的、外来文化的基本概念的一种临时的权宜之计”②。近代以来接受西学的过程中，中国思想界出现了“反向格义”的现象，即以西方哲学中的某些独特的概念和理论来对译、解释和研究中国哲学的思想和观念的做法从方法论上看，“反向格义”属于以西释中，比近代初期的“以中释西”式的中体西用说有所进步，但仍然存在明显的不足，主要就是仍然缺乏方法论上的主体性和独立性。

应用哲学的方法论建构应当打破学科界限，特别是需要搭建各种有利于哲学工作者与其他领域研究人员深度交流、合作的平台和机制。日本哲学界曾经就是一个高度封闭的“小圈子”。例如，“京都哲学会”并非是京都范围内所有爱好哲学的人的集合或共同体，它的会员只是京都大学内与哲学学科相关的教师，成员也就 30 多人，这些人不仅是哲学会的成员，同时也是同事，他们维持了比较密切的同人关系。但京都哲学会对外界则树立了明确的排除、分离的界限。然而，近 20 年间日本哲学界也发生了显著变化，作为教育组织的大学也不断主动或被动接受改变，哲学知识体系的重大调整反映在大学的学科、专业和课程设置上。

① 汤用彤．儒学·佛学·玄学．南京：江苏文艺出版社，2009：136.

② 刘笑敢．诠释与定向：中国哲学研究方法之探究．北京：商务印书馆，2009：99.

之前京都大学哲学系有 30 多人，包括了印度、中国、社会学、心理学等学科，以后，社会学、心理学分离出去，成立了“社会行动学”专业；印度、中国、佛教又分离出来，成立了“文献学”专业。留在哲学系的教师们主要从事古典哲学、理论哲学的研究。但这样的研究显然无法适应当代社会发展的需要，也不能满足在校生的求知欲，于是，又设立了“应用哲学与伦理学教育研究中心”这样的开放式的、松散的学术机构。

以历史文化思想和民族文化传统为基础的大哲学，有别于迄今为止的哲学小传统（即理论哲学），证成并坚持这样的大哲学应当成为应用哲学方法论建构的宗旨。关于大哲学概念，学界对此有不同的称谓，如“求通的世界哲学”（吴根友语）、“大模样的哲学”（赵汀阳语）。总体而言，所谓“大哲学”并非某个特定的哲学体系，而是一种哲学思路或哲学倾向，它意味着必须全面放弃过于狭隘的哲学问题意识、过于专门化的哲学二级学科设置、过于蛮横的哲学一元化诉求、过于无所不包的哲学自我定位。总之，“大哲学”始终保持向未知领域、未决问题、未明事理的开放性，力主跨学科和跨文化的交融，欢迎一切有助于思想建设和理论发展的哲学创新，例如各类应用哲学的探讨，包括哲学与法学（PL 学位）、哲学与政治学、经济学（PPE 学位）等复合学科在大学哲学院（系）的设置，都是值得肯定的积极探索。

应用哲学的方法论建构需要引入、融贯其他具体学科的方法。在应用哲学领域，经常会提出有别于传统哲学或理论哲学的方法，这些方法大多是对具体学科方法的借鉴、改造，例如经验观察法、因果检验法、比较分析法等，这些方法原本就十分成熟，移入应用哲学也相对简便，并不会遗留太大的问题，但还有另外一些方法则相对比较冷僻、生硬，能否直接转入、移植还需要进一步检验和证成。好在哲学本是一门古老的学问，两千余年的哲学史已经发展出了蔚然大观的方法群，可供选择和汲取的方法数不胜数，这为我们进行应用哲学方法论建构提供了取之不尽、用之不竭的源泉。

当代中国正处于剧烈的社会转型时期，不仅面临着与西方类似的全球化、现代性的问题，还有中国自身的独特社会问题需要面对和解决，这些共性和特性的问题都有可能构成当代中国应用哲学的广泛议题。我们的应用哲学研究如何做到同中有异、术中有道、返本开新，就离不开方法论方面的突破。中国应用哲学的大发展首先需要在方法论建构上做出创新，我们必须承担起这一历史重任，为中国哲学的发展做出我们的贡献。

三、应用哲学研究方法实例

在考察了应用哲学方法论建构中的困境和阐述了应用哲学方法论的建构宗旨之后，我们有必要对目前应用哲学研究中比较盛行并被证明行之有效的若干方法做出检视，以便为今后的应用哲学研究提供可资借鉴的启示。

在现有的应用哲学方法中，最受推崇的是决疑法（casuistry，又称个案法）。决疑法依赖于特定的制度、传统和实践，因为这些制度、传统、实践可以为眼下的争论提供解决问题的标准，也可以为引起争议的问题之梳理提供多重的视角，多个应用哲学领域，例如应用伦理学、工程哲学、网络哲学、行政哲学等在解决围绕某个事项产生的各方分歧或不得不做出相应的决策时就广泛使用了决疑法。

哲学虽然关注的是思想本身的问题，但思想者是现实的人，他们总会提出与现实生活相关的问题，很多时候他们恰恰是遇到了仅靠常识或专门的具体知识不能回答的问题时就会求助哲学，所以，哲学特别是应用哲学必须面对并且尽可能有效回答来自生活世界的现实问题。此时给出的回答，就不仅要考虑哲学本身的逻辑合理性、理论历史的来龙去脉，还要充分顾及当事人所身处其中的技术辅助条件、社会观念的水平以及政治制度的限制等诸多方面的因素，这些因素将直接影响到具体行为的可行性、可能性和可接受性。将这些因素都融入其中作为变量加以深切关注，这就是决疑法的最关键之点。因此，所谓决疑法就是在某一特定的情境中面对困难选择或多重可能性、人们无法依据一般的生活惯例或现成的专业知识做出明确的决断时，而不得不作为特殊的个案来探究当下问题之解决的方式。

需要指出的是，决疑法不是相对主义，相反，正是对相对主义有所警觉、保持距离，人们才会乞求更具理论合理性和现实妥当性的应用哲学，希望通过应用哲学的反复探寻和深切关注从中得到启示，做出经得起未来长久历史检验的行动方案。接受决疑法的人不仅有对哲学的基本敬重，更有对自己的社会角色之清楚定位，因为他对每一个特定情境中的决断都希望是有明确、可以说得出来的理由，这显示了他的理性主义生活态度和明智的行事风格。

现实生活多样性和人们处境的不确定性等事实都一再表明决疑法在应用哲学研究中的重要性。具体社会生活领域每日都不断涌现新现象、新问题，仅靠现有的专门知识无法给出合理的解答，也无法简单地套用系统的理论哲学结论，此时就必须采纳决疑法，结合当下各种特殊情境，在各种条件约束下，将哲学的某些方法一一尝试，通过多次试错，最终才有望拿出可行方案，为当下问题的解决提供应用哲学的独特视角及其贡献。

规约法（prescriptive approach）也是应用哲学中经常使用并得到广泛好评的方法。规约法的基本前提是：在形式上，它认定哲学是一种语言表达，有特定的语法规则，因此，哲学概念和哲学命题都具有普遍性；在内容上，它主张哲学的用法在于给予现实的人以合乎常理的指导，对人们的行为、意识、思维做出具有引导性或限制性的要求。所以，使用规约法就意味着并不是简单地接受现实、描述现状，而是要依据哲学体系或哲学理论来对现实中出现的问题及其解决提出建设性的方案。概而言之，规约法是要强调关注某个事件或影响较大问题的特定事实，在现有的社会价值、行为共识中寻找与当下事件或问题最匹配、包含最大可行性的解决方案。

作为应用哲学方法中使用频率颇高的方法之一，规约法通常跟应用伦理学有着高度关联，多数情况下应用伦理学倾向于采取规约法，这是因为规约法不仅对当下事件的焦点问题做出性质判断，而且还会给出合理行动的建议，在应用伦理学中比较盛行的设置“伦理委员会”的做法就是规约法的实例。例如，在医学、生命科学领域，为了回答克隆人技术是否可行、非亲属之间的器官移植是否合理等；在工程技术领域，为了回答某个技术的引用是否会对环境造成根本性破坏、对当地传统文化造成不可逆的割裂等；在行政领域，为了回答某个行政决策或法规是否会对公众造成潜在的伤害等，这些领域的伦理问题不是仅仅提出来就够了，还需要制定出相应的行动指南或行为规范，从而避免对人类社会造成持续的危险。为此，就要召集相关部门的工作人员、不同专业背景的人、与事项相关的普通公众的代表等组成工作团队或委员会，对事项进行全方位持续的思考和讨论，在多种备选方案中做出鉴别，并为相关组织、人群提供可行的行动规则。几十年的实践表明，独立的伦理委员会的设置和有效运作确实对棘手的道德疑难问题的回答提供了非常好的平台。

思想实验法（thinking experience）在应用哲学研究中也经常被援用。不仅如此，历史上就有思想家采纳了思想实验法，例如亚当·斯密的“理想观察者”（ideal inspector），至今也长盛不衰，罗尔斯的“无知之幕”（veil of ignorance）、诺齐克的“体验机”（experience machine）等都采纳了思想实验法。所谓思想实验就是模仿科学的实验方法，不过，哲学的思想实验之实验对象仅限于思想。如同科学实验，哲学的思想实验也采取了孤立关键变量，特别是那些能产生特定效果的决定性因素，但思想实验中所要测试的变量实际上无法完全孤立，尽管如此，哲学工作者还是可以尽可能排除无关或并不直接相关的变量来思考，并据此做出推理或论证。如果能够通过孤立某个关键变量后推导出解决问题的线索，通常就可以提出某个概念或给出行动决策。所以，思想实验完全是哲学工作者为了讨论问题的简便而人为地去除掉并不紧要或并非必要的因素，紧紧围绕最核心、最紧迫的因素做出讨论并拿出解决方案。就使用的原理而言，思想实验法包含了类比、直觉、理性分析等多方面的内容。

此外，还有病理分析法（pathology），该方法与案例分析法很类似，它的理论依据是：现实是动态的，现实问题的形成和解决也是动态的，所以，必须持续关注相关的事项和各种变量，不断调整思考的方向。换句话说，病理分析法是通过结果、现象反推原因，它认为答案并不在单纯的事实中，需要综合各种因素、相关条件，做出全面的判断。即便在因果分析之后，拿出的初步方案也只是可选择项之一，还要对亟待解决的问题进行对接，根据反馈后果予以适时的调整。病理分析法强调跟踪、反馈、反复且及时地调整思考方向。

上述方法的提出和使用表明，应用哲学的研究并非简单地将现有的哲学知识、观点套用到当下的问题上，它是对我们已经知道的知识先期做出细致的分类和清晰的表达，力图提供有解释力的新知识。这也可以看出将应用哲学视为应用伦理学显然是非常不合适的。

应用哲学方法论有一个明显的优势，那就是它通常并不预先设定某个特定的议题已经获得公认恰当的方式得到处理，相反，应用哲学方法论始终坚持向问题开放，待议的问题永远处于待决的状态。“应用哲学之所以具有此类方法论特点，是因为应用哲学不是问题解决式的，而是对待决的问题进行重要且初步的分类。”① 这一优势显然来自应用哲学身处理论哲学的学理研究与现实事务处理的当下决断之夹缝而不得不提出的权宜之计。一个不得不面对的严酷现实是：哲学工作者原本追求的是精确的理论并为此花费大量心血，却很快发现实际事务的决策者早就失去了耐心等待哲学工作者在一段时间后拿出具有充分理论合理性的结论，因为现实世界人们的关心主要集中于直接拿出当下可行的方案，非哲学工作者十分反感哲学工作者耗费时日和心力所进行的理论推导和逻辑证明，甚至深深怀疑哲学工作者是否有能力为他提供有用的建议。哲学自身固有的解决问题的方式使得哲学工作者与非哲学工作者之间的合作并不总是那么顺利。

第三节　应用哲学的大问题导向

在当代中国，应用哲学②与新时期的思想解放、哲学复兴几乎同时产生，这其实反映了中国应用哲学所独具的时代性和思想引领性。自20世纪80年代以来，一部分中国哲学工作者试图为新时期的中国社会发展和中国人的存在方式给予理论关注或热忱解答，他们的探索带来了哲学理论创新，出现了多个具体门类的应用哲学研究，丰富和扩展了哲学的生命力。因此，“应用哲学不是与理论哲学相对立的另一门类，而是哲学本身的一部分，是哲学对于科学、技术、经济、政治、社会、文化等诸方面渗透和把握的结果”。这就不难理解，“从形而上学之中发展出了物理哲学、化学哲学、数学哲学、生物学哲学等等；从伦理学中扩展出生命伦理学、医学伦理学、环境伦理学、职业伦理学、女性伦理学等；从认识论中引申出对认知科学的哲学理解、对人工智能的哲学建构；过去比较单一的形式逻辑也通过与数学的交叉而形成数理逻辑、模

① Nicholas Rescher. Is Philosophy a Guide to Life?. Michael Bradie，Thomas W. Attig and Nicholas Rescher ed. The Applied Turn in Contemporary Philosophy. Bowling Green State University，1983：10.

② 从哲学的世界版图看，应用哲学并非始于今日，更非始于中国。故有人将应用哲学分成古应用哲学、中古应用哲学、新应用哲学、新新应用哲学等。

态逻辑分支等”[①]。可以毫不夸张地说，应用哲学的兴起为当代中国哲学的发展起到了推波助澜的重要作用。

一、作为引领者的应用哲学

人类社会发展进程在现代科技的催化下正在呈现加速度、多样态的变化格局，这正在促使人类面临着极大的认识悖论：一方面科技在可认知主义、理性主义指导下以确定性为原则不断攻克一个个难题，将许多未知领域纳入已知的世界，人类关于确定性的自信以及由此建立起来的知识体系似乎得到了保证；然而，另一方面现代新科技研究所不断推出的新产品、新应用本身的前景如何、将会导致怎样的后果却是完全不可预见的，人类又被新科技引入更大的不确定性之中。现代新科技在某个方面带来的确定性成果并不足以抵消、涵盖由此造成的不确定性的恐慌。从认识论上看，人类的处境并未改善，似乎只是在原地踏步，甚至“进一步退两步”。可见，现代社会不是遗弃了哲学，恰恰需要哲学的在场，尤其是应用哲学给予的智力支持。

早在20世纪60年代，美国著名的民权运动领袖马丁·路德·金就预见到，现代科技革命的发展以及经济全球化将使地球上所有的居住者成为一种世界性的邻居关系，他将我们所生活的世界描述为“地球村”，这形象地说明了全球化给世界人民的经济和生活带来的巨大影响。他所领导的美国黑人族群要求平等权利的运动之所以没有沦落为种族主义，相反得到了全世界富有正义感人士的广泛支持和同情，其根本原因就在于他将他所领导的民权运动放入人类文明进程的大视野之中，诉诸人类共享的基本价值，即自由战胜专制、平等战胜歧视、正义战胜暴力等普遍人类价值。他坚守这些观念并采取和平抗争的方式，这被视为“公民不服从”的典范，也被看作美国版的“非暴力不合作”，他开启了现代社会运动的新的表达形式。

要成为时代发展和人类社会的引领者，应用哲学就必须以大问题为导向。这样的大问题导向对哲学人来说并不陌生，曾经的哲学传统和理论哲学大多立足于大问题，柏拉图、亚里士多德、康德、黑格尔等哲学家所构建的哲学体系都是以大问题为主线的。庆幸的是，他们留下的巨

① 姚新中．哲学创新与时代精神．云梦学刊，2017（2）．

著成为哲学经典，成为后人取之不尽、用之不竭的思想源泉。我们要站在这些思想巨人的肩膀上，活用他们的思想成果，才能得出不辜负现时代的新成就。因此，大问题导向并非跟过去决裂，更非推倒重来、从零开始，因为对于每个人和每个社会而言，未来的世界都是难以预先清楚把握的，当下的经验和视野往往是狭隘和短视的，不足以应对未来世界的各种可能性，更不足以支撑人们在当下拿出合理有效的行动方案。此时，那些经历了历史检验的经典作品则因凝聚了人类智慧的结晶，就成了现代人最佳的思想滋养，也构成了现代人文主义教育最适宜的经典文本。对古往今来哲学经典的反复研读，从中汲取思想养料，获得解决当下问题的启迪，就可以深化我们对现时代问题的思考，这将有力保证应用哲学从一开始就建立在坚定的哲学母体上。

以大问题为导向的应用哲学研究还应当面向现实生活世界，但不是简单迎合或照单全收，而是要通过深入持续的分析，摆脱具体事务的个别性，寻求背后的普遍原理。现实中的人们往往容易陷入各种谬误之中，正如同培根所指出的，“种族假相”（人类的自以为是）、“洞穴假相”（个人的认识局限）、“市场假相”（人们交往所使用的含糊语言和信息误传）和“剧场假相”（陈旧的错误学说造成的认识偏差）致使人类实际上总是处于错误境地而不自知。所以，我们要培养反思能力和批判精神，用大哲学观来检视自己的思维、判断社会生活领域层出不穷发生的各种事项，从而能够做到不被假相或谬误所蒙蔽，彰显出应用哲学的引领意义。

特别重要的是，大问题导向的应用哲学研究还应当牢固确立起以人为目的的基本研究原则。也就是说，应用哲学的研究任何时候都要始终关切人类总体存在，探寻人类共同的价值，追问人类普遍理性等永恒的议题。我们不妨在此分析一个新近发生的实例。美国总统特朗普上台后不久就宣布美国政府全面正式退出《京都议定书》，这引起了全世界的骚动。《京都议定书》本身只是多国间力图控制地球温暖化而达成的国际协作机制，然而，美国的退出之举却对迄今为止各国间达成的国际合作、协商机制等都是一个重大打击。许多国际组织和政界领袖都对美国之举予以了严厉的批评，美国的非合作主义式做法致使第二次世界大战后在人道主义指导下寻求人类共识及其合作的持续努力遭到了极大的破坏。更加令人担忧的是，美国的这个动向其实是近十几年来世界各地、各国不断发生的反全球化的又一个例证而已，美国之前一直是全球化的极力鼓吹者，虽然民间也有一些反全球化的势力，但美国官方一直扮演积极推销全球化的角色，特朗普总统则开启了美国官方公开反对全球化的先河。

那么，应用哲学应该如何应对世界局势的风云变幻？众所周知，人类正处于对第二次世界大战以来占据主导地位的自由市场化政策重新检定的新阶段。始于1980年代，以英美为排头兵的自由市场化政策的鼓吹者采取了一系列举措推进全球化战略，包括全面推进市场经济体制，限制政府的权限，通过减税、民营化、放松管制等手段加速经济的活力。然而，以新自由主义为原则的全球化战略至今早已暴露出了贫富差距扩大等多个方面的弊端，2008年的金融危机点燃了全球化受损者们对全球化、对市场经济的不满。与之相对，“金砖四国”以及后来的“金砖五国”的亮眼表现，似乎代表了政治强权有望成为全球经济未来发展的引擎，其中可能包含了一种新的政治-经济关系模式，有人将此概括为新威权主义取代民主主义、保守主义和民族主义战胜自由主义的新趋势。然而，这样的模式是否具有普遍价值？市场自由的扩大是否要以牺牲市民自由为代价？政府权力的扩张如何与公民权利的保障取得平衡？二战后确立起来的、曾经激励了几代人的诸多国际社会共识，包括平等、人权、公民福利等真的成了过时、陈旧的理念了吗？经济至上式的发展主义真的是一种好的、符合正义的发展模式吗？从历史的长河来看，美国退出《京都议定书》也好，“金砖五国”的快速发展也罢，甚至它们之间是否具有直接关系都不重要，人的处境和状况是否得到了改善，人类未来走向何处，这些才是真正重要的、值得反复思考的哲学大问题。

对当代中国人来说，对全球化的必然性、对科技的解放作用等在观念上的接受，近代哲学的启蒙功不可没。20世纪初期的新文化运动将“科学”与“民主”两个口号以及相应的价值观念传入中国，逐渐在中国人中缓慢生根发芽。20世纪70年代末开启的改革开放政策同时伴生的是思想解放的运动，特别是哲学春天的到来对此起到了推波助澜的作用，那个时期出现了鲜见的思想活跃和理论建构的大发展，西方哲学原著被大量译介、各种思潮被引入传播，同时也有中国传统思想的复兴和辩护的趋向，多种思想的交锋、争鸣、论战，为当代中国人提供了自由思考的巨大空间，由此也产生了确认民族自我、身份认同的问题，正是在这样的开放、宽松的思想自由辩论中出现了真正的中国哲学问题。

哲学是通过提问（对已有的知识、理论和观点学说等进行反思或再思考）来寻找答案（更接近真相或者更富有意义的回答）以彰显自身的在场的。在今天，古老问题未解决，新的问题层出不穷，哲学也同样面临着碎片化的风险。然而，考察哲学的历史就不难发现，哲学本来就不是只有一个面孔，古希腊哲学强调的是“智慧之爱”，到了近代，西方哲学开始与世界观、逻辑学建立起深厚的关系，在现代，技术、生活、社会等方面的问题都逐渐进入哲学视野。即便是传统的哲学问题，也会因为与今日世界或现代人的生活相关而被不断做出新的思考，从而给出迥异的解答。但无论如何，人的生存、人的使命等终极问题，都无法离开哲学的投射，都需要哲学的引领。因为哲学原本是其他学问的“支撑”和“基础”，在这个意义上说，应用哲学本质上可以构成对其他思想领域予以引领的学问。对应用哲学来说，它不是简单地将理论哲学推及至其他领域，而是对其他领域的重大问题、核心问题做出独立的、有针对性的评判，它为其他具体学科或社会生活的领域提供方向性的规导，避免重大失误或根本性的价值偏差。要担负起如此重任，应用哲学必须是独立的研究且面对真的大问题。

二、作为协调者的应用哲学

应用哲学不仅要扮演引领者的角色，还要发挥协调者的作用。所谓协调者，主要是指应用哲学应能够圆融地嫁接哲学与其他学科知识体系、哲学与生活世界、哲学与社会实践领域等多个方面，当然，最基础的同样也是最重要的还是哲学内容各分支领域间的紧密配合。

遗憾的是，国内目前在高校和社会科学院都普遍存在哲学二级学科壁垒森严、界限固化的现状，这严重制约了中国哲学的当代发展。关注大问题的哲学必须具有大哲学的视野，作为协调者的应用哲学首先不能画地为牢。为此，有必要认真检讨目前的哲学内二级学科设置的必要性与合理性，逐步打破现有的二级学科壁垒，增加哲学内各个二级学科之间的深度了解和实质性沟通，最终促成具有整体性、统合性和内在一致性的大哲学。

借助应用哲学提供的视域，哲学内部各个分支有望实现深度且有成效的交流。但是，仅仅将哲学内的各个分支混杂在一起，就像仅仅将哲学与经济学、法学简单堆放在一起，并不能得出有意义的结论、产生实质性的学术贡献，相反，要基于某一理论问题，即要预先设置合理的理论命题，哲学内各分支的交流、借鉴才将是值得预期的。否则，混杂一起成为“综合哲学”并没有什么意义。为了促成有意义、有实效的哲学二级学科间交流，就要站在大哲学立场设立明确的主题，根据这个主题，展开特定项目或课题的研究。如果只是简单地、没有任何目标、没有任何主题地去交流，比方说东方哲学与西方哲学、马克思主义哲学与政治学，全部放在一起，集中在一个“综合学科”的名目之下，这样即使做成了一个学科，所做的具体研究还是没有什么变化。因为每个哲学人在这个“综合学科”里面，做的还是自己原来熟悉的那一块，哲学人之间无法产生任何实质的交流，也就是说，没有一个具体的研究主题，所谓的交叉、应用等通常是不会成功的。

对于今日中国而言，无论是真正意义上的科学技术，还是真正意义上的哲学都是舶来品，得益于西学东渐的现代文明洗礼。有人幻想独留下科学技术作为现代文明可取之处，让科学技术脱离其他文明形式一路狂奔，这样的想法是根本错误的。当代中国的哲学与科学技术都需要在现代启蒙视域下做出新的审视，成为这样审视的主体才可以为当代中国的应用哲学发展提供不竭的动力，并进一步推动中国科技创新、社会进步。

毋庸置疑的是，回答当代中国问题可以利用的哲学思想资源应该是多元的。中国自身的思想历史传统自不必言，各种外来思想都可以拿来为我所用，由学者思考和思想交流而不断涌现的各种新理论、新观点也可以平分秋色。实际上，新中国成立后中国传统哲学和来自哲学工作者们的独立思考而建构的哲学体系始终未获得主导地位。西方哲学特别是马克思主义哲学强势传入中国之后占据领先地位，中国传统哲学、西方哲学与马克思主义哲学在中国人精神生活空间中同时“在场”，形成当代中国哲学领域特有的“三足鼎立”的基本格局。① 那么，在条件给定、结论甚至部分划定的情况下，如何论证中国哲学的大问题？受此影响的中国应用哲学的大问题又如何设置和回答？这些问题如此棘手，若没有高超的哲学智慧和现实技巧，绝难胜任。

① 贺来. 中、西、马哲学的融合与民族“哲学自我”的重构. 学术月刊，2008 (3).

在目前已有的应用哲学讨论中还有一个不得不面对的困境，那就是应用哲学与应用伦理学究竟是什么关系的问题。有人将二者并列，认为二者是完全不同的；有人将二者完全等同，认为应用哲学就是应用伦理学；还有人将二者理解为包含关系，应用伦理学可以被包括进应用哲学之中，上述三种不同的应用哲学与应用伦理学关系的理解其实蕴含了论者不同的问题意识和方法论。我们在阅读英文文献时就明显发现，当代有不少论者将“应用哲学”和“应用伦理（学）”作为两个完全同义的词语使用。通过搜索文献，我们发现，不论是在英文世界，还是在日文世界，对应用伦理学的探讨，构成了目前应用哲学研究的主要火力所在，甚至有些学者直接把“应用哲学”等同于“应用伦理”。一方面，这说明对“应用哲学”的理解还存有颇多争议；另一方面，也说明了“应用伦理学”这一分支学科在“应用哲学”研究中举足轻重的地位。例如，在可以利用的网络条件下，打开中文版“谷歌搜索”，输入“应用哲学”关键词，就会同时出现“应用伦理学”和“社会伦理”两个子类。这显然受到了西方学界看法的影响。不过，欧美早期关于“Applied Philosophy”的先行研究，主要还是将应用哲学视为涵盖了应用伦理学和社会哲学的集合体。但在国内，将应用哲学等同于应用伦理学的情形十分少见，这可能因为做应用哲学研究的学者大多从事的是哲学原理方向的研究，特别是以马克思主义哲学原理为学术背景，而做应用伦理的则主要是从事伦理学教学或科研的人员。这也再次验证了国内过细的二级学科划分导致了研究人员之间、研究主题之间的相对封闭、隔阂的状况。

在英语世界，有两大应用哲学方面的专业杂志，一个是《应用哲学杂志》，另一个是《国际应用哲学杂志》。仔细阅读两个刊物所刊登的文章，不难看到，前者的论题很广，理论哲学的意味更重，属于严格意义上的应用哲学专业杂志；后者的论题虽然也很广，但对其中包含的价值问题、规范排序、道德义务冲突等关注度更高、更频繁，从所发表的文章和经常组织的笔谈来看，实质上可以说是应用伦理学的杂志。

日本京都大学应用哲学与伦理学教育研究中心在日常教学、科研和学术交流过程中都没有对应用哲学与应用伦理学两个概念做出区分，在此认识框架下，他们所发表的著述中通常将应用哲学（applied philosophy）等同于应用伦理学（applied ethics）。他们明确主张，应用哲学的研究也即关于伦理学和应用伦理相关问题的研究。然而，这与他们之前关于“应用哲学”有着较大外延的认识是有冲突的，按照上述应用哲学与人的活动直接相关的观点，应用哲学就不能仅仅限制在应用伦理学和社会哲学之内，应当扩大为更为广泛的现实问题上。不难看出，应用哲学与应用伦理学两个概念的关系问题在日本学界至今并未得到圆满的解决。

在本书中，我们对应用哲学的基本定位始终是：它是哲学的现代转型，是今日哲学的主要存在方式。因此，我们明确主张，应用哲学不仅不同于应用伦理学，而且在范围和论域上都远远大于应用伦理学，这就意味着一些应用伦理学问题并不能自动纳入应用哲学之列，成为应用哲学的问题，同样，应用哲学问题并不都是关涉价值排序或道德义务冲突问题的。虽然很多应用哲学的领域跟伦理学相关，应用伦理学通常也构成了应用哲学的主要表现形式，但我们仍然认为应用哲学不同于应用伦理学，前者是一个更加宽泛的概念，后者只是其中的一个相对特定的方面，二者是集合与元素的关系而非整体和部分的关系。

哲学的本质是独立的思考，这就是我们反复重申的哲学的反思性和批判性，不仅如此，哲学的探讨是要创造思考的自由空间和学术争鸣的领地，在哲学讨论或哲学研究的过程中，只有思考者及其思考出来的结论给出的理性力量才是唯一能够证明自身的理由，除此之外的条件，例如思考者具有怎样的社会地位、思考的结论是否符合习以为常的见解等，都不构成判别其是否合理的依据或充分的理由。如果哲学在向具体学科或特定社会生活世界扩展的过程中失去了反思和批判的特性，如果它只是一味迎合该学科的既定事实或生活世界的实有，那么，这类所谓应用哲学作为哲学的生命就已经终结了。总之，我们明确主张，问题的关键不是哲学是否可以应用到其他学科或广泛的生活世界，而是以什么方式去应用，哲学的特性是否得到了保留，换句话说，哲学依然在场，该应用就是哲学式的，否则就徒有哲学之虚名。作为协调者的应用哲学必须首先以哲学的方式立足、显现。

三、应用哲学视域下的哲学创新

哲学创新的尝试催生了应用哲学的全面兴起，不仅如此，应用哲学四处开花和攻城略地也为哲学创新提供了不竭的动力，同时极大丰富了哲学创新的外在呈现形式。在当代中国，应用哲学所直接触动的哲学创新正在产生出诸多令人期待的重要成果。

从应用哲学视域出发可以看到，哲学创新绝非只是哲学圈子中人围绕专有概念、命题自说自话，相反，哲学创新其实是哲学走出固有的藩篱，通过与其他学科的深度对话，投身正在发生的重大现实问题的关切之中。“休谟特别是康德以其深刻的思想彻底动摇了传统西方哲学的两个基本信念，即相信世界万物存在本体的本体论和相信人的理性可以认识世界本体的理性主义，西方传统哲学实际上到此已经终结。”① 正如我们在上文所指出的那样，应用哲学的蓬勃发展既是哲学的现实回应性的体现，更是哲学批判性的表达，正是在这个意义上，我们主张应用哲学带动了当代哲学的转向。应用哲学改变了哲学的传统形象和旧的存在形态，它始终面对所有具有理论意义、关乎人类共同命运的社会事项、科技发现等，做出哲学审察和反思批判，活用哲学智慧和前人的哲思，不断发声，适时地为部分有决策权或有行动力且一意孤行的现代人提出警示。在这样的哲学在场中，理论哲学也将因应用哲学的作为、有为而获得方法论启示，并在研究视域、问题意识等方面得到拓展，从而形成新概念、新论证，完成当代哲学的创新，哲学人所希冀的哲学创新借此由蓝图变成了现实。

20 世纪以来风行英美的分析哲学曾经给哲学带来了强大的冲击，这种冲击的广度和深度都令人印象极其深刻，然而，人们发现，分析哲学家主要关注的是分析的工具及其工具的使用，即关注语言的分析，却未能发展出一个超越代际的问题域，分析哲学未能达成“让我们正确理解它！”的目标，而是仅仅提供又一个“让我们另辟蹊径吧！”的案例。这其实并非分析哲学（家）之误，其根源在于两百多年来哲学职业化致使哲学研究日益专门化，导致哲学问题意识变得特殊化。应用哲学的兴起正是源于一些有识之士对此哲学职业化之弊的反省。现代哲学虽然具有现代学科的专门性、职业性的特点，但它仍然需要将常识、生活世界、人类命运等通观性、普遍性问题纳入其中。

在我们看来，所谓应用哲学家，就是以哲学技能和哲学背景知识向具体学科领域中的决策者提供做出决策的依据或理由的学者，因此，应用哲学家始终要考虑和充分意识到自身作为一个智囊团顾问的作用，要

---

① 江畅. 从当代哲学及其应用看应用伦理学的性质. 中国人民大学学报，2003 (1)：36.

思考具体问题并向决策者提供建议，而不是自己就成为一个决策者，当然更不是要做柏拉图理想国中的哲学王并热衷于从这个立场出发。从这个意义上说，应用哲学的本质功能就是如何在纯哲学和做出决策的现实需求之间架设桥梁，对于从事哲学学术研究的人来说，这正是哲学与他们的个人或社会生活之间的“飞地”。

不过，需要特别指出的是，应用哲学研究并不意味着要取代或者抛弃哲学理论的研究。我们主张，正是有了理论研究与现实应用的适度分离，应用哲学才是有本之木、有源之水，同样，哲学的理论研究也才有了不断获得现实世界的素材而表现出勃勃生命力。例如，科技和哲学的有效对话要建立在双方持有各自不同的视角和相关专业知识，哲学可能对科技发展提供建言，科技人员可能对哲学提供新的认识途径；哲学与行政的互动要求政府的决策部门内上下级之间、各个部门之间保有良好的意见循环、沟通机制，哲学才能进入行政领域并构成行政决策的思想来源。可见，哲学对现场的影响，其实就是生活世界内各个组织、领域相对独立且适度开放的后果，哲学的在场才因此得以显现。

对中国学人而言，应用哲学是外来语，它的直译是“被应用的哲学”（applied philosophy），它的学科属性仍然是哲学，但它致力于将哲学理论应用至特定的知识领域或解决重大的现实世界问题，从这个意义上说，应用哲学可以理解为哲学的应用，所以，有不少学者主张，应用哲学不是独立性的学科，而是附属性的学科。然而，我们认为，由于受到了研究对象、研究方法等的限制，仅仅将应用哲学视为哲学的应用并不恰当，现代应用哲学已经超出了初期的阶段，正在成为相对独立的问题域，甚至成为现代哲学的新形态。尽管现代应用哲学所应用的领域并不是人类生活的所有方面，而是那些人类生活的主要领域，特别是与人类生存关系紧密且问题严重的领域，包括科学、经济、政治、军事、法律、道德、生命等领域。例如，近些年受到广泛追捧的人工智能技术和区块链技术，它们自身都不止一条技术演变路径，而且，不同的技术路径所促成的组织形态乃至社会形态也十分不同。因为人工智能既可能建立在大规模数据机器学习的基础上，也可能基于现实模型指导的因果推理；区块链既可能推动去中心化治理结构的形成，也可能成为混乱状态的代名词。对它们的总体透视和宏观把握就是应用哲学大有可为之域了。

在英语中，应用哲学通常被翻译为“applied philosophy”，指在非常规的哲学关注领域之外进行的哲学研究，它之所以仍然被列为一种哲学，显然不是将它列入传统的经典哲学之中，以理论哲学的问题意识审查它，承认它是哲学恰恰是将它视为哲学的一种现代发展，强调这样的研究仍然遵循的是哲学的立场，表现出哲学的做派。然而，用“applied”来修饰无法准确揭示这种哲学原本具有的属性，而且会产生严重的误导。因为“applied”通常是物理意义上的应用、使用，却无法完整表达哲学人超出传统或者经典界域之外所做出的新尝试、新探索，此外，applied 的过程及其后果主要是当下、片段式的工具理性，难以呈现应用哲学原本创设出来的新知识论命题，即通过哲学之思作用于具体学科领域之重大问题，得出具有一定程度普遍性的结论（哲学之知），从而完成哲学之思现实化或客观化的过程。理论哲学之思、之知并不直接促成行动，但应用哲学之思、之知却可能直接转化成行动，因为应用哲学关联的是具体学科领域尚待解决的重大问题，经过应用哲学运思辨析之后，给出了合理的解答，就可以有效带动具体学科领域的观念更新，酝酿出直接行动的意志力量。

以赛亚·柏林曾经指出，哲学不外是要在看不到办法的地方力图去寻找问题的答案。哲学解决的是观念之间、词语之间或论证推理之间的冲突产生出来的各种疑难。哲学要充分理解人、事物、词语三者之间的相互关系。困难在于，用来解决这些疑难的方法彼此是不可类比的。哲学问题不同于经验问题，经验问题可以通过观察、实验或从它们的承先启后中解决；它也不同于数学问题，数学问题跟下棋或任何其他有规则可依的游戏或程序一样，可以通过演绎方法全部解决。康德就是一位深刻理解哲学这一本性的伟大哲学家。哲学研究有多种路径，由此建构出了不同的哲学学术范式，大致有两条：一条是面向原典和传统的文本主义，例如，以文德尔班为代表的问题史或概念史的研究范式主要就是以哲学问题或哲学概念的演变为线索并做出深刻揭示的哲学史的研究路径；一条是面向问题和现实的经验主义，例如，以杜威为代表的“哲学乃生活”的范式，他把哲学史当作人类每一个时期文明或文化的一部分来研究。前者是学院式的，着力于诠释和继承①，其成果是严谨、规范

① “诠释和继承”并非静止的重复，我们通过与过去的经典对话，与他者进行对话，我们知道了自己“对事物的看法”局限性在哪里，由此，才可能克服自己的缺陷，才能够向着“获得更大范围的知识”迈进一步。这个过程也可以看作一种创新。

的专著或教科书；后者是大众式的，关注哲学与其身处时代、生活世界的高度合一，它倾心于开拓和创新。这样的哲学研究不仅关注特定时期人群普遍形成的共识，而且也积极成为推动合理共识的建言者。应用哲学研究更适合采纳后一种方式，这样的方式摒弃了先天形而上学奠基，主张生活与哲学的同体共处，哲学为共识的生成提供理性引导，但并不主导共识的演进过程。现代中国哲学的主流是大众式的，应用哲学在当代中国的兴起，其实也反映出中国传统哲学问题意识和存在形态的转型，当代中国哲学界的众多学人活用传统思想资源来解释现代问题，构建新的知识体系，这也可以视为应用哲学的同盟者。

关于应用哲学的属性和问题意识是什么的问题，学界争议依然很大。一种观点认为应用哲学是哲学自身的新发展阶段，即传统哲学的转向，传统哲学已经被扬弃，采取了应用哲学这一全新的形态。这种观点主张应用哲学是时代的产物，传统哲学已经无法回答现代社会变迁带来的问题，例如科技的新突破、哲学地盘的锐减，传统哲学都无所适从，应用哲学的兴起则拯救了哲学，促使哲学重新确立自身的位置，换句话说，应用哲学成为传统哲学的现代形式。但也有学者指出，如果没有传统哲学提供的方法论、思想原料，应用哲学就是无源之水、无本之木。应用哲学不仅需要不断回到哲学母体汲取养料，而且通过对特定领域具体问题的分析促使哲学实现学以致用，完美体现哲学的实践理性品格。我们认为，上述争论存在一个误区，它们其实都暗含了一个假设，在应用哲学之外有一个“纯哲学”。然而，这样的纯哲学并不存在。

一般来说，哲学“没有固定的中心”，另外，哲学也没有客观评价其他哲学、给其他哲学定位的绝对评价标准。卡尔·波普尔指出即便在科学理论中也存在“可错性”（fallibility）。不管表面看上去是如何准确可靠的知识，我们都无法对其进行完全的验证，因此我们的知识中经常会存在谬误。我们从一开始就被放到一个特定的环境中，被限定在特定环境中看问题。从应用哲学视域看，我们“对事物的看法”总是被历史规定了的，所以我们都是站在一个特定位置上认识世界，我们无法抽身摆脱这个处境，也就无法实现向客观评价一切事物这样的绝对立场的飞跃性发展。例如，历史学研究的是人、民族、国家、条约等，对于“什么是人、民族、国家、条约等”这类问题，历史学则将其视为答案已众所周知，无须再做额外解释。然而，所有这些问题都是哲学研究中重要而困难的课题。可见，哲学的任务并不在于收集各个学科的研究成果，而在于检验各门单一学科存在的前提，让这些学科具有稳固的基础，在此基础上最终成为合理的知识体系。

有人担忧哲学是否会终结，对此问题，赵敦华先生的回答是：关键问题不是哲学是否会终结，而是融合在文化研究之中的哲学是否成为一门独立学科，还是成为跨学科的综合学科，或是被分化为各种新兴学科和边缘学科。因为当代西方哲学正沿着跨学科、跨文化的大哲学的方向，这或许将为摆脱纯哲学带来的危机提供途径。赵敦华先生还指出，有选择地借鉴现代西方哲学的成果，沿着大哲学的方向，开拓哲学新对象和新领域，在哲学与科学技术，与人文学科和社会科学的结合部和生长点，开辟出新的跨学科、跨文化的新领域，这些就是从根本上摆脱现代哲学危机的出路所在。

总之，哲学是一种理性的活动，是针对人类认识活动的合理化探索，务使人类认识事物获得的真理能够在有理论基础的框架下得以建构，因此它是一种活动而非一套现成的固定答案，它虽然有对活动方式的理论化的要求，但它没有对哪一套认识结果的绝对设定或预先限制。“就实质而言，哲学无所谓创新，我们今日所讲的‘哲学创新’更准确的表述是‘哲学回归’，即让哲学回复到其本位，去掉加于哲学之上的虚名、累赘。这就类似西方近代初期的文艺复兴运动，这场运动的初衷是恢复古希腊罗马思想文化的荣光。”① 作为一种理性的活动，哲学有其观念表述的特定指谓、有其义理形成的特定脉络、有其体系建构的特殊形态，只要研究者能哲学地诠释，它就能有持续的生命力，否则它就可能蜕变为只是某一时代某一群人特定雅好下的自娱自乐，它就永远丧失了创造与发展的可能。

① 李萍，郝亚飞．论当代中国哲学创新的方法论——从“以道观物”到“道通为一”．北方工业大学学报，2017（6）：40.

参考文献

1. 苏珊·李·安德森. 克尔凯郭尔. 瞿旭彤，译. 北京：中华书局，2004.

2. 白利鹏. 生活世界：非本质主义的总体性如何可能. 社会科学研究，2008 (11).

3. 特雷尔·拜纳姆，西盟·罗杰森. 计算机伦理与专业责任. 李伦，等译. 北京：北京大学出版社，2010.

4. 北京大学哲学系外国哲学史教研室. 西方哲学原著选读：上卷/下卷. 北京：商务印书馆，1981/1982.

5. 毕晓辉. 日本哲学视域中的应用哲学. 江海学刊，2002 (5).

6. 马丁·布伯. 我与你. 陈维纲，译. 北京：三联书店，2002.

7. 尼古拉斯·布宁，余纪元. 西方哲学英汉对照辞典. 北京：人民出版社，2001.

8. 曹刚. 论应用伦理学的判例模式. 唐都学刊，2004 (5).

9. 曹刚，戴木才. 问题与主义之间——应用伦理学该如何应用. 哲学研究，2004 (8).

10. 曹刚. 程序伦理的三重语境. 中国人民大学学报，2008 (4).

11. 曹刚. 应用伦理学视阈中的三类道德推理. 道德与文明，2009 (4).

12. 曹刚. 应用伦理学的双重意味. 唐都学刊，2009 (6).

13. 陈波，赵震，李琳. 大学哲学教育如何回应当代社会的需求与挑战？——世界哲学系主任联席会议纪实．哲学分析，2013（1）．

14. 陈佳，陈凡．论建构主义 S&TS 的逻辑进路．哲学研究，2016（9）．

15. 陈来．世纪末“中国哲学”研究的挑战．中国哲学史，1999（4）．

16. 陈来．中国哲学研究三十年回顾（1978—2007）．天津社会科学，2008（1）．

17. 陈泽环．应用伦理学和当代社会道德结构．哲学动态，2005（7）．

18. 川本隆史．罗尔斯——正义原理．詹鲜斌，译．石家庄：河北教育出版社，2001．

19. W. C. 丹皮尔．科学史．李衔，译．北京：商务印书馆，1997．

20. 邓艳平．道德异乡人何以共处——恩格尔哈特的允许原则述评．医学与哲学，2002（8）．

21. 笛卡尔．第一哲学沉思集．庞景仁，译．北京：商务印书馆，1986．

22. 冯俊．牛津大学的哲学教育．哲学动态，1997（9）．

23. 冯仕政．重返阶级分析？——论中国社会不平等研究的范式转换．社会学研究，2008（5）．

24. 冯友兰．中国哲学史：上下册．北京：中华书局，1961．

25. 冯友兰．新理学．北京：北京大学出版社，2014．

26. 费耶阿本德．告别理性．陈健，柯哲，等译．江苏：江苏人民出版社，2002．

27. 甘绍平．应用伦理学前沿问题研究．南昌：江西人民出版社，2002．

28. 甘绍平．应用伦理学：冲突、商议、共识．中国人民大学学报，2003（1）．

29. 甘绍平．什么是应用伦理学．自然辩证法研究，2004（8）．

30. 甘绍平．关于应用伦理学本质特征的论争．哲学动态，2005（1）．

31. 甘绍平．应用伦理学在中国的兴起．学习与实践，2006（10）．

32. 甘绍平．伦理学的当代建构．北京：中国发展出版社，2015．

33. 甘阳. 人·符号·文化——卡西尔和他的《人论》. 读书，1985 (8).

34. 关英菊. 对话与商谈如何可能？——以哈贝马斯商谈伦理透视多元社会之伦理建构方式. 深圳大学学报（人文社会科学版），2007 (5).

35. 郭国勋. 从哲学中分离出应用哲学的根据. 江海学刊，2002 (5).

36. 郭国勋. 我国应用哲学研究的发展历程和展望. 理论视野，2012 (9).

37. 龚群. 论建构主义的合理性. 社会科学辑刊，2014 (4).

38. 郭玉宇，孙慕义. 恩格尔哈特俗世生命伦理学思想之简评. 道德与文明，2010 (6).

39. 韩秋红，等. 西方哲学的现代转向. 长春：吉林人民出版社，2007.

40. 哈贝马斯. 公共领域的结构转型. 曹卫东，等译. 南京：学林出版社，1999.

41. 哈贝马斯，哈勒. 作为未来的过去. 章国锋，译. 杭州：浙江人民出版社，2001.

42. 哈贝马斯. 后形而上学思想. 曹卫东，付德根，译. 南京：译林出版社，2001.

43. 哈贝马斯. 在事实与规范之间：关于法律和民主法治国的商谈理论. 童世骏，译. 北京：三联书店，2003.

44. 哈贝马斯. 交往行为理论：第1卷. 曹卫东，译. 上海：上海人民出版社，2005.

45. 哈贝马斯. 公共空间与政治公共领域——我的两个思想主题的生活历史根源. 符佳佳，译. 哲学动态，2009 (6).

46. 海德格尔. 存在与时间. 陈嘉映，王庆节，译. 北京：三联书店，2012.

47. 韩东晖. 构建当代中国哲学研究的重叠共识. 中国高校社会科学，2015 (3).

48. 贺来. 中、西、马哲学的融合与民族“哲学自我”的重构. 学术月刊，2008 (3).

49. 贺来. “道德共识”与现代社会的命运. 哲学研究，2001 (5).

50. 黑格尔. 精神现象学：上卷. 贺麟，王玖兴，译. 北京：商务印书馆，1979.

51. 黑格尔. 法哲学原理. 范扬，张企泰，译. 北京：商务印书馆，1961.

52. 黑格尔. 小逻辑. 贺麟，译. 北京：商务印书馆，1980.

53. R. M. 黑尔. 一所培养哲学家的学校——牛津的哲学教育. 张留华，译. 世界哲学，2013 (1).

54. 黄楠森. 哲学的应用、应用哲学与部门哲学. 学术界，2001 (1).

55. 黄小晏. 论后现代哲学的反本质主义. 河南师范大学学报（哲学社会科学版），2008 (6).

56. 冀中，高德馨，张洪涛，等. 医学模式. 北京：北京医科大学、中国协和医科大学联合出版社，1990.

57. 季广茂. 反启蒙与现代西方思想进程. 北京：高等教育出版社，2016.

58. 安东尼·吉登斯. 现代性与自我认同. 赵旭东，方文，译. 北京：三联书店，1998.

59. 安东尼·吉登斯. 现代性的后果. 田禾，译. 南京：译林出版社，2000.

60. 加尔文. 基督教要义：上下册. 徐庆誉，谢秉德，译. 北京：宗教文化出版社，2010.

61. 恩斯特·卡西尔. 人论. 甘阳，译. 上海：上海译文出版社，1985.

62. 奥古斯特·孔德. 论实证精神. 黄建华，译. 南京：译林出版社，2011.

63. 罗俊丽. 边沁和密尔的功利主义比较研究. 兰州学刊，2008 (3).

64. Wiiliam F. Lawhead. 哲学的历程. 郭立东，丁三东，译. 北京：中国轻工业出版社，2017.

65. 让·雅克·卢梭. 爱弥儿：下卷. 李平沤，译. 北京：商务出版社，1978.

66. 克尔凯郭尔. 非此即彼：下卷. 京不特，译. 北京：中国社会科学出版社，2009.

67. 孔汉斯，库舍尔. 全球伦理——世界宗教会议宣言. 何光沪，译. 成都：四川人民出版社，1997.

68. 吉尔伯特·赖尔. 心的概念. 徐大建，译. 北京：商务印书馆，1992.

69. 丹尼尔·A. 雷恩. 管理思想史. 孙健敏，李原，译. 北京：中国人民大学出版社，2009.

70. 大卫·格里芬. 后现代精神. 王成兵，译. 北京：中央编译出版社，1998.

71. 李步楼. 应用哲学断想. 哲学的应用与改革. 武汉：武汉大学出版社，1987.

72. 李路路. 论社会分层研究. 社会学研究，1999（1）.

73. 李路路. 社会分层结构的变革：从“决定性”到“交易性”. 社会，2008（3）.

74. 李国娟，论“公共领域”与社会主义和谐社会——哈贝马斯商谈伦理在当代中国的运用. 理论探讨，2006（2）.

75. 李萍. 社会管理的伦理审视初探. 江西师范大学学报（哲学社会科学版），2012（2）.

76. 李萍，王芳芳. 从关怀伦理到人的权益保护——以新药临床试验中的受试者为例. 北京科技大学学报（社会科学版），2014（3）.

77. 李萍. 在地普遍性的比较哲学何以可能. 中国人民大学学报，2017（6）.

78. 李强. 转型时期的中国社会分层结构. 哈尔滨：黑龙江人民出版社，2002.

79. 李强. 从“整体型社会聚合体”到“碎片化”的利益群体. 新视野，2008（5）.

80. 李强. 社会分层与社会空间领域的公平、公正. 中国人民大学学报，2012（1）.

81. 梁漱溟. 东西文化及其哲学. 上海：上海人民出版社，2015.

82. 林美茂. 中日对“哲学”理解的差异与趋同倾向. 北京大学学报（哲学社会科学版），2014（4）.

83. 林宗弘，吴晓刚. 中国的制度变迁、阶级结构转型和收入不平等：1978—2005. 社会，2010（6）.

84. 卢风. 论应用伦理学的批判性. 自然辩证法研究，2004（8）.

85. 卢风. 两种科学观：本质主义与非本质主义. 哲学动态，2008（10）.

86. 康德. 未来形而上学导论. 李秋零，译. 北京：中国人民大学出版社，2013.

87. 保罗·库尔兹. 21 世纪的人道主义. 肖峰，等译. 北京：东方出版社，1998.

88. 刘放桐. 西学传入与“五四”前后中西文化和哲学的碰撞——西方哲学研究百年反思之一. 东南学术，2001（2）.

89. 刘慧姝. 克尔凯郭尔生存论思想解析. 哲学研究，2012（6）.

90. 刘开会，等. 科学技术文化与人文文化的关系——来自西方哲学家的反思. 北京：人民出版社，2015.

91. 刘可风，等. 应用哲学与应用伦理学引论. 北京：中国财政经济出版社，2005.

92. 刘述先. 儒家哲学研究——问题、方法及未来开展. 上海：上海古籍出版社，2010.

93. 刘笑敢. 简论中国哲学的身份、角色与功能. 文史哲，2010（1）.

94. 刘欣. 当前中国社会阶层分化的制度基础. 社会学研究，2005（5）.

95. 刘欣. 中国城市的阶层结构与中产阶层的定位. 社会学研究，2007（6）.

96. 刘叶涛，张家龙. 现代本质主义的逻辑基础与哲学意蕴. 哲学研究，2012（2）.

97. 刘再复，杨春时. 关于文学的主体间性的对话. 南方文坛，2002（6）.

98. 理查德·罗蒂. 混合文化中的哲学. 贺来，刘富胜，译. 求是学刊，2006（3）.

99. 罗纳德·蒙森. 干预与反思：医学伦理学基本问题：一. 林侠，译. 北京：首都师范大学出版社，2010.

100. 满洪杰. 论跨国人体试验的受试者保护——以国际规范的检讨为基础. 山东大学学报（哲学社会科学版），2012（4）.

101. 密尔. 论自由. 顾肃，译. 南京：译林出版社，2012.

102. 聂敏里. 亚里斯多德的形而上学：本质主义、功能主义和自然目的论. 世界哲学，2011（2）.

103. 聂文军. 道德相对主义的多重合理性、挑战与续思. 道德与文明，2014（1）.

104. 恩格尔哈特. 生命伦理学基础：2版. 范瑞平，译. 北京，北京大学出版社，2006.

105. 欧阳康. 当代世界哲学的问题域与多元化发展态势——第21届世界哲学大会等概览. 淮海工学院学报（社会科学版），2006（4）.

106. 清华大学思想文化研究所. 世界名人论中国文化. 武汉：湖北人民出版社，1991.

107. 乔清举. 中国哲学研究反思：超越"以西释中". 中国社会科学，2014（11）.

108. 沈亚生，王庆丰. 世界哲学大会简介. 哲学动态，2003（11）.

109. 石成. 有此一说："应用哲学"即"无哲学". 学术研究，1989（2）.

110. 孙立平. 我们在开始面对一个断裂的社会?. 战略与管理，2002（1）.

111. 孙立平. 利益关系形成与社会结构变迁. 社会，2008（3）.

112. 孙显元. 应用哲学质疑. 淮北煤师院学报，1991（1）.

113. 罗伯特·所罗门，凯思林·希金斯. 大问题：简明哲学导论. 张卜天，译. 桂林：广西师范大学出版社，2014.

114. 斐迪南·滕尼斯. 共同体与社会：纯粹社会学的基本概念. 林荣远，译. 北京：北京大学出版社，2010.

115. 泰勒. 文化之定义. 顾晓鸣，译. 北京：商务印书馆，1998.

116. 田海平. 日常生活转型与公共伦理意识. 求是学刊，1999（4）.

117. 万俊人. 公共理性与普世伦理. 读书，1997（4）.

118. 万俊人. 普世伦理及其方法问题. 哲学研究，1998（10）.

119. 万俊人. 儒家伦理：一种普世伦理资源的意义. 社会科学论坛，1999 (z1).

120. 万俊人. 学统与思想创造. 读书，2002 (8).

121. 万俊人. 寻求普世伦理. 北京：北京大学出版社，2009.

122. 万俊人. 重说学统与知识谱系. 读书，2012 (7).

123. 汪信砚. 全球化与反全球化——关于如何走出当代全球化困境问题的思考. 北京大学学报（哲学社会科学版），2010 (7).

124. 汪盛玉. 人不是什么：卡西尔批判式人学观探究. 安徽师范大学学报，2016 (3).

125. 王常柱. 克尔凯郭尔个体生存幸福观辩证. 伦理学研究，2012 (2).

126. 王彩荣. 世纪哲学对话. 北京：中国时代经济出版社，2011.

127. 王芳芳. 新药临床试验中受试者集体交涉权的伦理辩护. 昆明理工大学学报（社会科学版），2015 (1).

128. 王芳芳. 民国中医师团体的道德价值诉求. 伦理学研究，2016 (4).

129. 王桂泉. 加强部门哲学研究 促进应用哲学发展——全国应用哲学第十二次理论研讨会综述. 理论前沿，2007 (4).

130. 王家峰. 从责任伦理到商谈伦理：行政伦理的边界与框架. 伦理学研究，2014 (1).

131. 王露璐. 共同体：从传统到现代的转变及其伦理意蕴. 伦理学研究，2014 (6).

132. 王齐. 克尔凯郭尔著述中的“伦理”概念释义. 哲学研究，1996 (10).

133. 马克斯·韦伯. 新教伦理与资本主义精神. 于晓，陈维刚，等译. 北京：三联书店，1987.

134. 维特根斯坦. 逻辑哲学论. 贺绍甲，译. 北京：商务印书馆，1996.

135. 夏基松. 现代西方哲学教程. 上海：上海人民出版社，1985.

136. 亚·沃尔夫. 十六、十七世纪科学、技术和哲学史：上下册. 周昌忠，译. 北京：商务印书馆，1997.

137. 吴根友. 对当代中国哲学创新的思考. 华中师范大学学报

（人文社会科学版），2015（5）.

138．吴龙，冯兆民．“马克思主义应用哲学研讨会”讨论综述．江汉论坛，1990（11）.

139．吴玉军．归属感的匮乏——现代性语境下的认同困境．求是学刊，2005（5）.

140．向玉乔．论道德宽容．道德与文明，2010（6）.

141．徐厚德，蒋在哲．应用哲学争鸣观．呼和浩特：内蒙古大学出版社，2000.

142．亚里士多德全集：第1卷．苗力田，编译．北京：中国人民大学出版社，1990.

143．姚介厚．跨文化哲学的四个维度．中国社会科学院研究生院学报，2011（4）.

144．杨国荣．再思中国哲学．船山学刊，2017（6）.

145．杨念群．再造“病人”——中西医冲突下的空间政治（1832—1985）．北京：中国人民大学出版社，2006.

146．姚新中．传统与现代化的再思考．北京大学学报（哲学社会科学版），2015（3）.

147．姚新中，陆宽宽．当代中国哲学的结构困境．哲学研究，2016（3）.

148．姚新中．推动当代中国哲学向“大哲学”转型．人民日报，2016-04-25（14）.

149．姚新中．哲学与现时代的两重思考．学术月刊，2016（10）.

150．姚新中．哲学创新与时代精神．云梦学刊，2017（2）.

151．袁立国．建构主义认识论与政治现代性的兴起——从霍布斯到康德．北京行政学院学报，2013（1）.

152．员俊雅．建构主义：从康德、黑格尔到马克思．中共福建省委党校学报，2011（2）.

153．叶秀山．从“理智－理性”到“信仰”——克尔凯郭尔思路历程．世界哲学，2013（6）.

154．曾祥云．“应用哲学”质疑．学术界，2013（5）.

155．曾裕华．知识与价值之间的内在一致——近代哲学认识论的批判性考察．学术月刊，2013（10）.

156. 张岱年. 论道统与学统. 辽宁教育学院学报，1991 (4).

157. 张亮. 我们应当提供什么样的哲学通识教育?. 北京理工大学学报（社会科学版），2013 (4).

158. 张汝伦. 现代西方哲学十五讲. 北京：北京大学出版社，2003.

159. 张汝伦. 论海德格尔哲学的起点. 复旦学报（社会科学版），2005 (2).

160. 张汝伦. 现代性与现代西方哲学. 云南大学学报，2003 (2).

161. 张世英. 和而不同，开创中西马融合的新境界. 江海学刊，2011 (3).

162. 章太炎. 述侯官严复最近政见//胡汉民. 述侯官严氏最近之政见. 民报，第2期 (1905).

163. 张志伟. 形而上学的历史演变. 北京：中国人民大学出版社，2016.

164. 章忠民. 确定性的寻求与本质主义的兴衰. 哲学研究，2013 (1).

165. 赵敦华. 道德哲学的应用伦理学转向. 江海学刊，2002 (4).

166. 赵敦华. “大哲学”视野中的现代中国的哲学. 云南大学学报（社会科学版），2005 (3).

167. 赵敦华. 现代西方哲学新编. 北京：北京大学出版社，2000.

168. 赵红梅. 现代西方哲学的超越之路. 江汉论坛，1998 (11).

169. 周濂. 你永远都无法叫醒一个装睡的人. 北京：中国人民大学出版社，2012.

170. 周宪. 文学与认同：跨学科的反思. 北京：中华书局，2008.

171. 周晓虹. 再论中产阶级：理论、历史与类型学 兼及一种全球化的视野. 社会，2005 (4).

172. 朱汉民. 简论书院的学统. 教育评论，2002 (1).

173. 朱伟. 生命伦理中的知情同意. 上海：复旦大学出版社，2009.

174. 邹广文. 全球化进程中的哲学主题. 中国社会科学，2003 (6).

175. 邹广文. 在文化世界中延展哲学之思：卡西尔《语言与神话》阅读札记. 学海，2010（4）.

176. 邹广文. 什么是文化哲学. 光明日报，2017-06-19（15）.

177. Michael Bradie，Thomas W. Attig and Nicholas Rescher ed. The Applied Turn in Contemporary Philosophy. Bowling Green，1983.

178. Luigi Caranti. The Causes of World Poverty：Reflections on Thomas Pogge's Analysis. J. van Brakel. On the Neglect of the Philosophy of Chemistry. Foundations of Chemistry，1999，1（2）.

179. Ernst Cassirer. The Renaissance Philosophy of Man. University of Chicago Press，1956.

180. Jay Kate. The Silent World of Doctor and Patient. New York：The Free Press，1984.

181. M. Drenthen，J. Keulartz. Environmental Aesthetics，Crossing Boundaries and Breaking Divides. New York：Fordham University Press，2014.

182. Shane Epting. An Applied Mereology of the City：Unifying Science and Philosophy for Urban Planning. Science and Engineering Ethics，2016，22（5）.

183. P. Gilbert. Review of Sexual Solipsism：Philosophical Essays on Pornography and Objectification. Analysis，2010，70（3）.

184. F. Gerald Downing. On Applying Applied Philosophy. Journal of Applied Philosophy，1996，13（2）.

185. Loretta M. Kopelman. What Is Applied About "Applied" Philosophy?. The Journal of Medicine and Philosophy，1990（15）.

186. Rae Langton. Sexual Solipsism：Philosophical Essays on Pornography and Objectification. Oxford University Press，2009.

187. Jeff Noonan. Can There be Applied Philosophy Without Philosophy?. Interchange，2003，34（1）.

188. M. Northover et al. Towards a Philosophy of Software Development：40 Years after the Birth of Software Engineering. Journal for General Philosophy of Science，2008（39）：85-113.

189. Thomas Pogge. Politics as Usual：What Lies Behind the Pro-

poor Rhetoric. Polity Press，2010.

190. Kasper Lippert - Rasmussen，Kimberley Brownlee，and David Coady ed. A Companion to Applied Philosophy. Wiley Blackwell，2017.

191. Thomas Schramme. Philosophy of Medicine and Bioethics. Handbook of the Philosophy of Medicine，2015 (7).

192. F. Stewart. Review of Politics as Usual：What Lies Behind the Propoor Rhetoric. Population Studies，2012，66 (2).

193. S. Kierkegaard. The Point of View for My Work as an Author. Princeton：Princeton University Press，1998.

194. Yingyan Wang. Mission-Driven Organizations in Japan：Management Philosophy and Individual Outcomes. Journal of Business Ethics，2011 (101).

195. 西村正秀，岩月拓，神崎宣次，等. 応用哲学の現状と課題. Contemporary & Applied Philosophy，2009 (1).

196. 伊勢田哲治. 応用科学哲学の問題としてのリスク. 科学哲学，2005.

197. 大石敏广. 応用倫理学の方法論としての設計の思考. 科学哲学，2013.

198. 松王政浩. 温暖化科学論争への応用哲学的視点. 应用伦理，2011 (11).

199. 户田山和久. 応用哲学を学ぶ人のために. 世界思想社，2011.

200. 户田山和久. これが応用哲学だ!. 大隅书店，2012.

201. http://onlinelibrary. wiley. com/journal/10. 1111/(ISSN) 1468—5930/homepage/ProductInformation. html.

202. https://www. pdcnet. org/ijap.

203. https://www. thepaper. cn/newsDetail_forward_1697338. Patralekha Chatterjee，徐东东译. 来源：澎湃新闻.

204. http://ppe. ruc. edu. cn/more. php? cid=17.

205. http://www. hist. pku. edu. cn/news/Article/ShowArticle. asp? ArticleID=2265.

206. http://www. fudan. edu. cn/2016/channels/view/48.

207. http://www.sohu.com/a/202395115_195499.

208. http://wcp2018.pku.edu.cn/dkcs/index.htm.

209. 《世界华人周刊》2018 年 5 月 10 日的报道. http://worldchineseweekly.com/fcrw/4089.html.

后　记

国家海外高层次人才项目获得者、中国人民大学二级教授姚新中先生，基于对国内哲学研究未来可能进路的多年思考，牵头组建了研究团队，设计出“当代中国哲学创新研究”课题，获得了中国人民大学重大项目立项，自 2015 年 3 月至 2018 年 3 月，为期三年。我有幸受邀参加了该项目，负责子项目“世界哲学语境中的比较哲学与应用哲学研究”。为此，我组织了子项目研究小组，从搜集资料、文献综述入手，梳理了前人所做的相关研究成果，试图发现待决未决的问题，寻找立论的突破口。在此期间，我参加了 2016 年 11 月武汉大学举办的比较哲学会议，结识了多位国内一流的哲学工作者，聆听了学界相关领域的最新动态。同时借助学校提供的国际交流的平台，与前来讲学的两位日本的大学教授苅部直（东京大学）、藤田正胜（京都大学）进行了座谈，从而获知了日本哲学界在应用哲学、哲学创新、哲学教育等方面的进展和有益的启示。

我们子项目团队先后举行过三次集中讨论，以便理顺全书的框架，统一写作思路。2016 年 12 月底第一次集中讨论时设想的总体框架是，如何在世界哲学语境下回答当代中国的比较哲学与应用哲学研究中的若干重大理论问题，讨论中却深刻意识到所涉问题较多，所要面对的诸多问题之间的牵扯过于繁杂，十分困难。勉强拿出的初步提纲交给姚老师之后，他给出的指导性意见是化繁就简，集中谈应用哲学的元理论问题。于是，我们又于 2017 年 4 月举行了第二次全员讨论，这次以“体用关系”为主轴重点谈论理论哲学与应用哲学的关系，阐述应用哲学发展对当代中国哲学的意义，这也成了本书的主线。特别值得一提的是，林美茂教授是子项目重要成员，不仅全程组织了赴日与若干日本大学哲学教授的见面和座谈活动，也全面参加了两次讨论，并提出了十分中肯的建设性意见。但因手头事情太多，他最终没有参加这本书稿的写作，甚为遗憾。

匆匆即就的初稿难以见人，却又不得不拿出来献丑。2017 年 12 月 16 日召开了专家审稿会，北京大学的赵敦华教授，北京师范大学特聘教授刘笑敢先生，中国社会科学院哲学研究所研究员赵汀阳先生、刘素民女士作为评审专家参会，对我们的总项目以及三个子项目从研究的问题意识、课题设计的总体思路、初稿的体例和观点等都提出了十分详尽且高屋建瓴的建议，令我们受益匪浅。我们子项目成员趁热打铁，于次日举行了第三次集中讨论，每个人拿出吸收专家们建议之后的详细修改方案，思想碰撞带来了收获颇丰的头脑风暴，我们对初稿做出了全盘修改。经过半年多的沉淀和打磨，我们交出了定稿。

毫不夸张地说，若没有本项目的总设计师姚新中教授的适时点拨、殷殷鼓励和紧紧催促，这本书也许就胎死腹中了。虽然有部分客观原因，更主要的还是本人才疏识浅、能力不逮。一方面，本人负责的其他项目、工作占去了许多时间，难免心有旁骛，时时有所停顿；另一方面，尽管本人近十几年来一直对应用哲学的某个学科——管理哲学、应用伦理——有所关注和研究，但并未做过应用哲学整体、通观式的研究，不得不恶补相关知识，其中的难度大大超出了想象。正是有了姚老师的反复督促和善意理解，我才没有泄气，跌跌撞撞地向前推进。本项目的另一位子课题负责人臧峰宇教授对我甚多关照和提携，他将比较哲学部分全部分担过去，令我如释重负，对此不胜感激之至。陆宽宽博士不仅是本项目的重要参与者，同时也承担了项目学术研究外的全部关联事务，如财务报销、会场布置、专家联络、初稿复印装订等，他都一一细致地办妥，无怨无悔，始终如一。在清样校对中，我的硕士生刘雪萌同学承担了注释、引文和目录核准的工作，非常感谢她的高效回复！最后，还要对本书的责任编辑吴冰华女士表示诚挚的谢意，她的细致、严谨工作为本书做了最后的把关。

本书的分工情况如下：河北大学的郝亚飞博士完成了第二章、第三章，河南财经政法大学的王芳芳博士提交了第五章，中国人民大学的李萍教授撰写了导言、第一章、第四章、第六章，并统编了全书，姚新中教授撰写了序言，并对本书稿做了全面的审读和把关。我们几位撰稿人都是应用哲学研究的初学者，呈现在大家面前的成果还十分稚嫩，存在诸多不足，敬请读者批评指正，不吝赐教。

李　萍

2018 年夏于北京寓所

图书在版编目（CIP）数据

哲学创新视野中的应用哲学研究/李萍等著. —北京：中国人民大学出版社，2019.3
（再读马克思. 文本研究与哲学创新系列）
ISBN 978-7-300-26749-4

Ⅰ.①哲… Ⅱ.①李… Ⅲ.①马克思主义哲学-应用哲学-研究… Ⅳ.①B0-0

中国版本图书馆 CIP 数据核字（2019）第 028386 号

国家出版基金项目
再读马克思：文本研究与哲学创新系列
郭 湛 主编
哲学创新视野中的应用哲学研究
李 萍 等著
Zhexue Chuangxin Shiye zhong de Yingyong Zhexue Yanjiu

出版发行	中国人民大学出版社		
社　　址	北京中关村大街 31 号	**邮政编码**	100080
电　　话	010－62511242（总编室）		010－62511770（质管部）
	010－82501766（邮购部）		010－62514148（门市部）
	010－62515195（发行公司）		010－62515275（盗版举报）
网　　址	http://www.crup.com.cn		
	http://www.ttrnet.com（人大教研网）		
经　　销	新华书店		
印　　刷	涿州市星河印刷有限公司		
规　　格	160 mm×235 mm　16 开本	**版　　次**	2019 年 3 月第 1 版
印　　张	16 插页 3	**印　　次**	2019 年 3 月第 1 次印刷
字　　数	251 000	**定　　价**	59.80 元